Bettina von Kleist

Der Weg zum Glück ist ausgeschildert

Bettina von Kleist

Der Weg zum Glück ist ausgeschildert

Vom Suchen und Finden

Ch. Links Verlag, Berlin

Die Deutsche Nationalbibliothek verzeichnet diese Publikation in der Deutschen Nationalbibliografie; detaillierte bibliografische Daten sind im Internet über http://dnb.d-nb.de abrufbar.

1. Auflage, August 2008

Schönhauser Allee 36, 10435 Berlin, Tel.: (030) 44 02 32-0
www.linksverlag.de; mail@linksverlag.de
Umschlaggestaltung: KahaneDesign, Berlin,
unter Verwendung eines Fotos von plainpicture/Westend 61
Satz: Bild1Druck GmbH, Berlin
Druck und Bindung: Friedrich Pustet, Regensburg
ISBN-13: 978-3-86153-496-9

Inhalt

Vorwort 7

Einfach leben ist gut – Glücklichsein ist besser
Einführung ins Thema 11
Corinna Mahlke: »Die Lust auf Neues ist mein Lebensmotor.« 13

Liebe die Welt und die Welt liebt dich –
Das Glück und die anderen
Familiäre Prägungen 23
Ehe und Partnerschaft 28
Freunde 34
Sascha Philipp: »Andere ziehen mit mir am gleichen Strang.« 36
Elisabeth S.: »Ich habe viel Kraft dareingesetzt, mich den Erwartungen meiner Mutter zu widersetzen.« 45

Macht Geld glücklich? 55
Jana L.: »Luxus führt oft zur Selbstberaubung.« 60
Lieselotte Thoma: »Eigentlich lerne ich mich jetzt erst kennen.« 66

Rätselhaftes Glück: Glücksforschung einst und jetzt –
ein Überblick
Lebenskunst in der Antike 75
Gottgefälliges Glück in Mittelalter und Neuzeit 78
Glückshysterie und wissenschaftliche Erkenntnisse 80
Axel Braig: »Ich bin nicht mehr Gefangener meiner Pläne.« 86
Klaus Schumann: »Lieber wenig und erstklassig als viel und mittelmäßig.« 94

In den Warteräumen des Glücks 103
Elke Rieß: »Ich bin durchlässig für Schwingungen.« 108
Ruth W.: »Glück liegt in der Stille.« 119

Die Feinde des Glücks 129
Verhaltensweisen der Selbstsabotage
Der Aufschub des Glücks 131
Ständiges Vergleichen 133
Alle meine Enttäuschungen haben sich erfüllt 134
Neurotische Selbstbestrafung 136
Schicksalsschläge – Fluch oder Chance? 137
Malte B.: »Vielleicht schenkt einem Unglück das Glück, bewusster zu leben.« 140
Steffen Köhn: »Unabhängigkeit ist das Wichtigste.« 150

Der Weg zum Glück ist ausgeschildert 159
Emily N.: »Manchmal habe ich das Gefühl zu schweben.« 164
Amadeus Flößner: »Die Würde ist das A und O.« 172

Der Wandel des Glücks im Lebenslauf 181
Marianne K.: »Wir nennen es unser Liebesnest.« 188
Martha H.: »Im Alter festigt sich Glück noch mehr.« 196

Anhang
Anmerkungen 202
Literaturverzeichnis 206
Zur Autorin 207

Vorwort

Wann begreifen wir das Wort Glück zum ersten Mal? Erst in der Erinnerung verbinde ich Glück mit der Puppe unterm Weihnachtsbaum, mit dem Stolz, als ich auf der Kirmes das große Los zog und freie Auswahl hatte, mit dem Herzklopfen, wenn uns mein älterer Vetter besuchte und ich mich als Sechsjährige versteckte, weil ich mich wegen meiner fiebrigen Erwartung genierte. Ein paar Jahre später durchforstete ich die Gesichter junger Eheleute. Wie sah es aus, ihr überwältigendes Glück? In meiner Fantasie war die unbekannte Liebe zwischen Mann und Frau so ekstatisch, dass ich mich fragte, wie Paare so banale Dinge verrichten konnten wie einkaufen gehen und Schuhe putzen. Später, als ich Glück benennen konnte, leistete ich Vorsorge, damit es gedieh. Während einige meiner Freundinnen und Freunde Glück wie ein Feuerwerk genossen und schöne Momente bis zur Neige auskosteten, glich mein Glücksmodell eher einem Garten, in dem ich die Setzlinge des Glücks verteilte, hegte und pflegte und darauf achtete, nicht zu viel auf einmal abzuernten. Aber Glück war auch verheißungsvolle Ungewissheit. Unendlich lag damals die Zukunft vor mir.

In diesem Buch berichten acht Frauen und sieben Männer von ihrem Glück. Entlang biographischer Stationen schildern sie ein Gefühl, das uns durchströmt, umhüllt, beflügelt, anstachelt, nach dem wir uns sehnen, aber dem wir auch ausweichen und misstrauen. Sie erzählen, welchen Rang Glück in ihrem Leben einnimmt, wann es ihnen in den Schoß gefallen ist und welche Arbeit, Überwindung und Konkurrenz es bedeuten kann, dieses kostbare Gut zu erobern und zu hüten. Und sie beleuchten, wie sich das Erleben von Glück mit fortschreitendem Alter verändert. Wie gehen sie um mit Krisen, wie bewältigten sie Schicksalsschläge? Erwuchs aus Unglück allmählich auch ein Gewinn, der zuvor außerhalb ihres Blickfelds war? Und gipfelt ein erfülltes Leben unbedingt im Glück?

Mit Menschen über Glück zu reden, ist ein intimer Vorgang. Nur selten gewähren wir uns Einblick in einen Bereich, der sehr Persönliches berührt. Aus Scheu vor Indiskretion, fehlender Übung und aufgrund der geringen Bereitschaft, einander zuzuhören, halten wir Sehnsüchte, Hoffnungen und innige Glückserlebnisse weitgehend unter Verschluss. Während einerseits kein anderer Begriff so abgenutzt ist und derart vielen Zwecken dient, assoziieren wir andererseits mit Glück einen vollkommenen Zustand, der vielen Menschen unerreichbar erscheint, da ihre äußeren Umstände dagegen sprechen.

Glück allein als Lebenskunst, als Schönheit im Auge des Betrachters, als persönliche Gabe zu definieren, ist wirklichkeitsfern. Wenn Glücksexegeten über das in den Medien derzeit hochgehängte Thema Glück debattieren, höre ich genau hin. Wie vertraut sind sie mit dem Gefühl, über das sie fachsimpeln? Angesichts sozialer Schieflagen eine ausgewogene Lebensbalance zu propagieren, klingt zynisch für jene, deren Dasein infolge von Arbeitslosigkeit und Armut zunehmend aus dem Lot gerät. Gleichwohl ist Glück nicht in dem Maße an äußere Bedingungen gekoppelt wie wir es oft vermuten. Auch meine 15 GesprächspartnerInnen haben die Sonnenseite des Lebens nicht gepachtet. Fast alle haben schmerzliche Brüche und Einschnitte erfahren. So unterschiedlich ihre materielle, berufliche und familiäre Situation jetzt ist, gemeinsam ist ihnen die Erfahrung, dass sie selbst den Helligkeitsgrad ihres Lebens beeinflussen können.

Zwischen Anfang 20 und Ende 80, blättern meine GesprächspartnerInnen ein breites Spektrum auf. Entlang ihrer Lebensstationen und mit genügend Raum für überraschende Gedanken stehen im Mittelpunkt der narrativen Interviews folgende Fragen:

- Was verstehen sie unter Glück und Unglück?
- Wie wandeln sich im Laufe des Lebens die Vorstellungen und Erfahrungen von Glück?
- Welche familiären, gesellschaftlichen Prägungen und Vorbilder fließen in ihre Lebenseinstellung und Lebensführung ein?
- Welche Chancen und Hürden gibt und gab es, damit sie ihre Glücksvorstellung verwirklichen?
- Wie meistern sie Schicksalsschläge?

Auch wenn ich Menschen auswählte, die ihren Platz im Leben gefunden haben oder voller Neugier weiterhin auf der Suche danach sind, zeichnet sich ihr Glück nicht dadurch aus, dass sie auf Wolke sieben schweben. Eine Gesprächspartnerin erbte vor einigen Jahren überraschend Millionen. Einige wagen berufliche Auf- und Umbrüche, manche fanden die große Liebe. Doch alle InterviewpartnerInnen haben auch Krisen gemeistert: den Tod naher Menschen, Trennungen und Scheidung, materielle und berufliche Verluste. Stellvertretend für andere, deren Leben sich durch Unfall oder Krankheit erst einmal drastisch verdunkelt, schildert der 35-jährige Steffen Köhn, was es heißt, wenn eine Katastrophe bisher Gültiges durchkreuzt. Acht meiner GesprächspartnerInnen wählten ein Pseudonym. Unter ihrem richtigen Namen berichten Steffen Köhn, Axel Braig, Amadeus Flößner, Klaus Schumann, Sascha Philipp, Elke Rieß, Ruth W. (Initial). Glück lässt sich nicht abfragen. In mehrfachen stundenlangen Gesprächen schienen meine GesprächspartnerInnen oft gleichfalls gespannt auf ihre Antworten zu sein. Dass sie in den Gesprächsprotokollen kaum nennenswerte Streichungen oder Korrekturen vornahmen, führe ich auch auf ihr Selbstvertrauen zurück. Ihre Selbstakzeptanz schließt Selbstkritik ein. Humorvoll geben glückliche Menschen Fehler und Irrtümer preis, die sie meist auch großzügig anderen konzedieren.

Selbstredend ist meine Auswahl nicht repräsentativ. Mehr Ältere als Jüngere kommen zu Wort. Zum einen, da es für mich leichter war, in meiner Generation geeignete GesprächspartnerInnen zu finden. Zum anderen, da ältere Menschen oft bewusster Glück empfinden als die 20- bis 45-Jährigen, die eingeklemmt sind zwischen Kindern, Karriere, Krediten, mit wenig Zeit, ihr Glück auszuloten. Auch aufgrund ihres Erfahrungsreichtums mit den Wechselfällen des Lebens habe ich die nicht mehr ganz so Jungen bevorzugt.

Ergebnisse der Glücksforschung, umsetzbare, lebensnahe psychologische Erkenntnisse und die Auskunft von Fachleuten vertiefen die erzählenden Interviews. Im Mittelpunkt aller Aspekte steht die Frage, ob wir es in der Hand haben, glücklich oder besser: glücklicher zu leben als es der Mehrzahl der Menschen vergönnt ist. Vergönnt? Glück, so beleuchten sowohl meine Gespräche wie die wissenschaftlichen Erkundungen unserer Seele, ist kein Mysterium. Der Weg dorthin ist ausgeschildert.

Ein Ratgeber will mein Buch nicht sein. Aber vielleicht kann es anstiften, Schönes bewusster wahrzunehmen, zu pflegen und auszuweiten.

Berlin, im Juni 2008 *Bettina von Kleist*

Einfach leben ist gut – Glücklichsein ist besser
Einführung ins Thema

Die Sehnsucht nach Glück ist in unserer Gesellschaft zweifellos groß. Das Defizit an tief empfundener Lebensfreude ernährt viele Berufszweige. Nicht nur Ärzte, Apotheker, Therapeuten, Seelsorger und Beratungsstellen sind Anlaufstellen, damit das Glück häufiger Einzug hält. Auch Lotterien, Werbung, Wettbüros, Wellness-Oasen und Konsumtempel locken mit Glücksversprechen, wobei das mannigfache Angebot die Nachfrage unermüdlich ankurbelt. »Glücksverheißungen haben heute einen Grad der Verbreitung und Penetranz erreicht, die historisch einmalig sein dürften«, resümiert Heiko Ernst, Chefredakteur von *Psychologie Heute,* die allgegenwärtige Suche nach kleinen und größeren Paradiesen.

In Heidelberg ist Glück ein Unterrichtsfach; das »GlücksNetz«[1] im Internet soll mehr Glückskompetenz vermitteln; das Deutsche Hygiene Museum in Dresden widmet dem Glück 2008 eine Ausstellung, im Film »Happy go lucky« von Mike Leigh bezaubert eine unbeschwerte Grundschullehrerin ihre Umwelt mit dem Talent, das Leben durch die rosarote Brille zu sehen. Und auch die Wissenschaften entdecken Glück als *terra incognita.* Immer mehr Disziplinen versammeln sich unter dem Dach der Glücksforschung, die sich vor zwei Jahrzehnten in den USA und in Europa zu etablieren begann. Die Glücksdatenbank in Rotterdam speichert internationale Erhebungen über die Auswirkungen gesellschaftlicher Rahmenbedingungen auf das persönliche Glück. Im gemeinnützigen Institut zur Glücksforschung in Vallendar werden Publikationen zum Thema Glück gebündelt.

Ob es einen Königsweg zum Glück gibt und welcher Gaben es bedarf, um ihn zu finden und einzuschlagen, beschäftigt Denker und Ideologen seit Jahrtausenden. Während in der Antike vor allem Philosophen die rechte Lebensführung erörtern und Glück und Tugend oft zum Zwillingspaar erklären und im Mittelalter Moraltheologen und Kirchenväter den eher dornenvollen Pfad zum dies- und jenseitigen Seelenheil weisen, setzen sich heute Vertreter aller Fachrichtungen mit der Frage auseinander, was Glücksgefühle fördert oder stranguliert. Auch in westlichen Ländern gelten asiatische Lebensweisheiten als Schlüssel zum Glück. Die Hirnforschung und die Positive Psychologie korrigieren Erklärungen der klassischen Psychoanalyse, warum wir zu Optimismus oder Pessimismus neigen. In der Flut neuer Sachbücher und Ratgeber schwimmen wir buchstäblich im Glück. Blumige Lebenshilfe und Hauruck-Rezepturen konkurrieren mit klugen Analysen. In wechselseitiger Referenz entwickelt sich ein Diskurs, den auch jene, die sich rege daran beteiligen, als wahre Glückshysterie bezeichnen. Doch wenn auch viele Autoren den Bogen schlagen von abstrakten Erörterungen zu alltagsnaher Lebenskunst, beleuchtet bisher kein Sachbuch, was Glück für Menschen real bedeutet. Die Frage, ob Frauen und Männer Glück unterschiedlich definieren, bleibt ebenso ausgeklammert wie das sich wandelnde Glück im fortschreitenden Lebensalter.

Ein so subjektives Gefühl wie Glück lässt sich exemplarisch nicht ausloten. Seit eh und je schöpfen Künstler ihren Stoff aus der Vielfalt, mit der Menschen Glück gestalten, verteidigen, zurückerobern, versäumen, meiden, bekämpfen oder zurückstellen, weil andere Werte für sie wichtiger sind. Dass in der Kunst wie im Leben sich unsere Fantasie besonders am Unglück entzündet, bedauerte die geistreiche Madame du Châtelet[2] schon im 17. Jahrhundert. Wie im Theater der Vorhang fällt, wenn das Gute siegt und Amor triumphiert, so seien auch realiter die Glücklichen unsichtbarer als die Stiefkinder des Lebens.

Menschen, die rundum mit ihrem Dasein zufrieden sind, rätseln meist nicht über den Ursprung ihrer Lebensfreude und ihrer Zuversicht. Im Einklang mit sich und der Welt, werden sie absorbiert von dem, was ihr Leben erfüllt. Gleichwohl verändern sich Wünsche. Was uns einst vom Hocker riss, langweilt uns jetzt; umgekehrt entzücken uns Dinge, die wir vorher keines Blickes würdigten. Im reiferen Alter erkennen wir die Prägungen durch unsere Eltern und den Einfluss des familiären und gesellschaftlichen Klimas auf unser Fühlen und Handeln. Und niemand geht ungeschoren durchs Leben. Gerade glückliche Menschen fliehen nicht vor Konflikten, sondern beziehen Kraft und Selbstvertrauen daraus, dass sie sich Krisen stellen und Schicksalsschläge bewältigen.

Corinna Mahlke: »Die Lust auf Neues ist mein Lebensmotor.«

Welch glücklicher Zufall, dass ich meinen Pass gerade an diesem Tag verlängere. Es ist voll im Einwohnermeldeamt, die Ziffern auf der Anzeigetafel sind noch weit entfernt von meiner Wartenummer. Eine Mutter mit zwei Söhnen setzt sich neben mich. Liebevoll rangelnd widmet sich der Ältere seinem kleinen Bruder. »Stören sie Sie?« – »Im Gegenteil.« Mit Interesse beobachte ich die sympathische Familie, beeindruckt, wie mühelos die beiden Jungen von Deutsch zu Spanisch wechseln. Als die Mutter ein Foto aus der Brieftasche zieht und zu ihren Söhnen sagt: »Das ist das letzte Foto von Imre und mir«, wächst meine Neugier. Noch drei Ziffern, dann folgt meine. Meine Frage, ob wir unsere Telefonnummern austauschen könnten, scheint die brünette Frau nicht zu überraschen. Sie habe sich nicht getraut, mir ein Treffen vorzuschlagen.

Seit dieser zufälligen Begegnung vor drei Jahren verfolge ich staunend, mit welcher Energie Corinna den Umzug ihrer fünfköpfigen Familie von Spanien nach Berlin organisiert. Die schlanke 48-Jährige ist verwitwet, ihr jetziger, langjähriger Partner Manuel C. ist Spanier und Vater ihres dritten Sohnes. Sein Umzug nach Berlin erfolgt, nachdem Corinna eine Altbauwohnung gefunden hat, die sie im Nu mit geschenkten und günstig erstandenen Möbeln zweckmäßig, leicht und farbenfroh einrichtet. Als Corinna ein halbes Jahr später eine schönere und preiswerte Wohnung findet, zieht die Familie nochmals um – ungeachtet dessen, dass Manuel gerade eine Stelle als Koch angenommen hat und Corinna vollauf mit der schulischen Umstellung ihrer Söhne, deren Musikunterricht, zwei eigenen privaten Gesangschülern und der Vermietung ihres Hauses in Spanien beschäftigt ist.

Manchmal sieht man Corinnas hübschem, schmalem Gesicht mit den grünen Augen an, dass sie sich bis zum Anschlag verausgabt. Auch Manuel, elf Jahre jünger als sie, wirkt mitunter erschöpft, dennoch haben beide die Gabe, nie hektisch zu sein. Umringt von neuen Freunden und oft in der Gastgeberrolle, fasst das Paar in Berlin schnell Fuß. Beider Großzügigkeit im Umgang mit Menschen, Corinnas Spontaneität und Fröhlichkeit sowie Manuels Anstrengung, binnen kurzem Deutsch zu lernen, ziehen Menschen an und öffnet Türen. Corinna strahlt, als wir uns vormittags mehrmals zum Gespräch treffen. Sie habe sich für eine Sekretärinnenstelle bei einem Bundestagsabgeordneten beworben, das Vorstellungsgespräch sei gut gelaufen.

Vorletzte Woche war ich von Freitag bis Montag in völliger Euphorie. Ich war froh, als sie wieder abklang. Früher versuchte ich, den Rausch künstlich zu verlängern. Heute strengt es mich an, wenn drei Tage lang kein Normalzustand eintritt. Ich bin auf Hochtouren, esse wenig, finde abends nicht ins Bett. Die Euphorie begann, als ich Manuel erzählte, dass ich zum Vorstellungsgespräch eingeladen bin. Je mehr Freunde davon wussten, desto größer wurde meine Freude. Kurz vor dem Termin überwog die Aufregung. Würde ich in ein Loch fallen, wenn ich die Stelle nicht bekäme? Aber es ist schon eine große Befriedigung, dass ich mir die Bewerbung zutraute und dass mein krummer Lebenslauf offenbar etwas wert ist. Ich habe mein Bestes gegeben. Der Rest liegt nicht mehr in meiner Hand. Als ich nach dem Gespräch nach Hause ging, war ich glücklich, aber auch sehr erschöpft.

Das Gefühl von Glück hat sich in meinem Leben sehr verändert. Als ich jung war, war Glücklichsein für mich ein Programm. Es war theoretischer, nicht so sinnlich wie heute.

Ich bin in kleinbürgerlichen Verhältnissen in einer westfälischen Kleinstadt aufgewachsen. Glücklichsein in meiner Kindheit verbindet sich mit den mystischen Geschichten, die meine Mutter uns erzählte. Alles was mit Weihnachten, Jahresfesten zu tun hatte. Und wenn ich meine Mutter ganz für mich allein hatte. Ich saß bei ihr in der Küche, während sie kochte oder bügelte. Ich habe schöne Erinnerungen an ihre Körperwärme, ihren Geruch. Bei Gewitter durften wir zu meinen Eltern ins Bett kriechen. Die Omi saß dann am Fußende. Das war sehr gemütlich. Meine Eltern waren sehr bemüht, uns eine gute Kindheit zu geben, doch ich habe von ihnen nie den Satz gehört: »Wir möchten, dass ihr glücklich seid.« Wenn wir alle am Tisch saßen, wurde schon mal gesagt: »Geht's uns gut!« Da schwang Stolz mit nach dem Motto: »Das haben wir uns auch verdient«, auch Dankbarkeit. Wenn darüber geredet wurde, dass es anderen besser ging, klang Neid an, mit dem Unterton: »Die haben das, aber wir brauchen das nicht.« Es wurde verglichen, und dann grenzten meine Eltern sich schnell ab, aus Angst, das Glück anderer könne das eigene abwerten. Glück war ein Konglomerat aus Familie, Gesundheit, dem Häuschen. Glück hatte viel mit Ordnung, Sicherheit zu tun und wurde ziemlich hermetisch genossen.

Bedrückende Kindheitserinnerungen sind, dass mit mir geschimpft und dass ich geschlagen wurde. Hauptsächlich deshalb, weil ich meine zwei Jahre ältere Schwester gepiesackt habe. Mein Vater hatte das Prinzip: Alle vier Töchter sind gleich. Ich denke, ich war sein Liebling. Als Kind hatte ich jedoch das Gefühl, er liebt mich am wenigsten, weil er oft auf mir rumhackte. In der Pubertät spitzten sich unsere Auseinandersetzungen zu. Ich hatte oft Angst vor ihm und seiner verletzenden Ironie. Körperliche Mängel wie meine staksigen Beine wurden gnadenlos kommentiert. Meine Mutter hat gern gelacht, mein Vater lachte eigentlich nur über andere. Er hat sich wohl immer geschämt für seine geringe Schulbildung, obwohl er stolz darauf war, dass er es bis zum Bundesbahnbeamten gebracht hat. Meine Mutter hielt grundsätzlich zu meinem Vater und hat auch gepetzt. Ich konnte nicht ausmachen, wer ist der eine, wer ist der andere. Sie waren zu einer Einheit verschmolzen, die ich mitunter als geballte Macht empfand.

Der größte Riss in der Beziehung zu meinem Vater erfolgte, als ich mit 14 meinen ersten Freund hatte. Mit diesem Freund, er war drei Jahre älter, war ich glücklich. Glücklichsein hatte damals zu tun mit Weite, Freiheit, Zukunftsplänen. Ich kam raus aus meiner engen Welt in eine andere soziale Schicht; mein Freund ging respektvoll und gut mit mir um. Nach zwei Jahren wollten wir zusammen verreisen und haben meinen Eltern reinen Wein eingeschenkt, dass wir miteinander schliefen. Mein Vater reagierte mit Autorität: Es wäre ihm lieber gewesen, ich hätte ihn belogen. Wir mussten versprechen, in der Jugendherberge zu übernachten. Seine Doppelmoral schockierte mich. Doch seine Macht über mich war so groß, dass wir uns weitgehend an seine Bedingung hielten und eben tags am Strand beieinanderlagen. In dieser Zeit entdeckte ich Optimismus als Chance. Ich beschloss, das Leben von seiner positiven Seite zu nehmen. Wir malten uns aus, einmal sechs Kinder zu haben, einen Hund und einen Kamin. Als ich diesen Freund vor einigen Jahren wieder traf, kehrte die alte Vertrautheit sofort zurück, ohne jede Nostalgie.

Auch mit meinem zweiten Freund habe ich noch Kontakt. Unsere Beziehung scheiterte daran, dass er sich weigerte, mit mir zu träumen. Ich wollte unbedingt Kinder, aber er mochte sich nicht festlegen. Mit ihm verbinde ich viel Körperliches. Nicht in erster Linie Sex, sondern Sportliches: Tagelang gemeinsam zu surfen, ohne an irgendetwas anderes zu denken. Früher hatte ich in Männerbeziehungen ein starkes Verlangen nach Nähe, Wärme, Verschmelzung, Sexualität war nie das Wichtigste. Sexualität ist für mich so etwas wie ein hygienischer Prozess. Ab und zu tut es gut, aber ich genieße es heute sehr, wenn ich nachts das Bett für mich allein habe. Die Natur hat es ja klugerweise so angelegt, dass man Sex weniger braucht, wenn man faltiger wird.

Imre, mein späterer Mann, studierte wie ich an der Dolmetscher-Hochschule in G. Ich hätte liebend gern etwas Künstlerisches studiert, meine Eltern wären jedoch in Ohnmacht gefallen, wenn ich den Wunsch geäußert hätte, Schauspielerin oder Sängerin zu werden. Imre war für mich ein Weltbürger, er hatte lange in Spanien gelebt. In der ersten Zeit haben wir ganze Wochenenden im Bett verbracht. Wir tauchten ein in eine Symbiose. Imre war humorvoll, schräg, eher introvertiert. Glück strahlte er nicht aus. Seine Eltern starben bei einem Flugzeugabsturz, danach war seine Jugend wirr und düster. Doch er hatte das Talent, in den Tag hinein zu leben. Er konnte kleine Dinge sehr genießen, mit der Kehrseite, dass zum guten Essen auch Alkohol gehörte. Nach dem Studium hatten wir beide gut bezahlte Stellen als Sprachlehrer für das Postministerium. Wir haben geheiratet, als unser erster Sohn unterwegs war, ein Wunschkind. Damals zeigte sich bereits Imres Alkoholproblem.

Als unser zweiter Sohn geboren war, arbeitete ich nicht mehr als Übersetzerin und begann, mich wieder um meine musischen Interessen zu kümmern. Unsere Kinder, die Waldorfpädagogik haben in mir einen Kreativitätsschub ausgelöst. Ich habe gemalt, nahm Gesangunterricht, sang im Kammerchor. Imre dolmetschte oft in Südamerika. Ich habe ihn häufig beneidet und viel Mitarbeit von ihm gefordert, wenn er nach Hause kam, da ich meinte, dass ich den schlechteren Part hatte. Nur Hausfrau und Mutter zu sein rangierte für mich unten auf der gesellschaftlichen Werteskala. Imre hat meinen Selbstfindungstrip gutherzig toleriert, er selbst lebte sehr konkret im Hier und Jetzt. Wahrscheinlich fühlte er sich in den letzten Jahren unserer sechsjährigen Ehe und elfjährigen Beziehung oft vernachlässigt und allein. Er litt darunter, dass ich mich von ihm entfernte. Als ich erfuhr, dass er an einem Morbus Crohn sterben würde, bekam ich heftige Schuldgefühle. Ich dachte: Ich habe ihn im Stich gelassen, und das ist jetzt sein einziger Ausweg.

Auf Imres Beerdigung sagte sein Bruder, Imre habe in mir und den Kindern Halt und ein Zuhause gefunden. Erst da wurde mir bewusst, wie viel wir ihm bedeutet haben. Unser Reihenhaus war für ihn ein Ort, um endlich Wurzeln zu schlagen, während ich die Flügel ausbreiten wollte und mich gegen alles Spießbürgerliche wehrte. Jeder von uns war an einem völlig unterschiedlichen Punkt. Er auf dem Weg zu etwas, ich noch auf dem Weg von etwas weg. Imres letzte Lebenstage waren schlimm, am schlimmsten jedoch waren die Wochen, in denen es immer neue Befunde gab und wir nicht wussten: Wo ist der Feind? Heute bedauere ich, dass wir Imre nach seiner zweiten Operation nicht mehr haben zu sich kommen lassen. Ich bin sicher, er hat trotzdem gespürt, dass ich bei ihm war. Ich hatte das Gefühl, dass er im Sterben alle Last abwirft und schwerelos hinübergeht.

Nach Imres Tod war ich in einem Zustand, der einer Euphorie sehr ähnlich ist. Man rückt ab von Alltäglichem. In mir war eine Begrenzung aufgehoben. Ich war viel sensibler, dünnhäutiger als sonst. Ich schlief kaum, hatte selbst keine Angst mehr vor dem Tod. Das hatte auch etwas Süchtigmachendes. Ich wollte, dass Imre eine schöne Beerdigung bekommt, fühlte mich aufgehoben und im Mittelpunkt durch die große Anteilnahme. Inmitten der Trauer empfand ich auch, wie ein neuer Lebensabschnitt begann.

Das so zu formulieren, habe ich mich lange nicht getraut. Gespräche über Tod werden ja oft reduziert auf den Verlust für die Angehörigen und auf den Trost, dass das Leiden des Verstorbenen vorbei ist. Was darüber hinausgeht, kommt kaum vor. Weil man nicht gern daran denkt und weil Menschen die Dimension nicht erfassen, selbst wenn sie das Sterben miterleben. Menschen meinen oft, Schmerz sei nur etwas Furchtbares und ahnen nicht, dass dahinter auch Qualitäten sind. Extreme Gefühle bedeuten Kontrollverlust. Und Kontrollverlust macht Angst. Vielleicht nehmen sich viele auch nicht die Zeit, Empfindungen in die eine oder andere Richtung auszukosten.

Dass ich wegwollte aus Bonn, wusste ich sehr bald. Die Vorstellung, dass Freundinnen mich mit ihren Kindern besuchen und irgendwann aufstehen und sagen: »Mein Mann kommt gleich nach Hause«, und ich sitze da und es kommt kein Mann nach Hause, war furchtbar. Die Kinder, sie waren sechs und vier, haben mein Bild aufgegriffen, dass ihr Papa bei den Sternen sei. Als sie erfassten, dass er nicht wiederkommt, reagierte der Jüngere mit Wutausbrüchen. Der Ältere flüchtete sich in Fantasien.

Wenige Wochen nach der Beerdigung reiste ich mit den Kindern zu Freunden nach Spanien, kurz darauf sind wir an die spanische

Mittelmeerküste umgezogen. Die Wärme, die klaren Konturen der Steinhäuser im Licht, der Geruch nach Pinien und Meersalz waren Balsam für mich. Ich hatte das Gefühl, beim Schwimmen das Leid und Blut, das an mir klebte, abzuwaschen. Doch ich war lange sehr angegriffen. Viele meinten: »Deine Söhne sind dir doch ein großer Halt.« Die alleinige Verantwortung für sie, auch für ihren Kummer, habe ich jedoch als große Belastung empfunden. Mir wurde alles zu viel. Zum ersten Mal völlig unbeschwert war ich auf einem Dorffest. Eine Kapelle spielte Tanzmusik, ich saß mit Freunden in der lauen Nachtluft auf dem Dorfplatz, wir tranken Cognac, unsere schlafenden Kinder im Arm.

Zuversicht und Freude an den Kindern stellten sich erst wieder ein, als Manuel in mein Leben kam. Er wohnte im gleichen Dorf, strahlte für mich zunächst überhaupt nichts aus. Er war erst 24, hatte die Schule abgebrochen, mit Ach und Krach eine Kochlehre absolviert, er entsprach nicht meinem Schönheitsideal. Seine einfühlsame Art mit den Kindern, seine Grundehrlichkeit und Zuverlässigkeit zogen mich immer mehr an. Mir gefielen seine klugen Bemerkungen. Manuel und ich haben dann gemeinsam mit Freunden eine Burg renoviert, die Jahrzehnte leer gestanden hat. Diese Schwerstarbeit war eine meiner glücklichsten Lebensphasen. Ich hatte einen Mann an der Seite, der im Nu alles Handwerkliche lernte, und ich schaffte es, von meinem Perfektionismus abzulassen. Innerhalb eines Jahres haben wir das Gemäuer bewohnbar gemacht. Obwohl Manuels Eltern mit Sorge sahen, dass ihr Sohn meinetwegen seine Stelle gekündigt hatte, nahmen sie mich herzlich auf.

Unser gemeinsamer Sohn war einige Monate alt, als wir im Team in dieser Burg 1998 ein Geburtshaus gründeten. Mich hat die neue berufliche Aufgabe gereizt. Und ich wollte anderen Frauen dazu verhelfen, eine so glückliche Entbindung zu erleben wie ich bei meinem dritten Sohn. Manchmal frage ich mich, warum kriege ich so gewaltige Herausforderungen gestellt? Aber ich suche sie auch. Heute weiß ich: Unser Projekt war von Beginn an zum Scheitern verurteilt. Die leitende Ärztin setzte sich permanent über ihre und anderer Grenzen hinweg, was sie zu Großartigem befähigte, was aber auch heillosen Schaden anrichtete. Ihre gefährlichen Allmachtsfantasien habe ich in meinem anfänglichen Rauschzustand nicht erkannt. Ich fühle mich hingezogen zu Menschen, die in irgendeiner Weise auf dem Weg sind und neige dazu, Schattenseiten erst einmal auszublenden. Als uns bewusst wurde, welches medizinische Risiko wir eingingen, stiegen Manuel und ich aus dem Projekt aus.

Der Moment, wo ich vor verschlossener Tür stand und das Zehner-Team mich nicht reinließ, damit ich unser Ausscheiden erklären konnte, gehört zu den schrecklichsten Situationen in meinem Leben. Ich war ausgesperrt, erhielt keine Chance, mich zu verteidigen. In dieser Situation war Unglück wie ein schwarzes Gitter, das vor mir runterrasselte.

Eine Woche später fing mein schweres Rheuma an. Die Krankheit packte mich an meiner verwundbarsten Stelle. Ich war handlungsunfähig, konnte mich nicht mehr bewegen. Ich konnte nicht mal mein kleines Kind hochheben. Meine Kraft war vollends aufgebraucht. Glücksmomente waren, wenn ich noch einen Funken Energie in mir spürte, aber das war selten. Zwei Jahre haben die Schmerzen alles beeinträchtigt. Auch unsere Beziehung stand auf der Kippe. Manuel geht mit Krisen ganz anders um. Sein vorherrschendes Gefühl war Groll, meins war Kummer. Er frisst Wut in sich hinein, während ich darüber reden muss. Positiv für uns war sicher, dass ich einmal nicht die Stärkere war. Ich war stets die Aktivere gewesen, und jetzt musste ich fragen: »Schmierst du mir ein Butterbrot?« In dieser Krisenzeit entglitt mir das Leben.

Irgendwann las ich eine Erzählung, die handelte von Menschen, die in kargen Verhältnissen im Gebirge leben. Als ein Mann seinen Holzschlitten den Berg hochzieht, zweifelt er plötzlich am Lebenssinn. Im Moment, in dem er den Mut verliert, weiterzumachen, wird er von seinem Holzschlitten überrollt. Beim Nachdenken darüber wurde mir klar, dass ich dabei war, mich aufzugeben. Als ein spanischer Freund eine Oper inszenierte und mich als musikalische Direktorin beauftragte, hatte ich wieder eine kleine Perspektive. Ich nahm die Krankheit als Chance an, etwas über mich zu lernen. Ich hatte mit meinen Kräften lange Missbrauch getrieben. Jetzt weiß ich, dass ich nicht ständig aus mir rausgehen kann, sondern Pausen brauche, um mich wieder aufzufüllen. Das gilt auch für extreme Glückszustände. Früher habe ich Glück nur als Glück wahrgenommen und hätte nicht einordnen können, warum ich mich nach drei Tagen Euphorie ausgepowert fühlte.

Rückblickend überwiegen für mich die gewinnbringenden Erfahrungen. Manuel und ich haben in dem Geburtshausprojekt viel Geld verloren. Dass wir den Konflikt nicht erwachsen lösen konnten, empfinde ich als Scheitern. Das Projekt war maßlos. Aber ich bin auch stolz, wie viel Mut wir hineingesteckt haben.

Seit drei Jahren leben wir in Berlin. In der Zeit, in der es mir schlecht ging, kam immer häufiger der Gedanke: Warum nicht zurück nach Deutschland? Zum ersten Mal empfand ich so etwas wie Heimweh. Wir beschlossen, Manuel renoviert das Haus, das wir gekauft hatten, und ich gehe für eine Weile mit den Söhnen nach Berlin, um herauszufinden, ob das deutsche Schulsystem besser ist. Im Internet fand ich ein Pärchen für einen halbjährigen Wohnungstausch. Wenn ich mir etwas vornehme, klappt es schnell.

In der Regel fällt es mir schwer, morgens aufzustehen. Morgens habe ich grundsätzlich nicht das Selbstvertrauen und die Zuversicht, die ich abends habe. Zwischen Weckerklingeln und Deckewegschlagen fallen mir alle Verpflichtungen und Sorgen ein, über die ich erst hinwegklettern muss. Das ist anders, wenn Unbekanntes vor mir liegt. Neugier auf Neues ist mein Lebensmotor. Schon als Kind konnte ich nur dann fröhlich aufstehen, wenn etwas Neues zum Anziehen auf dem Stuhl lag. Als wir nach Berlin ins Abenteuer zogen, war ich in Hochstimmung. Obwohl wir in dieser Tauschwohnung sehr beengt wohnten, wachte ich morgens auf mit dem Gefühl: Die Stadt wartet auf mich! Opern, Theater, die vielen Museen! Die negativen Seiten einer Großstadt lernte ich erst allmählich kennen.

Seit einem Jahr bin ich wieder gesund. Ich spüre meine Lebenslust. Es ist eine Art Glucksen, Brodeln in mir. Eine Berliner Therapeutin half mir, das Chaos der letzten Jahre zu sortieren. Ich verarbeite vieles, indem ich es aufschreibe.

Es ist wohl so: Ich überfordere mich oft, weil ich etwas Besonderes sein will. Ich schöpfe meine Energie und Lebensfreude daraus, dass Menschen mich mögen und lieben. Dass ich den beruflichen Teil bisher nicht ausgefüllt habe, bedauere ich sehr. Ich habe viele Talente, aber ich habe keines ernsthaft verfolgt und ausgebaut. Vielleicht ist es für mich deshalb so wichtig, in Beziehungen zu spüren: Ich bin so wie ich bin als Ganzes gut. Ich brauche das Echo von anderen, um mich selbst wertzuschätzen. Freunde geben mir Zuversicht, Geborgenheit, Wärme. Aber mittlerweile traue ich mich, langjährige Freundschaften unter die Lupe zu nehmen. Sind wir uns wirklich nahe? Oder bin ich mit jemandem nur verstrickt? Früher habe ich bei neuen Freundschaften eher Ähnliches zu mir gesucht. Jetzt reizt mich Unterschiedliches. Ich freue mich, wenn ich mit hinein darf in ein anderes Leben.

Mein Leben ist unruhig, aber ein ruhigeres kann ich mir nicht vorstellen. Manchmal zweifele ich, ob wir je wieder nach Spanien zurückziehen. Dann wieder denke ich, nach diesen erfüllten Jahren können wir getrost zurückgehen, sobald Manuel dort ein Restaurant eröffnen kann. Die Frage, wohin ich gehöre, hat sich verflüchtigt. Ich habe eine neue Festigkeit, Sicherheit gefunden. Glücklichsein ist für mich konkreter, überschaubarer geworden. Irgendwo zu sitzen und zu spüren, dass mich ein Sonnenstrahl trifft, solche Glücksmomente hatte ich nicht als junge Frau. Wenn ich unseren Jüngsten zur Schule gebracht habe, gönne ich mir oft eine Stunde im Café, ich lese Zeitung oder ich nehme mir was zum Schreiben mit. Glück empfinde ich in einem Konzert. Es ist still, der Dirigent hebt den Taktstock. Dann ist alles, was sonst an mir hängt, weg. Ich löse mich auf, werde zum Teil der Stimmung, der Harmonie, des Zusammenspiels des Orchesters. Ein ähnliches Gefühl habe ich in den Bergen. Früher habe ich die Wanderungen im Bayerischen Wald mit meinen Eltern gehasst, jetzt bleibt alles, was mich belastet, weit unten.

Älter zu werden macht mir bisweilen Angst. Bis zu meinem 42sten habe ich Geburtstage mit großer Freude erlebt, aber als mein Rheuma begann, hatte ich das Gefühl, ich gehe vom Jungsein schnurstracks ins Oma-Stadium über. Ich war früher durchtrainierter, meine Beine werden schlaff. Doch seitdem ich wieder mehr Kraft habe, finde ich mich auch wieder attraktiv. Als die Kinder klein waren, habe ich wehmütig Abschied genommen, wenn eine Lebensphase vorbei war. Das Glück über sie war immer verbunden mit dem Wunsch, es möge ihnen bitte nichts zustoßen. Jetzt freue ich mich darauf, mehr Zeit für mich zu haben, wenn die Großen bald aus dem Haus gehen. Ich konnte Erkenntnisse an sie weitergeben. Der Älteste hat mit seinem politischen Engagement für die Antifa viele Themen aufgegriffen, die mir wichtig sind. Ich sehe auch, dass die Welt verbesserungswürdig ist, aber ich habe keine Kapazität mehr. Mein Idealismus ist erschöpft.

Ich bin dankbar für mein Leben, will kein anderes. Meine Dankbarkeit richtet sich schon an so etwas wie Gott. Ich merke, wie tief meine katholische Erziehung in mir verwurzelt ist, allerdings nicht so tief, dass Gott die letzte Instanz in meinem Leben ist. Ich bete in Not nicht, gehe jedoch nach Jahrzehnten der Abkehr wieder gern in die Kirche. Es ist wie ein Nachhausefinden. Auch meinen Eltern bin ich mittlerweile dankbar. Ich bin versöhnt mit ihnen. Wir haben das Privileg, zu drei Familien zu gehören: zu ihnen, zu Manuels Familie und zu den Geschwistern von Imre. Falls ich die Stelle bekomme, müssen wir finanziell nicht mehr so haushalten. Früher hatte ich oft Schuldgefühle, wenn es mir gutging, aus Angst, dass man Glück mit Unglück bezahlen muss. Aber ich denke, ich habe mein Maß auf beiden Seiten einigermaßen gefüllt. Wenn jetzt großes Glück kommt, nehme ich es dankbar an.

Liebe die Welt und die Welt liebt dich – Das Glück und die anderen

Familiäre Prägungen

In einer unregelmäßig veröffentlichten Serie des *Allgemeinen Deutschen Sonntagsblattes* befragte die Journalistin Monika Goetsch über mehrere Jahre prominente Personen in Deutschland zum Thema Glück. Die Antworten bestätigen den Befund der Glücksforschung, dass eine enge, verlässliche Beziehung zu anderen Menschen das Fundament ist, in dem alle anderen Säulen des Glücks verankert sind. Laut einer Umfrage des Instituts für Demoskopie Allensbach glaubt nur ein Viertel der Westdeutschen und lediglich jeder zehnte Ostdeutsche, dass man ohne Familie glücklich werden kann.[3] Wer sozial gut eingebettet ist, lebt nicht nur schöner, sondern auch länger. Wer Menschen liebt und sich geliebt weiß, ist weit besser gegen Schicksalsschläge gefeit als Menschen, die freiwillig oder unfreiwillig als Solitär ihr Leben meistern. Die Resilienzforschung fand heraus, dass schwere Traumata geheilt werden können, wenn zumindest eine vertraute Person uns die Gewissheit vermittelt, wertvoll und unverzichtbar zu sein.

Wie uns eigene Lebenserfahrung und die Schreckensmeldungen in den Medien unaufhörlich vor Augen führen, ist Familie jedoch beileibe nicht nur ein Hort des Glücks, sondern auch Brutstätte von Missbrauch, Gewalt und Angst. »Das Wort Familienbande hat einen Beigeschmack von Wahrheit«, spottete Karl Kraus über verwandtschaftliche Verstrickungen und eine familiäre Obhut, die uns nicht nur einbindet, sondern auch Kräfte bindet und uns weit stärker ihren Stempel aufdrückt als uns oft bewusst ist.

Gestützt auf Fakten, die erfragt, evaluiert und zu statistischen Befunden geschnürt werden können, belegt auch die Glücksforschung, dass unsere erworbene optimistische oder pessimistische Lebenseinstellung die Weichen dafür stellt, ob wir überwiegend negative oder positive Erfahrungen machen. Doch vor allem die Psychologie bzw. Psychoanalyse erhellt, in welchem Maße familiäre Verhaltensmuster auf unsere sozialen Beziehungen und Lebensweise durchschlagen. Ob wir auf Menschen zugehen oder anderen nicht über den Weg trauen, ob wir Fremdes skeptisch ablehnen oder uns erwartungsfroh Unbekanntem öffnen, hängt wesentlich davon ab, ob wir in jungen Jahren Grundvertrauen in andere und uns selbst erwerben konnten. Wuchsen wir auf im Klima von Furcht, Missgunst und (subtilen) Feindseligkeiten oder in einer Atmosphäre großherzigen Wohlwollens?

Meine Interviews zum Thema Glück schließt Stiefkinder des Lebens aus. Menschen, deren persönliche Entwicklung durch schichtspezifische Bildungsferne und/oder zerrüttete Familienverhältnisse so beschnitten wurde, dass sie der Rolle des »Pechvogels« und Versagers verhaftet bleiben, kommen ebenso wenig zu Wort wie Menschen, die Herkunftsprivilegien verspielten und infolge übergroßer Verwöhnung strandeten.

Sosehr sich die sozialen Rahmenbedingungen meiner GesprächspartnerInnen unterscheiden, so prägend es ist, ob man im Nationalsozialismus erzogen wurde oder von Eltern der 68er-Generation, alle meine InterviewpartnerInnen kommen aus Verhältnissen, die ihnen die Chancen ließen, unter Möglichkeiten zu wählen. Dass die Mehrzahl freiberuflich tätig ist, mag ein Zufall sein, beleuchtet jedoch die überdurchschnittliche Bereitschaft, ausgetretene Pfade zu verlassen und auf die eigene Kompetenz zu setzen. Gleichwohl spiegeln ihre Berichte wider, wie sehr die eigene Lebenssicht von elterlichen Vorgaben abhängt. Ob unser Blick auf die – unvollkommene – Welt düster oder hoffnungsvoll ist, ob wir Herausforderungen annehmen oder Anstrengungen vermeiden, ob wir das Wohl anderer mitberücksichtigen oder fokussiert sind auf unsere Interessen, wird davon beeinflusst, welche Werte und welche Themen in unserer Herkunftsfamilie Bedeutung haben (hatten), auch und gerade dann, wenn wir uns mit aller Macht abgrenzen wollen.

Manchmal ist das Talent zum Glück ein Startkapital. Dass glücks- und liebesfähige Eltern ihre positive Lebenseinstellung an ihre Kinder weitergeben, pflanzt die Gabe, das Glas halb voll und nicht halbleer zu sehen, oft über Generationen fort. Beruflich naturgemäß nicht mit überbordendem Glück befasst, beleuchtet der Berliner Psychotherapeut Dr. Wolfgang Krüger die Quelle, aus der die sprichwörtlichen »Sonntagskinder« ihre positive Weltsicht schöpfen: »Die Menschen, bei denen ich annehme, dass sie glücklich sind oder waren, haben ein soziales Netzwerk, sie sind relativ hilfsbereit, sie sind in gewisser Weise gutmütig. Ihre Hinwendung zu anderen paart sich mit etwas Eigenem, sie strahlen Persönlichkeit aus. Ich vermute, die Grundlage für Glück ist das Urvertrauen, das man in der Kindheit mitbekommen hat. Tiefes Glück kommt aus einer liebevollen Beziehung, die wir als Kind erfahren und die uns ein Leben lang trägt. Das tiefste Unglück ist, wenn wir innerlich so verunsichert und gespalten sind, dass wir ein Leben lang um unser Selbstbewusstsein ringen müssen.«

Gelockt und geleitet von dem überwiegend Freude spendenden elterlichen Vorbild, eifern Kinder Verhaltensweisen nach. Dass sie in der Entwicklung zur Eigenständigkeit ermutigt werden, gibt ihnen die innerliche Freiheit, bewährte »Glücksrezepte« zu übernehmen, ohne dass sie sich über deren Gehalt schon im Klaren sind. Vor allem auf Durststrecken des Alltagseinerleis und in Notzeiten zeigt es sich, ob Menschen von einer emotionalen Vorratskammer zehren können oder ob sie schnell verkümmern, wenn der Nachschub kleiner und größerer Glücksdrogen einmal länger ausbleibt.

Wie wir an uns selbst leicht feststellen können, treten wir jedoch auch in die Fußstapfen unserer Eltern, wenn diese in eine Richtung weisen, die wir eigentlich nicht einschlagen wollen. »In der Kindheit wird ein Eimer Farbe über dich geschüttet, und diese tropft lebenslang an dir herunter«, umschrieb ein Freund einmal den Umstand, dass wir das Fühlen, Denken und Handeln unser ersten Bezugspersonen auch dann nicht einfach abschütteln können, wenn deren Lebensmodelle unseren eigenen Vorstellungen zuwiderlaufen. Um im Bild zu bleiben, können wir zwar aus einer breiten Farbpalette wählen, der erzielte Farbton hängt jedoch von unserer hellen oder dunklen Gefühlsgrundierung ab. In welchem Maße auch genetische Programmierungen »Sonntagskindern« zur Leichtigkeit des Seins verhelfen und Melancholikern bleierne Zeiten bescheren, ist eine Frage, die Hirnforscher und Mediziner beschäftigt, ungeachtet dessen, dass ihre Forschungsergebnisse sich im persönlichen Glücksstreben nur bedingt umsetzen lassen.

Angesichts der vielfachen Störungen in Partnerschaften und Familien und den Abstufungen schwarzer Pädagogik in Eltern-Kind-Beziehungen bezweifeln nicht wenige Psychologen, ob wir überhaupt die Eignung haben, ab und zu einen Zipfel vom Paradies zu erwischen. Sigmund Freuds deprimierende Verzichtserklärung »Die Absicht, dass der Mensch glücklich sei, ist im Plan der Schöpfung nicht enthalten«[4], schließen sich etliche Seelenexperten an, auch wenn Eltern (und Lehrer) heute nicht mehr die Autoritäten sind, deren gefürchtete Übergröße einst jede heitere Gelassenheit im Keim erstickte.

In dem 1991 erschienenen Buch »Immer Probleme mit den Eltern« schildert Barbara Dobrick anhand von Selbstaussagen erwachsener Kinder familiäre Beziehungsgeflechte. Erschreckt habe sie das Ausmaß an Kummer, bilanziert die Autorin. Bedauern über äußerlich wie innerlich abwesende Väter durchzieht ihre Interviews. Töchter und Söhne leiden unter vereinnahmenden Müttern, die verpasste Berufschancen kompensieren, indem sie zu Hause das Zepter schwingen. Sogar die Reihenfolge beim Auswickeln von Weihnachtsgeschenken sei festgelegt, erzählt ein 22-Jähriger. »Wenn meine Mutter sagt, unser Verhältnis sei gut, dann meint sie das Verhältnis zu dem Rest von mir, der nach ihren inneren Streichungen übriggeblieben ist«, klagt eine Studentin. Resigniert schildert eine 41-Jährige, dass ihre Mutter sich nur um die eigene Achse drehe. »Ich habe nie das Gefühl, es geht auch um mich. Sie überschüttet mich mit ihren Problemen, zieht mich in ihr Leben hinein.«[5]

Doch nur selten kommt es zum Bruch. Im Wechselspiel von Sehnsucht und Enttäuschung erweisen sich fatalerweise Vorwürfe als besonders haltbarer Kitt. In der Hoffnung, Eltern zu Einsichten zu bewegen und Versäumtes nachzuholen, bleiben vor allem emotional zu kurz gekommene Kinder auf Eltern bezogen. Ihr Kampf um vorenthaltene Liebe drücke sich oft im ständigen Beweis aus, was in ihnen steckt, beobachtet Annemarie Kühnen-Hurlin, Leiterin des Bereichs Freizeit, Bildung, Beratung in der Berliner Fürst-Donnersmarck-Stiftung: »Ich kenne Menschen, die alles, was sie im Leben anpacken, mit dem Ziel tun, dass ihr Vater sie anerkennt. Sie strengen sich an, rackern sich ab, aber immer reicht es nicht, nie sind sie mit sich zufrieden. Ihre Wunde ist, nicht gesehen zu werden. Früher zeigten sie dem Vater ein selbstgemaltes Bild. Heute ist es das Haus oder das große Auto. Der Vater sagt: ›Aha!‹ Und geht drüber weg.«

Auch aufopfernde Pflichterfüllung kann ein Mittel sein, Eltern Zuneigung und Dankbarkeit zu entlocken. Doch solange es die Hauptmotivation ist, endlich gelobt und wertgeschätzt zu werden, zementieren Töchter und Söhne kindliche Abhängigkeitsverhältnisse und verhindern eine Begegnung »auf Augenhöhe«, nach der sich erwachsene Töchter und Söhne häufig vergeblich sehnen.[6]

Das Bedauern, nicht genügend wahrgenommen worden zu sein, klingt in etlichen meiner Gespräche an. Während einige InterviewpartnerInnen beklagen, dass Eltern ihren ungestillten Ehrgeiz auf sie verlagerten, schildern andere, von den Eltern klein gehalten und kleingemacht worden zu sein. Dass vorrangig Müttern wenig Verständnis und Wärme attestiert wird, erklärt sich vermutlich dadurch, dass die Mehrzahl meiner GesprächspartnerInnen zur Nachkriegsgeneration gehört. Sie wuchsen auf in einer Zeit, in der Johanna Haarers Erziehungsratgeber Eltern aufrüstete und Mütter eisern pädagogische Leitsätze beherzigten wie: »Wenn das Kind schreit, dann liebe Mutter werde hart! Fange nur nicht an, das Kind aus dem Bett herauszunehmen …«[7] Oder: »Junge Bäume müssen beschnitten werden.« Auch die Inzuchtnahme eigener Wünsche ließ Frauen seelisch verhärten. Wer sich »aufopfert«, will häufig dadurch entschädigt werden, dass er (sie) von anderen ebenfalls Opfer verlangt.

Körperliche Zärtlichkeitsgesten, das wohlige Gefühl von Geborgenheit auf dem Schoß der Mutter, im Arm des Vaters tauchen in den Erinnerungen meiner Interviewpartner selbst dann überraschend selten auf, wenn Kindheit und Jugend als behütet und liebevoll geschildert werden. Intensive Gespräche zwischen Eltern und Kinder haben Seltenheitswert. Ohne akuten Anlass reden Familienmitglieder offenbar kaum über Gefühle, schon gar nicht über solche, die ausscheren aus der alltäglichen Befindlichkeit. »Über Glück zu reden war damals wohl fast so unanständig wie über Sexualität zu sprechen«, beleuchtet ein Interviewpartner, Axel Braig, die Bevorzugung sachlicher Themen, die einst wie heute Schutz bieten vor ungeübter und womöglich verfänglicher Nähe. Umso leuchtender ragen die Sternstunden intensiver Gemeinsamkeit heraus.

Es sind meist einfache Begebenheiten, die meine Gesprächspartner zu Augenblicken des Glücks adeln: Der Spaziergang durch den Wald, auf dem die sonst abweisende Mutter aus Orangenschalen ein Häuschen baute; der regelmäßige Bridgeabend zu viert; die Nachmittage, an denen der Vater mal entspannt im Sessel saß und sich zum Gaudi seiner Töchter frisieren ließ; das Hochgefühl, als man in den Schulferien jobbte und vom Chef als vollwertige Arbeitskraft behandelt wurde; die Freude der Eltern über das heimlich einstudierte Geburtstagsständchen. Verlässliche Festrituale sind zwar im Teenageralter oft lästig, im Rückblick aber wird das schöne Weihnachten und die Kindergeburtstagsfeier, für die der Vater extra einen Kleinbus mietete, um alle Gäste nach Hause zu bringen, mit Goldrand versehen. Tief eingekerbt, hallt die gute oder schlechte Atmosphäre kalendarischer Höhepunkte nach und beeinflusst, ob wir Jahresfeste gern gestalten oder ob wir uns lieber verdrücken, beziehungsweise anderen die Stimmung vermasseln und damit unser Verhältnis zu Festen wiederum an unsere Kinder weiterreichen.

Auch wenn wir mit der Lebensüberschrift unser Eltern mehr verbandelt bleiben als uns meist lieb ist, haben wir die Wahl: Zementieren wir durch Schuldzuweisung, gezielte Provokation oder übermäßige Bewunderung kindliche Abhängigkeitsverhältnisse? Oder werden wir mündig, indem wir uns nicht in (gegenseitige) Erwartungen verstricken lassen?

Manchmal gelingt die Ablösung nur durch Distanz. Doch vor allem die Nachsicht mit Unzulänglichkeiten und Fehlern lockert Verknotungen. Lange habe sie viel Kraft damit vergeudet, sich den Erwartungen ihrer Mutter zu widersetzen, erzählt Elisabeth S. Nun, da sich mit der Gebrechlichkeit der Mutter das Machtgefüge verkehrt, könne sie auf die Demonstration eigener Stärke verzichten. Mit zunehmendem Alter stellen wir meist fest, wie ähnlich wir unseren Eltern sind. Wie Lieselotte Thoma schildert, können wir schädliche Familienverhaltensmuster gleichwohl durchbrechen. Wenn wir aufhören zu hadern, welche Türen unsere Eltern uns versperrt haben, öffnet sich der Blick für diejenigen, die wir selbst öffnen können.

Ehe und Partnerschaft

Die Liebe: eine Glücksquelle. Auf Wolke sieben schweben wir zumeist zu zweit. Statistiker fanden heraus: Menschen in einer Partnerschaft leben länger und gesünder[8]. Vor allem bei Männern erhöht sich nach Ende ihrer Ehe das Risiko zu erkranken. Besonders männliche Singles sind suizidgefährdet, was ihre schnelle Bereitschaft erklären mag, sich wieder fest zu binden. Wie Psychologen wissen, rauschen im Stadium der Verliebtheit nicht nur die Hormone. Die Lust aufeinander ist auch ein überaus kreativer Prozess. Wir geben eingefleischte Gewohnheiten auf, werden angesteckt von den Interessen des Partners und verführen uns wechselseitig zu Entdeckungen. Wir werden buchstäblich verrückt: Wir schwingen mit dem Partner und sehen durch seine Augen vieles im neuen Licht. Wie ein Wegweiser schildert uns das gemeinsame Glück unbekannte Gebiete aus, die wir vorher links liegen ließen oder deren Eroberung wir uns allein nicht zutrauen. Euphorisch wachsen Verliebte über bisherige Begrenzungen hinaus, aber sie überschätzen auch die Möglichkeiten innerer Veränderungen. Wir lieben Gaben aus dem Partner heraus und wir lieben sie in ihn hinein, analysieren Psychologen das Doppelgesicht der Liebe, die schlummernde Talente weckt, aber auch zu Wunschprojektionen verleitet. Seit Jahrtausenden darauf geeicht, ihren Lebenssinn vorrangig aus Ehe, Familie und der Pflege persönlicher Beziehungen zu schöpfen, neigen besonders Frauen zu romantischer Verklärung. »Man ist froh, dass man endlich begeistert lieben kann«, schildert eine Interviewpartnerin, Jana L., die Sehnsucht nach dem ozeanischen Gefühl, das dazu verführen kann, sich ein Rinnsal zum reißenden Strom schönzureden.

In seiner Praxis auf Partnertherapie spezialisiert und Sachbuchautor zum Thema Liebe, Leidenschaft und Leid, beleuchtet Dr. Wolfgang Krüger die Erwartungen von Frauen und Männern aneinander, deren (häufig) geschlechtsspezifische Abweichung im Stadium der Verliebtheit meist ausgeblendet werden: »Die meisten Menschen, die ich kenne, bringen Glück in Verbindung mit Liebe. Frauen bringen darüber hinaus Glück in Verbindung mit gemeinsamen Erlebnissen mit den Kindern und mit Nähe in der Partnerschaft, wobei letzteres häufig für Männer ein Rätsel ist. Männer hegen oft Versorgungswünsche. Hauptsache, das Zuhause funktioniert, dann können sie sich dem Eigentlichen widmen. Für Männer ist Glück oft mit beruflichem Erfolg verbunden.« Wird Trennendes irgendwann sichtbar, erfolgt eine Desillusionierung, die Paar-Spezialisten als heilsamen Ernüchterungsprozess bezeichnen. Denn nun zeigt es sich, ob die Verliebtheit auf Sand gebaut war, ob die himmlische Romanze am irdischen Alltag zerbricht oder zur Liebe für den realen Partner mit all seinen Schönheitsfehlern reift.

Die Scheidung jeder dritten Ehe gibt Auskunft über die Metamorphose der einst reizvollen Gemeinsamkeit. Weniger offensichtlich ist das Verhältnis von Glück und Unglück bei Paaren, die zusammenbleiben. Dass Männer generell mit ihrer Ehe zufriedener sind, fand eine aktuelle Umfrage heraus. Während 50 Prozent der Ehefrauen meinten, sie würden ihren Mann nicht noch einmal heiraten, äußerten nur 20 Prozent der Männer, dass sie rückblickend eine andere Wahl träfen.[9]

Wie der Psychoanalytiker Michael Lukas Moeller in »Die Wahrheit beginnt zu zweit« darlegte, unterscheiden sich glückliche Paare von unglücklichen Paaren durch die Intensität der Gespräche: »Sie reden nicht nur, weil sie glücklich sind. Vielmehr werden sie glücklich, weil sie reden.«[10] Folglich ziehe das Unglück in Partnerschaften vor allem in Form des mangelnden Austausches ein. Hauptsächlich Frauen monieren die Verschlossenheit ihres Partners. Mancher Streit entzündet sich daran, dass sie dessen Wortkargheit zu Hause als Desinteresse deuten, wohingegen Männer sich wundern, weshalb sie um Himmels willen jede Seelenregung bereden sollen. Nach Auskunft von Psychologen tendieren in langen Ehen jedoch häufig beide Partner zum Irrglauben, einander so gut zu kennen, dass sie sich kaum mehr Fragen stellen. Dass im Laufe der Zeit die Neugier aufeinander durch Gewohnheiten ersetzt wird und diese nicht selten in Langeweile münden, gefährde eine Beziehung mehr als ausgefochtene Konflikte. Doch selbst wenn das Interesse aneinander nicht abnimmt, fordern beider Spagat zwischen Beruf und Familie oder die klassische Rollenteilung einen Tribut. »Die Gefahr ist, dass man im Alltag total versinkt und den Partner wie ein Instrument betrachtet, das funktionieren muss«, skizziert mein Interviewpartner Axel Braig die häufig schleichende Mutation des einstigen Liebespaars zum Arbeitsteam und die sich einnistende Entfremdung, falls kaum noch Zeit für unbeschwerte Gemeinschaftserlebnisse bleibt oder die Lebensschwerpunkte unmerklich auseinanderdriften.

In seinem Buch »Was hält Paare zusammen?« rehabilitiert der Zürcher Paar- und Familientherapeut Jürg Willi gleichwohl den geschmähten Alltagstrott. Welchen Halt und Zusammenhalt verlässliche Abläufe stiften, werde häufig erst bewusst, wenn der äußere Rahmen verlorengeht. Ein Zusammenleben bleibe dann lebendig, wenn Absprachen weder starr durchgezogen noch eingeführte Regeln beliebig zur Disposition gestellt werden. Doch sosehr verbindliche Übereinkünfte das Miteinander erleichtern, im Streben nach purer Harmonie liegt nicht das Geheimnis stabiler Partnerschaften. Vielmehr trage gerade das faire Aushandeln von Meinungsverschiedenheiten zur Entwicklung einer Beziehung bei.

»Es geht nicht darum, Konflikte zu verschweigen. Man muss schon sagen können, was einen stört. Aber die Liebe muss größer sein als der Ärger«, wirbt die tschechische Kindertherapeutin Jirina Prekop[11] für eine Streitkultur, die Differenzen klärt und nicht bezweckt, den

Partner für eigene Anliegen gefügig zu machen. Während Machtkämpfe sich um Sieg oder Niederlage drehen, und der Scherbenhaufen blindwütiger Zerwürfnisse kaum mehr zu kitten ist, vermeiden konstruktive Auseinandersetzungen, dass einer der Involvierten das Gesicht verliert.

Von der Fähigkeit, die eigenen Gefühle und die des Partners zu lesen, hänge das Niveau von Auseinandersetzungen und damit das Gelingen oder Scheitern einer Beziehung ab, bilanziert Heiko Ernst, Chefredakteur von *Psychologie Heute,* das Ergebnis zahlreicher Forschungsprojekte. Glückliche Paare achten genauer als unglückliche Paare auf Affekte und schaffen es, Disputen die Spitze zu nehmen und einzulenken, bevor ein Streit aus dem Ruder läuft. »Emotional intelligente Streiter kennen die Wenn-dann-Abfolgen von Auslösern, Emotionen und Gegenemotionen: Sie können vorhersehen, welche Worte welche Widerworte nach sich ziehen und welche Gefühlskaskade dann möglicherweise ihren verheerenden Lauf nimmt. Vor allem können sie ihre eigenen Gefühlsaufwallungen, ihre »gemischten Gefühle« besser differenzieren: Was ist Wut oder Hass, was ist Enttäuschung, Scham oder Selbstmitleid? Unglückliche Paare hingegen missinterpretieren häufig Gefühlssignale, verwechseln beispielsweise Fröhlichkeit mit Gleichgültigkeit oder maßen sich an, die Gefühle des anderen umzudeuten, zum Beispiel, indem sie dem Partner vorwerfen: »Du bist ja bloß neidisch!«, während er tatsächlich traurig ist.[12]

Dass in früheren Generationen Paare durchaus glücklich verheiratet waren, ohne der Innenschau viel Platz einzuräumen, widerlegt allerdings die Schlussfolgerung, dass der Austausch von Gefühlen die unverzichtbare Grundlage einer guten Partnerschaft ist. Sosehr das Miteinander-Reden Beziehungen festigt, eine ständige Nabelschau zehrt Ehen aus. Wie es auch mancher Partnerschaft den Todesstoß versetzt, dass die optimale Selbstentfaltung zum Qualitätsmaßstab erhoben wird.

Weit mehr als heute wurden Paare einst zusammengeschmiedet durch wirtschaftliche Zwänge, Konvention, Moral, Kindersegen und beengte räumliche Verhältnisse. Pflichten prägten den Alltag. Die Kalkulation, wie viel Glück dabei heraussprang, kam Paaren kaum in den Sinn. »Man nahm sich nicht so wichtig«, beschreibt die über 80-jährige Stiftsdame Ruth W. in unserem Gespräch eine unangefochtene Gesellschafts- und Familienordnung, in der Selbstverwirklichung ein

Fremdwort war. Zu welchem Preis Frauen und Männer sich Rollenmustern beugten, lassen die Fotos verhärmter Gestalten erahnen, die in Buch- und Schreibwarenläden als Juxkarten verhökert werden. Auch die Doppelmoral erblüht auf dem Nährboden strenger Sitten. Doch die geringere Wahlmöglichkeit ersparte Paaren auch, das Für und Wider ihrer Ehe ständig unter die Lupe zu nehmen, und band sie ein in gemeinsame Aufgaben, an deren Sinn kein Zweifel bestand.

Die zunehmende gesellschaftliche Toleranz für individuelle Lebensmodelle vergrößert zweifellos die Chance, allein und zu zweit sein eigenes Glück zu schmieden. Wie nie zuvor besteht jedoch auch die Gefahr, dass Partner ihre Beziehung mit Blütenträumen, Zumutungen und Alleingängen überfrachten. Das häufig eigene Zimmer, das Medienangebot und virtuelle Welten sind leicht erreichbare Rückzugsorte, in denen sich Partner verschanzen können. Der Anspruch auf Glück und Selbstbestimmung senkt die Bereitschaft, auch schwierige Zeiten miteinander durchzustehen, und verführt Paare dazu, das Heil schnell woanders zu suchen, nicht selten mit dem *unhappy end*, dass die Ehe zerbricht und die heiße Romanze sich als Strohfeuer entpuppt. »Heute wird die Liebe probiert. Man rechnet mit ihrem Scheitern. Dabei sollte man mit voller Kraft hineingehen«[13], relativiert Jirina Prekop den Gewinn einer Freiheit, die auch Hingabe, Langmut und Reife verhindert, weil sie Partnern erlaubt, vor mühseliger Vertiefung auszuweichen und in flachere Gewässer zu flüchten.

Manchmal freilich erlöst die Einsicht, dass das Ringen um eine verblasste Liebe nichts bringt als Kräfteverschleiß. »Ich habe viel Energie in die Illusion gebuttert: Er wird sich mitentwickeln mit mir. Es ist jedoch so: Keiner entwickelt sich mit, man entwickelt sich allenfalls für sich«, skizziert meine Münchener Interviewpartnerin Elke Rieß selbstkritisch das überwiegend weibliche Bestreben, den Partner zu formen und seine Gefühlswelt zu verfeinern, bis die Erkenntnis dämmert, dass aus dem Frosch kein Prinz mehr schlüpft. Die Mehrzahl der im Buch zu Wort kommenden Frauen lebt nach einer Trennung allein. Ein Zufall? Die bekundete Aufgeschlossenheit für eine neue Beziehung korrespondiert auffällig mit dem Wunsch, die innere und äußere Selbständigkeit nicht mehr aufzugeben, die sie sich erst nach dem Auszug aus der gemeinsamen Wohnung und in wachsendem Maße nach der Kindererziehungsphase erobern.

Sich inmitten des tobenden Familienlebens abzugrenzen, scheint für Männer hingegen kein Problem zu sein. Nicht weil sie ihre Unterstützung aus Egoismus verweigern, sondern weil Männer oft jene pragmatische Selbstbezogenheit beherrschen, die Amadeus Flößner im Interview als Basis seiner guten Ehe bezeichnet: »Ob meine Frau glücklich ist, frage ich sie alle paar Tage, wobei ich davon ausgehe, dass sie nur glücklich sein kann, wenn sie mich noch liebt, und ich nur glücklich bin, wenn ich sie weiter lieben darf. Ich frage sie allerdings nicht danach, was sie unter Glück versteht. Wir würden uns an unseren verschiedenen Definitionen reiben und die knappe gemeinsame Zeit weniger genießen können. Wenn ich mich danach richte, ihr Glück zu steigern, werde ich unglücklich, und davon hätte dann auch sie nichts.«

Für das Glück in der Partnerschaft gibt es in der Tat kein größeres Hindernis als die Furcht, die Liebe des anderen nicht zu verdienen. Während Menschen mit gesundem Selbstvertrauen Zuwendung und Zärtlichkeit des anderen als natürlich empfinden, weil sie selbst aus vollem Herzen geben und sich verströmen können, wehren Menschen mit geringem Selbstbewusstsein das Wohlwollen anderer ab. Weil sie sich selbst nicht für liebenswert halten, sabotieren sie die Erfüllung ihres Liebeswunsches. Indem sie Nähe als Vereinnahmung und Kontrolle entwerten und ihrem Partner unlautere Absichten unterstellen, bestätigen sie sich ihr negatives Selbstbild. »Liebe ist wie der Versuch, ein Sieb zu füllen«, beschreibt der amerikanische Psychotherapeut Nathaniel Branden eine neurotische Ambivalenz, deren Ursprung frühe Beziehungsstörungen sind.[14] Übermäßige Eifersucht, Misstrauen und das permanente Schwanken zwischen den widersprüchlichen Botschaften »Ich brauche dich« – »Bleib mir vom Leibe« zersetzen die Beziehung und zermürben à la longue auch Partner, die davon ausgehen, dass ihre Wärme, Geduld und Zuversicht für zwei reicht. Während für glückliche Paare das Sprichwort gilt: »Glück verdoppelt sich, indem man es teilt«, und sie einander und anderen zeigen, wie wohl sie sich in der Gegenwart des anderen fühlen, haben emotional verarmte Menschen schnell das Gefühl, zu kurz zu kommen. Im Beisein anderer zeigen sie ihrem Partner oft die kalte Schulter.

»Zu gut durfte es nicht sein.« Im Rückblick auf ihre Ehe erkennt meine Gesprächspartnerin Lieselotte Thoma die Angst ihres geschiedenen Mannes vor Glück, die sie nicht besiegen konnte. Die Aussicht,

Menschen zu kurieren von der Furcht vor Liebe, die sie gleichzeitig ersehnen, sei gering, bilanziert Nathaniel Branden. Denn in neurotischer Spaltung handeln sie gemäß einer fatalen Logik, der zufolge die erreichbare Liebe stets die falsche ist: »Jeder kennt den berühmten Witz von Groucho Marx, dass er nie in einen Club eintreten würde, dessen Mitglied er sei. Und das ist genau das Motto, nach dem manche Personen mit einem geringen Selbstwertgefühl in ihrem Liebesleben verfahren. Wenn du mich liebst, dann bist du offensichtlich nicht gut genug für mich. Nur jemand, der mich zurückweist, ist als Objekt meiner Begierde akzeptabel.«[15]

Freunde

Außer der Liebe sind Freundschaften die wichtigsten Säulen des Glücklichseins. Glückliche Menschen sind eingebettet in ein soziales Netz und pflegen Freundschaften. Auch wenn sie gut allein sein können und Rückzug brauchen, um sich zu sammeln, aufzutanken und Pläne auszubrüten, schöpfen sie Kraft, Geborgenheit, Fröhlichkeit aus der Gemeinschaft mit anderen und aus gemeinschaftlichen Unternehmungen. Dabei ist es oft gar nicht so wichtig, *was* man unternimmt. Vorrangig ist das harmonische Beisammensein. Eindrücke teilen und mitteilen zu können, verdoppelt den Reiz vieler Freizeitbeschäftigungen.

Wie meine Interviews widerspiegeln, haben Frauen mehr Freundschaften als Männer. Generell ist ihr Glück stärker mit guten persönlichen Beziehungen verbunden und sie verknüpfen häufiger berufliche und private Kontakte. Für Männer stehen in der aktiven Berufszeit oft Nutz- und Zweckfreundschaften im Vordergrund. In Nutzfreundschaften profitieren die Beteiligten voneinander. Ohne konkrete Vorteile versanden die Kontakte, was vor allem Ruheständler oft kränkend erfahren. In Zweckfreundschaften stiften gemeinsame Interessen und Ziele eine gewisse Nähe.

Ganz zweckfrei sind auch gewachsene Freundschaften nicht. Besonders Männer suchen oft nicht nach Seelengleichklang, sie schätzen, dass jemand am selben Strang zieht. Wahre Freundschaft beruht jedoch nicht auf gegenseitiger Funktionalisierung, sie lebt von Vertrauen und Vertrautsein, Verlässlichkeit und gegenseitiger Wertschätzung, von der Freude mit- und aneinander. In Notzeiten ist sie ein sicherer Hafen, aber sie ist keine Notgemeinschaft gegen die raue Wirklichkeit, wie es bei unglücklichen Menschen oft der Fall ist. »Ich möchte nicht mehr Freundinnen treffen, um gemeinsam zu jammern, dass nicht alles so ist, wie wir es gern hätten«, beschreibt meine Gesprächspartnerin Elke Rieß die Bastion gegen missliche Verhältnisse. Wird die eigene Misere auf einen ausgeguckten Feind projiziert, ist der Sündenbock leicht austauschbar.

Glückliche Menschen hingegen bereichern andere mit ihrer Gegenwart und sie gehen selbst gern auf Menschen zu. Jemanden zu deckeln, bloßzustellen und zu kränken, verschafft ihnen nicht die kleinen Triumphe, die man oft in Geselligkeiten beobachten kann. Obwohl sie sich durchaus ihrer Haut erwehren, ist es für sie keine Genugtuung, andere zu demontieren. Und sie fühlen sich auch selbst nicht durch Kritik angegriffen. Die Resonanz auf ihre Achtung und Selbstachtung bleibt nicht aus. Da sie andere nicht in Bedrängnis bringen, sind sie beliebt. Freundschaften fliegen glücklichen Menschen zu. Aber sie wissen auch, dass diese keine Selbstläufer sind und kein Abonnement.

Sascha Philipp: »Andere ziehen mit mir am gleichen Strang.«

Sascha Philipps Anruf auf meine Interviewanfrage erfolgt nach einigen Tagen. Während der Ernte sei er von morgens bis abends im Einsatz, entschuldigt die klare, freundliche Stimme. Ein Radiointerview anlässlich der »Grünen Woche« hatte mich aufmerksam gemacht auf den Öko-Landwirt aus dem Ruhrgebiet, der in Brandenburg einen der größten Demeter-Betriebe leitet und in Deutschland zum Hauptproduzenten von Bio-Chicorée avancierte. Als ich mein Anliegen erläutere, ist der 35-Jährige hörbar überrascht. Ein Gespräch über Glück? Nach kurzer Bedenkzeit verbindet er die Zusage mit der Wegbeschreibung: Pretschen, im Dahme-Spreewald, 65 Kilometer südöstlich von Berlin.

Zwei Zimmer bietet der Gasthof gegenüber dem weitläufigen Landgut, beim Rundgang durch das 320-Seelen-Dorf freue ich mich an der Blumenpracht in den Gärten, doch besser, man stellt sich nicht die langen Wintermonate vor. Bis zur Kleinstadt Lübben sind es 20 Kilometer, der Jugendclub hinter der Bushaltestelle wurde geschlossen, eine Großbäckerei ersetzt den »Konsum«. Der kürzlich eröffnete Hofladen am Eingang der Gutsanlage erstrahlt in neuem Glanz, an den Wirtschaftsgebäuden nagt hingegen der Zahn der Zeit. Das Herrenhaus aus dem 19. Jahrhundert wurde vor langem grau verputzt und allen Stucks beraubt; nur die Eingangstür und die Säulenveranda mit der Freitreppe in den kleinen Park lassen den einstigen Lebensstil erahnen.

Sascha Philipp ist ein kleiner, schlanker Mann mit hoher Stirn und offenem Blick, die dünnen Haare sind streichholzkurz. Über dem Geländer der breiten Holztreppe nach oben hängen Kinderanoraks, der Saal im ersten Stock ist mit Mobiliar aus den 60ern zweckmäßig bestückt: ein großer Esstisch, eine Sitzecke aus rosa Samt, das Klavier an der Wand ist zugeklappt, unter den tiefen Fenstern steht ein Kaufmannsladen. Die Flügeltüren rechts führen zur Wohnung seiner Eltern, hinter den linken beginnt seine eigene Fünfzimmerwohnung

Während unseres Gespräches habe ich Gelegenheit, fast alle der Drei-Generationen-Familie zu begrüßen: Sascha Philipps Frau Carina bringt uns Kaffee, seine Mutter bittet ihn, ans Bürotelefon zu kommen, Lotte und Gesine, vier und zwei Jahre alt, beobachten vom Schoß des Vaters hellwach die fremde Besucherin. Mit sympathischer Natürlichkeit und schnellem Witz gibt Sascha Philipp Auskunft. Beim Rundgang über den Hof, auf dem zu DDR-Zeiten jährlich 80 Lehrlinge ausgebildet wurden, schildert er in sachlichem Ton die Herausforderung, wirtschaftlichen

Druck mit dem ethischen Anspruch eines Demeter-Betriebes zu vereinbaren. 800 Hektar Nutzfläche, 600 Rinder, einige Schweine und der Anbau von 100 Tonnen Chicorée beschäftigen heute 14 angestellte Mitarbeiter und in der Hochsaison insgesamt 24 Arbeitskräfte, mit denen sich der neue Hausherr von Pretschen duzt. Als ich ihn im Laufe des Interviews frage, ob er für seinen Lebensentwurf ein Vorbild habe, kommt die Antwort prompt: John W. Carver, ein farbiger US-Amerikaner, der im 19. Jahrhundert die Erdnuss als Nahrungsmittel verwertete und eine landwirtschaftliche Fachschule für Schwarze gründete.

Es ist Samstag, auch auf Sascha Philipp wartet noch Arbeit. Er will den Strom in den Weidezäunen kontrollieren, der Sonntag sei »eigentlich« der Familie vorbehalten. »Aber wenn ich meine Schuhe ausgezogen habe, gehe ich als Erstes in mein Büro, oft bleibe ich dann dort hängen.«

Bisher war das Leben sehr gut zu mir. Ich bin deshalb so zufrieden, weil ich gestalten kann. Mich reizt die Pionierarbeit. Mit einem Lottogewinn auf den Bahamas zu sitzen würde mich kreuzunglücklich machen. Ich wollte immer Bauer werden, habe dafür viel getan, aber ich hatte auch sehr günstige Umstände, schon als Kind bin ich in die Landwirtschaft hineingewachsen. Mein Vater ist Elektroingenieur, meine Mutter Industriekauffrau, meine Eltern sind also keine Landwirte. Als sie so alt waren wie ich jetzt, überlegten sie, ob sie ihr Geld in Immobilien anlegen sollten oder damit etwas für die Allgemeinheit tun. Mit anderen Familien pachteten sie 1983 im Ruhrgebiet einen Bauernhof, der von einer Betriebsgemeinschaft biologisch-dynamisch bewirtschaftet wurde. Auch wenn mein Vater auf dem Hof selbst wenig mitarbeitete, sah er in der Biolandwirtschaft die Möglichkeit, der Erde etwas zurückzugeben und nicht nur von ihr zu nehmen. Meine Schwester und ich mussten nicht mithelfen, wir durften es. Eine berufliche Alternative wäre für mich die Schauspielerei gewesen, als Waldorfschüler spielte ich begeistert mit in Theateraufführungen. Aber dafür bin ich wohl zu bodenständig. Als ich nach meinem Zivildienst in der gleichen Stadt wie meine damalige Freundin einen Studienplatz für Agrarwissenschaften bekam, war Schauspielerei kein Thema mehr.

Die Wirklichkeitsferne des Studiums in Bonn enttäuschte mich. Ein Schlüsselerlebnis war: Einmal trug eine Professorin vor, Erdbeeren würden unterirdische Sprossausläufer bilden. Als ich ihr nach der Vorlesung sagte, Erdbeeren bildeten oberirdische Sprossausläufer, wand sie sich heraus: Ich hätte die Erdbeeren vermutlich freigehackt. Es gäbe sicher auch einige Spezies mit oberirdischen Ausläufern. Ich überlegte: Wie viel Falsches lernen wir noch? Im fünften Semester habe ich mein Studium geschmissen, mit leichtem Herzen, aber schlechtem Gewissen, weil ich den Grundsatz meiner Mutter überwinden musste, dass man Begonnenes beenden soll. Als ich mit den Exmatrikulationsunterlagen nach Hause fuhr, hörte ich einen Radiobeitrag über erfolgreiche Menschen, darunter viele Studienabbrecher. Ich dachte: »Du hast es also richtig gemacht.«

Damals steckte ich mir bereits das Ziel, einmal einen großen landwirtschaftlichen Betrieb zu leiten. Im Rahmen des Studiums hatte ich ein einjähriges Praktikum absolviert. Nach der Trennung von meiner Freundin strebte ich möglichst weit weg und arbeitete 1994 auf einem ehemaligen volkseigenen Gut in Brandenburg, das die Alteigentümer zurückgekauft hatten. Ich war davor nie in Ostdeutschland gewesen, die DDR erschien mir so fern wie Amerika, wobei ich als Leser von »Winnetou« mit Amerika noch mehr verband. Nun faszinierte mich die Aufbruchstimmung. Es war nicht wie im Münsterland, wo man mit der Zahnbürste die Fugen der Hausmauern putzt, man konnte was bewegen, durch die Arbeitsteilung waren die Eigentümer nicht völlig an den Rhythmus der Landwirtschaft gefesselt. Zudem gab es bezahlbare Betriebe in dieser Größenordnung nur in Ostdeutschland.

Um die Fachschule für Ökolandbau in Kleve besuchen zu können, machte ich dann nach meinem Studienabbruch eine einjährige Landwirtschaftslehre in der Niederlausitz. Rückblickend bin ich froh, dass ich nochmals von unten anfing und praktische Kenntnisse erwarb, die die Uni nicht vermittelt. Sonst wäre ich hier sicher gegen eine Wand gelaufen, verständlicherweise hegten viele Mitarbeiter das Misstrauen: »Da will einer Fördermittel abgreifen. Und dann schmeißt er uns raus.« Wenn man als 27-jähriger Neueigentümer vor über 40-jährigen Angestellten steht und sagt, was sie tun sollen, kriegt man erst einmal zu hören: »Das geht nicht.« Ich konnte immer zeigen, dass es doch geht.

Pretschen gefiel uns sofort. Nach vergeblichen Anläufen, eines der Objekte zu erwerben, die von der Nachfolgeorganisation der Treuhand, der BVVG (Bodenverwertungs- und-verwaltungs GmbH), im Angebot waren, erkundigten wir uns, welche Ladenhüter denn verkauft würden. Als ich mit meinen Eltern über die Schwierigkeit sprach, einen Millionenkredit von der Bank bewilligt zu bekommen, fragten sie mich, ob ich mir vorstellen könne, dass sie mit nach Ostdeutschland kommen. Sie waren inzwischen vom Hof weggezogen, meinem Vater juckte es in den Fingern, etwas Neues anzufangen. Wir hatten immer ein inniges, offenes Verhältnis; das Gefühl, an Mamas Herd zurückzukehren, hatte ich nicht. Wir wollten ja nicht vorrangig zusammen leben, sondern gemeinsam etwas tun. Und wer hat schon das Glück, dass Eltern anbieten: »Sollen wir uns zusammen auf den Weg machen, damit wir dich unterstützen können?«

In der Maisonne war das alte Gut die Idylle pur: das klassizistische Herrenhaus, dessen einstige Würde man noch sehen kann, der schöne Park an der Spree, die Mühle, die alte Brennerei. Natürlich hätte mich die bessere Ertragslage in der Magdeburger Börde gereizt, aber ich bin ein vom Gemüt gesteuerter Mensch und konnte mir die verödeten Dörfer in der fruchtbaren Magdeburger Börde nicht schönrechnen. Hier sind die Leute rege, sie halten ihre Häuser und Gärten in Ordnung. Und die Magdeburger Börde im Spreewald kriegt man nicht. Meine Eltern verkauften Haus und Hof und steckten alles Geld in die Gutsanlage, die Ländereien hat die anthroposophische Edith-Maryon-Stiftung gekauft, die soziale Wohn- und Arbeitsstätten fördert. Trotzdem bin ich ein hoch verschuldeter Mann.

Das erste Jahr war die schwerste Zeit in meinem Leben. Am 3. Januar 1999 fuhr ich mit Freunden hierher, als Vorhut, um schon mal die Öfen anzuheizen. Das Haus hatte fünf Jahre leer gestanden, in einer Woche verbrauchten wir eine Tonne Kohle. Meine Eltern trudelten zwei Wochen später ein, monatelang wohnten wir auf der Baustelle. Klar war ich glücklich. Ich hatte das, was ich mir gewünscht hatte. Ein riesiger Glücksmoment war, als Ende 2000 meine Wohnung fertig wurde. Aber wie nimmt man von so einem Gut Besitz? Es war jetzt unser Eigentum, doch wir mussten andere fragen: »Wo steht die Schippe?« Dieses Fremdsein kann man nur überwinden, indem man Tag und Nacht durch diese neue Welt geistert, ich bin oft bis abends um zehn Uhr durch den Betrieb gestromert und habe jede Tür aufgeschlossen. Anfangs war es unheimlich mühsam, sich durchzukämpfen und Dinge zu tun, die ich nie wollte, nämlich Menschen zu entlassen. Ich hatte den Anspruch, ich bin der Retter und strukturiere den Betrieb um, ohne irgendeinen auf die Straße zu setzen, und musste feststellen: Das geht völlig an der Realität vorbei. Weil das Gut bei Ausschreibungen immer übriggeblieben war, hatten sich sozialistische Gepflogenheiten konserviert: Jeder bediente sich, ob beim Misthaufen an der Straße oder beim Werkzeug in der Werkstatt. 60 Prozent der Kälber starben, der Betrieb wurde durch staatliche Subventionen am Leben gehalten. Wir hatten keine Wahl als der Leitungsebene, die mauerte, zu kündigen. Wenn du zum ersten Mal jemandem ins Gesicht sagst: »Danke, aber ich brauche dich nicht mehr«, bricht dein Selbstbild zusammen. Das wollte ich nicht noch mal machen müssen. So entstand die Idee, Chicorée zu produzieren. Mit dem Hofladen hat sich mein Wunsch erfüllt, dass auch meine Frau auf dem Gut mitarbeiten kann.

Meine Frau Carina und ich haben uns 2000 kennengelernt. Ich war schon ein Jahr hier, meine Mutter las von einer Singleparty in einer Dorfdisco, aber dort wollte ich nicht auf Brautschau gehen. Um ihrem Genörgel zu entfliehen, fuhr ich nach Lübben ins Kino. Im gähnend leeren Kinosaal legte ich meine Jacke auf den Sitz neben mir, Carina bestand darauf, das sei ihre Platznummer. Nach dem Film lud ich sie ein zum Bier. Ich erschien ihr damals wie ein Marsmännchen. Als Zahntechnikerin hatte sie überhaupt keinen Bezug zur Landwirtschaft, mit meinen Eltern unter einem Dach zu wohnen, konnte sie sich nicht vorstellen. Geheiratet haben wir 2003, unsere Tochter war schon unterwegs. Ost-West war zwischen uns nie ein Thema. Durch ihre kirchliche Einbindung und viel West-Verwandtschaft hatte Carina immer eine Anti-Haltung gegen den Ost-Mief. Meine Frau guckt sich etwas lange an, bremst mich manchmal auch aus, doch wenn sie sich ein Bild gemacht hat, verfolgt sie Dinge mit großer Zielstrebigkeit. In der Bioernährung ist sie inzwischen viel konsequenter als ich, ich würde auch mal zur Dönerbude gehen und habe immer Schlupfwinkel gesucht, um der Vollkornküche meiner Mutter zu entwischen.

Vater wollte ich immer werden. Als Lotte geboren wurde, war ich der glücklichste Mensch der Welt. Vorher glaubte ich: Als Landwirt sitzt du die Geburt mit einer Backe ab, doch es ist völlig anders, wenn man einen geliebten Menschen leiden sieht. Das Gefühl, als ich Lotte im Arm hielt, ist unbeschreiblich. Alles andere war vollkommen weg. Bei meiner zweiten Tochter habe ich mich auch gefreut, es war jedoch insgesamt entspannter, ich war auch etwas enttäuscht, dass es kein Junge war. Aber mit zwei Kindern schwillt die Vaterbrust noch mehr. Kinder sind für mich die Erfüllung schlechthin. Unsere Töchter kommen überallhin mit, sie sehen, wie Leben entsteht und vergeht. Diese Erfahrung ist unerlässlich, wenn man ein zivilisierter Mensch sein will. Die industrielle Tierproduktion, die Megaschlachthöfe, die ganzen kranken Auswüchse akzeptieren Menschen ja nur, weil sie mit dem Thema nicht konfrontiert werden. Ich bin oft erstaunt, was unsere Lotte schon weiß.

Wichtig ist mir, dass unsere Kinder offene Menschen werden. In der Familie, mit Freunden muss man sich gegenseitig offen sagen können: »Hier bin ich. Willst du mich so nehmen oder nicht?« Die Devise: »Erzähle bloß nicht zu viel von dir, aber sieh zu, dass du von anderen möglichst viel erfährst, das du für dich nutzen kannst«, ist auch bei Geschäften eine hinderliche Einstellung. Und ich möchte, dass unsere Töchter handwerkliches Geschick entwickeln. Wenn man die Hände nicht gebraucht, verkümmert auch der Geist. Im Haushalt haben wir allerdings inzwischen die klassische Rollenteilung. Anders als mein Vater kann ich zwar meine Hemden bügeln. Aber wie heißt es so schön: »Als Mann muss man sich nur fünf Minuten doof stellen, dann reicht es fürs ganze Leben.«

Pretschen ist jetzt meine Heimat. Ich habe hier das Gefühl von Freiheit und gleichzeitig empfinde ich eine anheimelnde, kuschelige Geborgenheit. Als Unternehmer habe ich im Dorf Gewicht. In diese Rolle wächst man entweder über Generationen hinein oder man arbeitet sich hinein. Letzteres kann man nur, wenn man den Rücken frei hat. Ohne meine Eltern wäre ich mit Pauken und Trompeten untergegangen. Es ist Glück, wenn man Menschen um sich hat, die sagen: »Wir ziehen mit dir an einem Strang.«

Natürlich fliegen bei uns auch mal die Fetzen. Auseinandersetzungen drehen sich fast nur um Privates. Zum Beispiel, wenn meine Mutter meint, unsere Kinder seien wieder zu spät ins Bett gekommen. Im Betrieb kommen wir uns aufgrund der Aufgabenteilung nicht ins Gehege. Carina führt den Hofladen, meine Mutter macht die Buchhaltung und die Lohnabrechnungen. Mein Vater vermarktet den Chicorée und nun auch Wurst, er macht das Controlling und kümmert sich um alles, was ein Ingenieur übernehmen kann. Mein Tagewerk besteht inzwischen zu 80 Prozent aus Organisation und Büroarbeit und zu 20 Prozent aus praktischer Tätigkeit, jedes zweite Wochenende habe ich Stalldienst, wenn der Bereichsleiter frei hat. Juristisch sind die Mehrheitsverhältnisse so, dass ich das Sagen hätte. Ich trete auch nach außen auf, bin das Gesicht des Betriebes, keiner weiß, dass mein Vater ebenfalls Geschäftsführer ist. Er ist niemand, der sich in den Vordergrund stellt, aber er hat mir das Gut auch nie als Spielwiese überlassen. Dass sich bei Kreditverhandlungen Banker automatisch an ihn wandten, hat mich erst gefuchst, dann sagte ich mir: »Ist doch egal.« Inzwischen zieht sich mein Vater bei wichtigen Bankverhandlungen zurück.

In der Rückschau weiß ich: Wäre ich allein gekommen, hätte ich nie die Zeit, Kraft, Offenheit gehabt zu überlegen: Was kann ich oder besser: was können wir dem Dorf geben? Ich bin agrarpolitischer Sprecher der Ökoanbauverbände und Vorstandsmitglied von Demeter in Brandenburg. Ich möchte, dass die Biobranche wächst und gedeiht und dass der Namen Pretschen damit verbunden wird, aber ich sehe den Bioboom durchaus mit gemischten Gefühlen. Viele betreiben Ökoanbau, weil sie darin eine lukrative Marktlücke sehen, an der grundsätzlichen Haltung ändert sich nichts: Erde und Tiere werden weiterhin als Betriebskapital betrachtet, nicht als Lebewesen, Schöpfung. Ich denke, der Biomarkt wächst auch deshalb so rasant, weil der Egoismus ihn für sich entdeckt hat. Die Leute kaufen Bioware, um sich selbst etwas Gutes zu tun und nicht wie in den 80er Jahren aus dem Motiv, die Welt zu retten. Da besteht die Gefahr, dass etwas anderes bald in den Fokus rückt. Aber ich hoffe, wenn Leute die Qualität entdeckt haben, werden sie nicht mehr darauf verzichten wollen. Viele Ältere, die bei uns einkaufen, sagen: »Oh, es schmeckt wie früher.« Sie freuen sich, dass es im Dorf einen zweiten Laden gibt. Der Biogedanke ist dabei gar nicht so im Vordergrund.

Mein Traum ist, dass das Gutshaus einmal wieder so schön aussieht wie früher, dass der ganze Gutshof wieder mit Leben gefüllt ist. Aber ich will nicht über die Verhältnisse hinausschießen, ich mache einen Schritt nach dem andern. Glück ist für mich die Überhöhung von Zufriedenheit. Ich kenne auch Momente der Euphorie, aber die ist sehr anstrengend, es geht rauf zum großen Feuerwerk, danach ist man schlapp, die ganze Glückseligkeit verbrennt. Es gibt natürlich auch Stimmungstiefs, Situationen, in denen ich mich frage: Warum tust du dir das an? Neulich fielen an einem Tag drei Maschinen aus. In solchen Katastrophen stelle ich mir die Alternative vor: Will ich nicht besser irgendwo Verwalter oder Traktorist sein? Und dann überwiegt die Erfüllung. Klar denken meine Frau und ich manchmal, wir hätten es gern anders. Seit der Geburt der Kinder sind wir kaum verreist, früher habe ich Historisches und Krimis gelesen, ich habe ferngesteuerte Schiffe gebastelt, in der Schule habe ich in einer Jazzband gespielt, jetzt lese ich nur noch den *Spiegel* und hocke abends oft vor dem Fernseher, weil ich nichts anderes mehr hinkriege. Ich liebe »Scheibenwischer« und »Mitternachtsspitzen«, habe wohl auch selbst kabarettistisches Talent. Wenn mich jemand auffordern würde, in einem Laienkabarett mitzumachen, würde ich ja sagen.

Einsam fühle ich mich bisher nicht. Wir haben im Dorf Freunde, interessanterweise sind fast alle selbständig. Wohl fühle ich mich mit herzlichen Menschen; ich bewundere, wenn jemand wirtschaftlich erfolgreich ist, ohne seine Herkunft zu vergessen, mich faszinieren Menschen, deren Präsenz den Raum füllt. Solches Auftreten kann ja einschüchternd sein, aber wenn ich Anwandlungen kriege, mich klein zu fühlen, komme ich zum Schluss: Guck dir die positiven Seiten ab! Nimm diese Leute als Vorbild und trotzdem als Gleiche wahr, fehlerlos ist niemand. Falls Menschen mich enttäuschen, mache ich einen rigorosen Schnitt. Ich finde, die Entwicklung des Ichs ist ein Gemeinschaftsprojekt, ein wechselseitiges Nehmen und Geben. Wenn jemand nur nimmt oder illoyal ist, bedeutet das für mich den endgültigen Bruch. Der Tiefpunkt in meinem Leben war, als meine Freundin mich verlassen hat. Meine Bewältigungsmethode in Krisen ist, mich in komplett neue Sachen reinzustürzen. Zurückbleiben und trauern, das will ich auf keinen Fall.

Ich gehe nicht davon aus, dass ich hier nochmals wegziehe. Hier ist es Tradition, dass Dorfbewohner für Verstorbene das Grab schaufeln. Als ich zum ersten Mal gegraben habe, dachte ich: Nee, beerdigt möchte ich hier nicht werden. Da fliegt einem ja der Sand ins Gesicht. Inzwischen kann ich mir auch das vorstellen. Entspannt sagen: »Guck mal, es läuft«, kann ich erst seit zwei Jahren, alles davor war eine ungeheure Arbeit. Ich weiß, wenn ich hier scheitere, sind wir bis an unser Lebensende ruiniert. Unsere Banken sagen uns, wir seien sehr erfolgreich, weil wir bisher alle Kredite bedienen konnten. Ich sehe zwar täglich, welcher Batzen für notwendige Investitionen fehlt, aber wenn ich Hofführungen mache, bin ich stolz und glücklich, was wir bereits geschafft haben. Meine Frau und ich haben gewiss unterschiedliche Glücksvorstellungen. Sie würde gern häufiger wegfahren, das Glück über unsere Kinder erhebt sie noch viel mehr, aber wir sprechen darüber eigentlich nur, wenn ich merke, dass sie irgendwo der Schuh drückt. Ich ergötze mich mehr an dem, was ich selbst gestalten kann, wobei die Gefahr besteht, dass das Gut zum Nabel der

Welt wird. Die Buchführung sitzt ja immer mit am Mittagstisch, man kann leicht blind werden für andere Sachen.

Sorge macht mir momentan die rechte Szene in Brandenburg. Ich frage mich, warum nicht stärker gegengesteuert wird. Bei diesem Thema habe ich null Toleranz. Ich habe meinen Mitarbeitern gesagt: Leute mit rechtsradikalem Gedankengut schmeiße ich raus. Aber ich bin sicher, rechte Gesinnung steckt nicht in den Genen, sie erwächst aus Trostlosigkeit. Darum bin ich auch so drauf aus, dass hier Arbeitsplätze entstehen. Jemand, der zufrieden ist, ist nicht mehr anfällig für Hetzparolen. Gerade brüte ich über einem Projekt, das die Mitarbeiterzahl verdoppeln würde.

Elisabeth S.: »Ich habe viel Kraft dareingesetzt, mich den Erwartungen meiner Mutter zu widersetzen.«

Auf dem Foto unserer Klassenfahrt lacht eine hübsche 16-Jährige in Twinset und Rock in die Kamera: brünette Haare, braune Augen, lange, schlanke Beine. Die zweite Aufnahme von Elisabeth im wallenden Hippiekleid entstand, als wir Anfang der 70er Jahre in München studierten und uns mit einer Freundin und drei fremden Mitbewohnern eine Altbauwohnung zu Schwabinger Konditionen teilten. Keine Küche, kein Waschbecken, die Zähne putzen wir über der Badewanne, in der vermieteten Abstellkammer kampierten wechselnd Gastarbeiter. Auch in Elisabeths Zimmer war ein ständiges Kommen und Gehen. Manchmal war ihr Bett schon besetzt, wenn sie abends nach Hause kam. Dass nicht nur Freunde, sondern auch deren Freunde ihre Gastfreundschaft großzügig auslegten, schien Elisabeth wenig zu stören. Gelassen beglich sie die hohe Telefonrechnung, füllte das Regal mit den Vorräten wieder auf und äußerte ab und zu den Wunsch, eine Teestube zu eröffnen.

Als ich Elisabeth ein Jahrzehnt später in Berlin wiedertreffe, hat sie ihr Soziologiestudium abgeschlossen und macht eine Ausbildung zur Physiotherapeutin. Bald darauf beschäftigt sie mehrere Mitarbeiter in ihrer eigenen Praxis in Kreuzberg, deren individuelle Einrichtung und lockere, freundliche Atmosphäre sich abhebt von zweckmäßigen Gesundheitseinrichtungen. Mit kurzen Haaren und modischem Pep gehört Elisabeth zweifellos zu den Mittfünfzigerinnen, die Blicke auf sich ziehen. Ihr Gespür für die komischen und manchmal lächerlichen Seiten des Lebens macht sie zu einer humorvollen Gesprächspartnerin; begeistert erzählte sie in den letzten Jahren manchmal von ihrer Fortbildung zur Bobath-Therapeutin. (Das Bobath-Konzept ist ein therapeutischer Ansatz bei Patienten mit Schädigungen des Gehirns oder des Rückenmarks. – B. v. K.) Aber ich kenne auch Elisabeths skeptische, manchmal niedergeschlagene Seite. Aufgewachsen im Wirtschaftswunder, später schlingernd zwischen Flower Power und 68er-Politisierung und auch aufgrund der Frauenbewegung kritisch gegenüber konservativen Rollenmustern, ist sie geprägt von einem bürgerlichen Familienklima, in dem der Wille zum Aufbau zählte und das Kriegstrauma kaum je zur Sprache kam.

Ich bin neugierig auf ihr Nachdenken über das persönliche Glück – ein Thema, das auch in Freundschaften meist auf aktuelle Anlässe fokussiert bleibt. Elisabeths Eigentumswohnung im vierten Stock ohne Aufzug zeigt ihre Begabung, Oasen zu schaffen. In harmonischer Farbkombination verteilen sich in zwei großen Räumen alte und neue Möbel, auf dem Balkon sprießen die ersten Frühlingsboten. Elisabeth ist müde, doch als sie erzählt, weicht die Erschöpfung aus ihrem Gesicht.

Glück ist ein körperliches Gefühl. Man ist im Einklang mit allem, was um einen herum passiert. Glücklichsein ist leicht, warm, ein bisschen aufregend und trotzdem beruhigend. Man fühlt sich aufgehoben und wohl. Vor 30 Jahren hatte Glück für mich etwas Euphorisches. Es hatte zu tun mit Adrenalin, Erotik, Bestätigung. Heute geht Glücklichsein für mich mehr in Richtung Ruhe und Befriedigung. Aber Glücksmomente sind selten. Ich glaube, ich habe in meinem Leben oft reagiert statt selbst aktiv zu sein. Ich habe nicht gesagt: »So bin ich. Das möchte ich. Das suche ich mir.« Ich habe mich treiben lassen und abgewartet, was auf mich zukommt.

Was den äußeren Rahmen betrifft, hatte ich in Dortmund eine behütete Kindheit. Die Rollen in unserer Familie waren geklärt: Mein Vater verdiente das Geld, meine Mutter sorgte fürs Haus, und wir drei Töchter hatten die Aufgabe, gute Schulleistungen zu erbringen. Meine Eltern spielten mit uns Gesellschaftsspiele, wir bekamen Klavierunterricht, wir fuhren regelmäßig in die Ferien. Ich war meist guter Dinge, war oft auch fröhlich. Zum ersten Mal richtig glücklich war ich, als ich mit 15 allein nach Frankreich in eine Gastfamilie fahren durfte. Ich war glücklich, dass mir meine Eltern das zugetraut hatten. Auch sie hatten eine gewisse Lebensfreude. Sie feierten gern Partys, mein Vater war schlagfertig und witzig. Trotzdem würde ich mich nicht als glückliches Kind bezeichnen.

Meine Eltern waren sehr abhängig von der Meinung anderer, ihre Ziele waren Anpassung und Erfolg, der Vergleich mit anderen lenkte ihren Lebensplan. Sie haben uns immer vor den Gefahren gewarnt, falls man sich nicht den soliden Weg aussucht. Mein Vater stammt aus bäuerlichen Verhältnissen, nach dem Krieg hat er sich zum Wirtschaftsprüfer hochgearbeitet, meine Mutter kommt aus einer Akademikerfamilie. Da sie ihre Erfüllung aus dem bezog, was ihr Mann und ihre Kinder darstellten, trieb sie uns ständig an, ohne dass sie Erreichtes wertschätzen konnte. Sie hatte die vertrackte Eigenschaft, erst hinterher zu merken, wie schön etwas gewesen war, und vermittelte mir das chronische Gefühl, ihren Ansprüchen nicht zu genügen. Wenn ich stolz auf eine Leistung war, war ihr Standardsatz: »Das kannst du doch besser.« Für meine Zukunft hatte meine Mutter ganz konkrete Wünsche. Ich sollte einmal den schönsten und reichsten Mann Nordrhein-Westfalens heiraten, drei Prachtkinder bekommen und Studiendirektorin werden, mit Erfolg in der Öffentlichkeit.

Ich habe lange Kraft dareingesteckt, mich den Erwartungen meiner Mutter zu widersetzen. Ich hatte die Einstellung: Wenn du mich nur vergleichen willst, dann schäme dich mal bitte für mich. Ich vermassele dir das Spiel. Das Wort Liebe oder Glück habe ich von meinen Eltern nie gehört, obgleich mein Vater zärtlich und gefühlvoll war. Er war mit sich selbst zufrieden und hat auch andere nicht kritisiert. Wenn meine Mutter uns mit Schweigen bestrafte, tröstete er uns und versuchte zu vermitteln. Wenn sie depressive Phasen hatte, tat er alles, um sie aus dem Tief rauszuholen.

Ich glaube, meine Mutter fand sich selbst immer nicht gut genug und hat das an uns Töchter weitergegeben. Aber ich war auch infiziert vom Dünkel, etwas Besonderes sein zu müssen. Wenn mir eine Situation nicht hundertprozentig passte, versuchte ich nicht, sie in meinem Sinne zu verbessern, sondern beendete sie, indem ich ging. Ich hatte es nicht nötig, mich mit Halbheiten zu arrangieren. Letztlich stellte ich mir das Glück so vor wie meine Mutter es mir vermittelt hatte, bloß gegen den Strich gebürstet. Ich wollte erfolgreich sein, aber auf einer schrägen Ebene. Ich dachte auch, ich finde den tollsten Mann, aber einen anderen als meine Mutter sich erträumte. Und ich wollte einmal fünf Kinder bekommen. Ich war mir lange über meine Rolle als Frau nicht klar. Auf keinen Fall wollte ich in die Fußstapfen meiner Mutter treten, aber ich lehnte ihr Leben nicht so weit ab, dass ich einen Gegenentwurf suchte.

Mein Wegzug von Zuhause zum Soziologiestudium nach Freiburg und später München war eine Befreiung. Endlich konnte ich machen, was ich wollte, meine Selbständigkeit war jedoch auch höllisch anstrengend. Meine Mutter hat ja für ihre Familie perfekt gesorgt, hat uns zuliebe auf vieles verzichtet, mit dem Nebeneffekt, dass ich viele praktische Dinge nicht konnte. Studiert habe ich erst mal nicht. Ich las viel, ging ins Kino, in die Discos, bis in die 80er Jahre kannte ich jeden Popsänger. Oft fuhr ich spontan per Anhalter ins Blaue. Ich fand es spannend, mich allein in einer fremden Umgebung zurechtzufinden, und weiß seitdem, dass ich mich überall durchwurschteln und auf mich verlassen kann.

Soziologie habe ich gewählt, weil mich soziale Systeme und gesellschaftliche Randgruppen interessieren. Mein Berufsziel war, in sozialen Institutionen zu arbeiten und sie zum Besseren zu verändern. Ein Seminar, das ich belegte, hieß: »Der notwendige Terror-Zusammenhang der Kleinfamilie.« Ich habe zwar nicht auf die sozialistische Revolution gewartet, hatte auch keine konkreten politischen Ziele, aber ich hoffte, dass der Mief der 50er Jahre weggefegt wird durch einen Aufbruch zu Neuem. Die 60er/70er Jahre waren ja auch davon geprägt, dass man nicht das eigene kleine Glück anstrebte. In meiner Jugend hatte ich auf Fragen nie befriedigende Antworten bekommen. Nun gelang es mir, meine Eltern mit provozierenden Ansichten aus der Reserve zu locken. Ihre Vorstellung, wir würden Gruppensex machen und Drogen konsumieren, habe ich erst einmal so stehen lassen. Plötzlich war bei uns zu Hause etwas los.

Mein Studium absolvierte ich mit der Einstellung, dass es nicht zu anstrengend sein darf. Nach dem neunten Semester setzten meine Eltern mir die Pistole auf die Brust: Wenn ich nicht sofort in ihrer Nähe mein Studium ordentlich zu Ende brächte, würden sie mein Lotterleben nicht länger finanzieren. Als sie ihre Drohung wahr machten, hielt ich mich mit diversen Filmjobs über Wasser. Es machte mir Spaß, mich schnell in fremde Bereiche einzuarbeiten, was auch immer gelang. Deshalb bedauere ich heute, dass ich mich früher selbst nicht stärker herausgefordert habe. Ich hätte viel mehr aus meinen Fähigkeiten machen können als ich es letztlich getan habe, weil ich den Anspruch hegte, dass mir Großartiges zufliegt. Mich haben stets Tritte von anderen vorwärtsgebracht. Nach dem Studium und meinem Umzug nach Berlin 1980 hatte ich Honorarverträge als Familienhelferin. Meine Ausbildung zur Krankengymnastik begann ich, als ich merkte, dass es mit Zeitverträgen schwieriger wurde. Eine Angestellte des Arbeitsamtes schlug mir die Zweitausbildung vor, die vom Staat finanziert wurde. Erst fand ich die Ausbildung langweilig, dann begann mich die sensomotorische Entwicklung von Kleinkindern zu fesseln, der Bereich, der auch heute mein beruflicher Schwerpunkt ist.

Meine glücklichste Lebensphase war zwischen 35 und 45. In dieser Zeit bekam ich meine eigenen Wünsche nah zusammen mit dem, was meine Eltern von mir erwarteten. Ich eröffnete mit einer Kollegin eine Praxis, und ich hatte eine Liebesbeziehung, die fast so war, wie ich sie mir vorgestellt hatte. Zumindest mein Vater fand meinen beruflichen Werdegang gut, meine Mutter bedauerte, dass ich keine akademische Laufbahn eingeschlagen hatte. Wenn ich die viele Arbeit erwähnte, zuckte sie mit den Schultern und sagte: »Das hättest du doch nicht nötig gehabt.« Das hat mich gekränkt, aber diskutieren, streiten kann man mit meiner Mutter nicht. Meist wurde sie ausfallend, schmollte oder weinte. Heute erkenne ich, wie sehr ich mein Gefühl, mir ihre Liebe verdienen zu müssen, auf Männerbeziehungen übertragen habe.

Glücklich war ich in meinen Partnerschaften in kurzen Momenten der absoluten Nähe. Ich wollte keinen Prinzen, der alles für mich tut. Was ich mir wünschte, war ein Partner, der zu mir steht, mit am selben Strang zieht, der bei mir bleibt. Ich hatte die Vorstellung, Männer und Frauen fühlen in der Liebe gleich. Als ich mit 17 zum ersten Mal mit einem Mann ins Bett ging, war ich sehr enttäuscht. Meine Mutter hatte mir ja immer verklickert, dass das Wichtigste für eine Frau ein wunderbarer Mann sei, ohne mir allerdings dessen Eigenschaften zu verraten. Ich merkte bald, ich sitze da einer Fehlinformation auf. Das fing schon bei der Sexualität an. Ich dachte: Mist, ich bin frigide. Mit einer Tante, die unverheiratet war und viel unkonventioneller lebte als meine Eltern, konnte ich alles bereden. Sie sagte mir: »Wenige Männer wissen, was Frauen gefällt.« Das hat mich ein bisschen getröstet, aber ihr Ausspruch hat mich später auch an falsche Männer gebracht, nämlich an die, die angeblich viel über Frauen wissen. Erotik, Sexualität war für mich lange ein Buch mit sieben Siegeln. Später habe ich mich durch Sex in eine Intimität, in eine Nähe hineingesteigert, die es vielleicht gar nicht gab.

Hingezogen fühlte ich mich zu Männern, die den Eindruck vermittelten, dass man sie »knacken« muss. Ich habe sie als unkonventionell eingeordnet und erwartete aus diesem Grund eine spannende Beziehung. Letztlich habe ich wohl stets Männer erobern wollen, von denen ich gar nicht wusste, ob sie mit mir zusammen sein wollten. Vielleicht hat das damit zu tun, dass ich nie das Schätzchen meiner Mutter war und unbewusst davon ausging, das ich mir das, was zu mir gehört, erkämpfen muss. Ich habe mich nicht dem Gefühl hingegeben: Oh, er liebt mich. Wie schön! Ich lasse mich lieben, sondern habe mich an Macken abgearbeitet, wobei ich mein Muster lange nicht durchschaut habe. Meine vitalsten und glücklichsten Momente waren, wenn ich mit meinem jeweiligen »Schätzchen« auf Reisen, in der Fremde war und wir morgens nicht wussten, wo wir abends sein würden. Glück war nicht im Alltag, sondern immer fern vom Alltag: Zu zweit am Meer zu sitzen mit einer Flasche Wein, Tomaten, einem Baguette und einer Zigarette.

Lange habe ich für Enttäuschungen Erklärungen gesucht, die den Frust abmilderten, später habe ich auf Enttäuschungen mit Flucht reagiert. Der schlimmste Schmerz war, als ein Freund, mit dem ich mehrere Jahre zusammenlebte, mir sagte: »Ich möchte nicht, dass jemand mich braucht. Und ich möchte auch niemanden brauchen.« Er hat ausgeschlossen, dass man etwas zusammen fühlt und zusammen tut, er hat das auf »jemanden brauchen« reduziert. Nach unserer Trennung war ich bestürzt, wie klein ich mich gemacht hatte, um ihn zu halten. Heute würde ich mir zehnmal überlegen, ob ich mit einem Mann zusammenziehe. In Italien genieße ich manchmal noch so kleine Flirts, die den Alltag farbiger machen. Jemand lächelt, zwinkert mit den Augen, sagt »Ciao, bella«, lädt einen vielleicht zum Kaffee ein. In Deutschland erlebe ich das nie, vielleicht auch, weil ich in der Erwartung, dass es ohnehin nicht passiert, anders durch die Welt gehe. Ich gehe zielstrebig von A bis B, schlendere und gucke nicht wie in Mailand, wenn ich dort meine jüngste Schwester besuche. Aber in Italien ist das weibliche Leben ziemlich hart. Der Druck, attraktiv, schick und begehrt zu sein, ist viel stärker über Äußerlichkeiten geregelt als bei uns. Wenn ich wählen müsste, ob ich mein Leben in männlicher oder weiblicher Gesellschaft verbringe, würde ich Frauen wählen, da mit Frauen Gespräche leicht sind. Einige meiner Freundinnen wissen fast alles über mich. Ohne den Austausch mit meinen Freundinnen wäre ich eingegangen, ich hätte mein Leben gar nicht hingekriegt. Bei Frauen suche ich Vertrautheit, ich bin offener, ehrlicher als mit Männern, mache mich nicht interessanter und geheimnisvoller als ich bin, während ich bei Männern oft taktiert habe.

Mit meiner sechs Jahre jüngeren Schwester hatte ich immer sehr engen Kontakt. Bis zu ihrer Heirat blieb sie die kleine Schwester, ich kümmerte mich um sie und sagte, wo's langgeht. Am schönsten waren unsere gemeinsamen Reisen in den Süden vor 30 Jahren in einem klapprigen VW. Ihre beiden Kinder sind mir sehr nah, ich war bei ihren Geburten dabei. Ich bin der erste Mensch, den mein Neffe gesehen hat, er ähnelt meinem Vater, das freut mich sehr. Ich habe bei vielen Geburten assistiert. Das ist Erleichterung, Überwältigung, Glück, es ist ein Wunder, ein richtiges Wunder.

Dass ich selbst keine Kinder habe, macht mich nicht unglücklich, aber da ist eine leichte Traurigkeit. Mit Anfang 20 war ich zweimal schwanger, das zweite Baby hätte ich gern behalten, nach einem Autounfall hatte ich eine Fehlgeburt. Eingeholt hat mich das erst, als ich 40 wurde. Es kann sein, dass sich für mich über Familie jetzt ein goldener Schimmer legt, weil ich keine habe. In meiner Praxis erlebe ich ja, wie unsicher Eltern oft sind. Doch ich bin auch beeindruckt von ihrer Kraft. Familie gibt Geborgenheit, du entkommst ihr nie, und das ist auch gut.

Die schönsten Momente mit meinen Eltern habe ich erlebt, als sie alt wurden. Als ich merkte, dass sie jemanden brauchen, bin ich oft zu ihnen gefahren. Meine Besuche hatten immer den gleichen Verlauf: Am ersten Tag war große Wiedersehensfreude, der zweite Tag war meist schon getrübt von ihrer ständigen Sorge, was andere denken, am dritten Tag äußerte meine Mutter irgendetwas, was mich verletzte. Trotzdem hatte ich das Gefühl, ich fahre nach Hause. Und wenn ich mich durchsetzte und wir machten eine kleine Reise oder einen Tagesausflug, wuchsen meine Eltern immer ein bisschen über ihren engen Blickwinkel hinaus. Nach seiner Pensionierung wurde mein Vater viel offener, er sprach plötzlich aus, was er fühlte. Wenn ich kam, sagte er: »Gott sei Dank, dass du da bist.« Oder: »Wie gut, dass wir dich haben.« Seit seinem Tod habe ich nicht mehr das beruhigende Gefühl, im Notfall beschützt zu sein.

Auch meine Mutter hat sich geändert. Sie gibt sich mit 81 große Mühe, fit und gesund zu bleiben, sie ist lebendiger und wacher und gefällt mir hundert Mal besser als früher. Vielleicht haben unsere vielen Kriege eine Änderung bewirkt. Vielleicht merkt sie, dass sie nicht zu viel erwarten darf, und genießt das, was da ist. Ein Grund ist sicher, dass sie von Nachbarn und Verwandten hört: »Was du für nette Töchter hast.« Ich sagte zu ihr einmal: »Mama, ist es nicht seltsam? Ich kenne viele Frauen, die nie der Liebling ihrer Mutter waren und sich jetzt besonders um sie kümmern. Bei uns beiden ist das doch auch so.« Sie schnappte erst nach Luft und erwiderte: »Da tust du mir aber total unrecht.« Aber in den folgenden Tagen hat sie mir dreimal erklärt, wie wichtig ich ihr bin. Ich war sehr gerührt. Wie es mir geht, fragt meine Mutter jedoch nicht. Wir reden über sie, was sie unternimmt, wen sie kennt, und ein bisschen über meine Alltagsdinge. Wenn ich Zahnschmerzen habe oder neue Schuhe brauche, ist sie hilfsbereit und kümmert sich. Jedes Mal steckt in meiner

Manteltasche das Geld fürs Taxi, sie selbst leistet sich nie ein Taxi, weil sie unser Erbe nicht schmälern will. Aber alle Themen, die Emotionales berühren und in die Tiefe gehen, meidet sie.

Insgesamt kann ich mich über mein Leben nicht beschweren. Beruflich würde ich mich gern noch einmal verändern. 16 Jahre auf den gleichen Trampelpfaden sind ermüdend. Unsere gut gehende Praxis mit bis zu zehn Mitarbeitern machte mich lange stolz und zufrieden. Ich fühlte mich nicht als Chefin, die anderen etwas vorschreibt, sondern als jemand, der den Laden schmeißt. Es war immer eine familiäre Atmosphäre. Aber jetzt würde ich lieber viele Sache bestimmen und mir diese leidigen Diskussionen ersparen, auch deshalb, weil ich zu unseren neuen Mitarbeitern nicht mehr so eine persönliche Beziehung habe.

Manchmal überlege ich: Ich verkaufe die Praxis, ich trenne mich von meiner Geschäftspartnerin, ich stürze mich ins Ungewisse, ich hänge wahrscheinlich mal eine Weile in der Luft, aber das ist spannend. Ideen auszubrüten, Pläne zu schmieden, das macht mir unbändige Freude. Ich bin voller Energie, wenn ich einen Gedanken oder ein Gefühl auf den Punkt gebracht habe, denn dann fängt das Handeln an. Ruhe, Faulsein, einmal nichts tun vermitteln mir kein Glück. Ruhe *für* etwas gibt mir Glück: Etwas oder ich muss in Bewegung sein. Aber ich muss finanziell für mein Alter vorsorgen und bin mitunter so mutlos wie meine Mutter.

Nach der Arbeit lese ich oft oder höre Musik. Musik ist das Medium, das einem am stärksten seinen Gefühlen nahebringt. Wenn ich niedergeschlagen bin, gehe ich ins Fitness-Studio. Sport hilft mir, aus meinen Tiefs herauszukommen. Und ich kann Stunden in Museen verbringen. Ich mag Geselligkeit und freue mich, wenn meine Nachbarn unangemeldet klingeln, um ein Schwätzchen zu halten. Schön finde ich die herüberwehenden Lebensgeräusche, wenn im Sommer alle Fenster offen sind. Neulich fragte meine Nachbarin: »Sollen wir aufs Land fahren und uns ein paar Balkonpflanzen kaufen?«

Bin ich glücklich? Der Ursprung von Glück kommt aus Selbstvertrauen. Ich bin im Einklang mit dem, was ich kann, bin und erreiche. Ich habe meinen Platz im Leben, ich gebe etwas und bekomme eine adäquate Antwort und fühle: So ist es richtig, so stimmt's. Alles ist im Fluss. Ich erlebe viele solcher Momente, aber ich würde bisweilen gern zurückgreifen auf die Ressourcen, die ich bis 40 hatte:

»Lauf los und sieh, was passiert.« Ich weiß inzwischen jedoch, dass mein Selbstvertrauen nicht aus dem Bauch kommt, ich muss es mir über den Kopf erarbeiten. Es gibt den klugen Satz: »Wenn du weißt, was du willst, kannst du tun, was du willst.« Aber vielleicht hat man im Leben gar nicht so viele Wahlmöglichkeiten, weil man ja in frühen Jahren schon sehr geprägt wird. Und das Leben ist leider zu kurz, als dass man wirklich was draus lernen könnte.

Macht Geld glücklich?

Ein Tölpel oder ein Weiser? Je mehr der Lohn für sieben Jahre Arbeit dahinschmilzt, desto unbeschwerter fühlt sich »Hans im Glück«. Jedes Tauschgeschäft des jungen Burschen ist ein Verlust. Auf dem Heimweg zu seiner Mutter löst er einen Klumpen Gold gegen ein Pferd ein, das Pferd gegen eine Kuh, die Kuh gegen ein Schwein, dieses gegen eine Gans, die Gans gibt er her für einen Schleifstein. Als er aus einem Brunnen trinkt, fällt der Wetzstein hinein. Ob »in einer Glückshaut geboren« oder eher mit kleinem Hirn, die Märchenfigur der Gebrüder Grimm ist zweifellos ein Lebenskünstler. Nicht der abstrakte materielle Wert von Besitztümern zählt für ihn, sondern ihr sofortiger Nutzen. Ist Hans müde vom Laufen, kommt ihm ein Pferd wie gerufen, die Kuh soll Hunger und Durst abhelfen. Dass er meist gar nicht in die Genüsse gelangt, die er sich vom Handel erhofft, schmälert nicht seine Freude, dass er immer weniger zu schultern hat. Am größten ist sein Jubel, als er mit leeren Händen dasteht. Nun fühlt Hans sich von allem Ballast befreit. »So glücklich, wie ich«, ruft er aus, »gibt es keinen Menschen unter der Sonne.«

Macht Eigentum froh? Wächst unser Glück durch Dinge, die wir uns gönnen können? Kein anderer Aspekt wird von der Glücksforschung mit so viel Zahlen gefüttert wie die Korrelation von Einkommen, Lebensstandard und Zufriedenheit. Auch die antiken Philosophen erörtern ausgiebig den Einfluss irdischer Güter auf die menschliche Seelenlage.

Keine Frage: In reichen und politisch stabilen Ländern haben Menschen ein schöneres Leben als in armen und unruhigen Ländern. Laut Umfragen sind Dänen, Isländer und Schweizer die glücklichsten Völker[16]. Was ihre Daseinsfreude betrifft, liegen Deutsche unter den Industrienationen im Mittelfeld, vor Spanien, hinter Italien, etwa gleichrangig mit Österreich. Die US-Amerikaner, in deren Unabhängigkeitserklärung ein Recht auf das Streben nach Glück verankert ist, übertreffen Deutschland, erreichen aber keinen Spitzenplatz. Nur relativ wohlhabende Länder verfügen über genügend Ressourcen für Bildung, Gesundheit, medizinische Hilfe. Ob eine Demokratie oder Diktatur die Heimat ist, durchdringt auch dann das Lebensgefühl, wenn man nicht selbst zum Opfer politischer Verfolgung wird. Armut stresst und grenzt aus, Existenzängste verengen Horizont und Herz. »In einem Rolls-Royce weint es sich angenehmer als in der Straßenbahn«, spitzt der Hollywoodstar Zsa Zsa Gabor die Nuance zwischen einem üppigen oder kargen Daseinspolster zu.[17]

Wie 154 internationale große Befragungen ermittelten, steigert Wohlstand jedoch nicht in dem Maße die Lebenslust, wie es unser Streben nach Besitz vermuten lässt. Die umfassendsten Erhebungen liegen für die USA und Japan vor, wo Glück-Befragungen seit dem Zweiten Weltkrieg durchgeführt werden. Sie erbringen im Kern ein übereinstimmendes Ergebnis: Verfügen Menschen über wenig Geld, wirkt sich ein höheres Einkommen schnell auf die Zufriedenheit aus. Ist die Grundversorgung gewährleistet, färbt es jedoch kaum auf das Lebensgefühl ab, ob man jährlich 35 000 oder 65 000 Dollar verdient. In den USA hat sich das reale Bruttoinlandsprodukt pro Kopf in den letzten 60 Jahren verdreifacht. Doch der Anteil derjenigen, die sich als *»very happy«* bezeichnen, bleibt über die Jahrzehnte mit geringen Schwankungen bei 30 Prozent praktisch gleich.[18] Zu einem ähnlichen Ergebnis kommt eine demographische Untersuchung hierzulande. Im Wirtschaftswunder, nach Krieg und Entbehrung, stockte jede Lebensverbesserung und Anschaffung das individuelle Glücksempfinden auf. Trotz größerer Kaufkraft pendelte sich zwischen 1954 und 1998 das Glücksempfinden der (West-)Deutschen auf ein ziemlich konstantes Niveau ein.[19]

Berechtigterweise beargwöhnt der Berliner Philosoph Wilhelm Schmid den Aussagegehalt internationaler Vergleiche, da sie nicht berücksichtigen, dass ein Fischer auf den Fiji-Inseln etwas anderes unter Glück versteht als eine Börsenmaklerin in New York. Wenn schon Geschwister Glück anders definieren, wie groß ist dann die Kluft in unterschiedlichen Kulturen? Nicht nur Religion, Mentalität, Klima, soziales Umfeld und politische Strukturen prägen das Bild vom Glück. Auch die aktuelle Gefühlsverfassung spielt bei Befragungen hinein. Gleichwohl erhellt die Glücksdatenbank, in der Ruut Veenhoven, Professor an der Erasmus-Universität in Rotterdam, seit Jahren weltweite Erhebungen zusammenfasst, dass die Maxime »Mehr

Wirtschaftswachstum, mehr Wohlstand, mehr Zufriedenheit« nur bedingt auf Fakten beruht. So sehr Geld auch beruhigt, Zufriedenheit lässt sich vom Konto sehr viel schwerer abheben, als uns Warenproduzenten weismachen wollen.

Wie Stefan Klein im Buch »Die Glücksformel« erläutert, haben Menschen die Eigenschaft, ihr Hab und Gut zum Besitz anderer in Relation zu setzen. Die gesellschaftliche Vermögensverteilung beeinflusst nicht nur das Lebensgefühl, sie verlängert oder verkürzt auch die Lebenserwartung. Je größer die Schere zwischen arm und reich ist, desto geringer ist die Aussicht, alt zu werden, und zwar nicht nur für Habenichtse und Hungerleider. Denn Gesellschaften mit starken Gegensätzen produzieren mehr Stress. Die Kluft verletzt das Gerechtigkeitsempfinden, erzeugt Wut, provoziert Neid. Die Unzufriedenheit wiederum wirkt sich auf die Gesundheit aus.[20] Der Raubtierkapitalismus pflügt die Rechte und Würde von Menschen unter, die beim Run aufs große Geld bloß Zuträger sind. Das Gefühl der Wertlosigkeit macht krank.

Aber auch diejenigen, die Besitz anhäufen, bleiben eingespannt in einen Mechanismus, den Mathias Binswanger, Professor für Volkswirtschaftslehre in der Schweiz, in seinem Buch »Die Tretmühlen des Glücks« als Teufelskreis schildert.

Während in der Befriedigung von Grundbedürfnissen der Vergleich entfällt, werden die Accessoires des gehobenen Lebensstandards nicht nur gekauft, weil sie dem Geschmack und Komfortwünschen entsprechen. In der Annahme, ich bin, womit ich mich umgebe, dienen Antiquitäten, Designerstücke, Markenartikel und Schlemmereien auch dazu, sich hervorzuheben aus der Masse, die Zugehörigkeit zu einer arrivierten Gesellschaftsschicht zu bekunden und andere zu beeindrucken. Der subjektive Wert der mit Diamanten besetzten Cartier-Uhr erhöht sich, wenn sie nicht am Arm der Nachbarin funkelt. Steigt das nationale Einkommensniveau, können sich immer mehr Menschen Luxusgüter leisten, kann der Abstand nur durch ein noch höheres Einkommen verteidigt werden. »Es handelt sich hier um einen dynamischen Prozess, bei dem niemand ausruhen kann«, bilanziert Binswanger den permanenten Konkurrenzdruck zu Lasten der Zufriedenheit, auf den eine Studie aus den USA ein Schlaglicht wirft: »In einer Untersuchung der Harvard Universität wurden Studenten befragt, in welcher Welt sie lieber leben möchten. In einer Welt, in der sie selbst 50 000 Dollar verdienen und alle anderen

25 000 oder in einer Welt, in der sie selbst 100 000 Dollar verdienen und alle anderen 250 000 Dollar? Eine Mehrheit zog die erste Welt vor.«[21]

Zwar rufen die Dachwohnung, das neue Auto, das teure Kleid durchaus Freude hervor. Doch sie nutzt sich geschwinder ab als wir vermuten. Egal, ob beim beruflichen Aufstieg, bei materiellen Anschaffungen oder bei Versorgungsleistungen – die Gewöhnungseffekte lassen das Hochgefühl über Verbesserungen schnell verpuffen. »Ich stelle mich ans Fenster, blicke auf den See und sage mir: Nun sei glücklich!«, schilderte ein Freund einmal die vergebliche Selbstaufforderung, als sein Ferienhaus in paradiesischer Lage fertig war. Statt Erreichtes zu genießen und uns auf unseren Lorbeeren auszuruhen, kurbelt der neue Status quo unsere Ansprüche an, beschreibt Mathias Binswanger die »Statustretmühle«, in der insbesondere erfolgreiche Menschen gefangen seien. Auch die Flut der Konsumangebote und die oft nicht bewusste Übersättigung untergrabe unsere Zufriedenheit. »Multioptionstretmühle« nennt der Volkswirtschaftler die unüberschaubaren Wahlmöglichkeiten, die immer mehr zur Qual werden. Statt unter 40 Fernsehkanälen ein Programm auszusuchen, zappen wir durch den Bildersalat. Aus Angst, etwas zu verpassen, versäumen wir den Filmanfang. Das Ziel, unter dem Güter- und Dienstleistungsangebot das Optimum oder Schnäppchen herauszufischen, führt dazu, dass wir uns immer verzetteln. Ähnlich wie die Mangelwirtschaft verhindere der Warenüberfluss, dass Menschen eine auf sie zugeschnittene Entscheidung treffen. Mit dem Unterschied, dass nun das eigene Unvermögen, alle Optionen überblicken oder nutzen zu können, das schlechte Gefühl hervorrufe, Verzicht zu leisten.[22]

Ganze drei Monate, fand der amerikanische Psychologie-Professor Martin Seligman heraus, schwimmen Gewinner hoher Summen auf einer Wolke der Seligkeit. Danach sind sie wieder so glücklich oder unglücklich wie sie es vorher waren. Noch ernüchternder ist die Bilanz des Briten Andrew Oswald. Nach kurzer Euphorie verflog bei den befragten Lottokönigen die Sonntagsstimmung; drei Jahre nach dem Geldregen wurden überdurchschnittlich viele von Trübsinn und Depression heimgesucht. Zum einen, weil sich der frischgebackene Krösus hurtig an den neuen Lebensstandard gewöhnt, zum anderen, weil neue Belastungen erwachsen und Freundschaften in die Brüche gehen, flaut die Euphorie schnell ab oder dreht sich gar zum Absturz um.[23] Dass Saturiertheit zu letztlich öder Bequemlichkeit verleitet, lässt sich allenthalben beobachten. Wer auf einen Sechser im Lotto oder eine fette Erbschaft vergeblich hofft, den mag es trösten, dass diese ihm zwar den Swimmingpool neben der Hausbar bescheren könnte, nicht aber das dauerhafte Gefühl, in Luxus zu baden.

Meist aber relativiere sich der Traum vom großen Los schon, wenn man genauer überlegt, was man mit all dem Mammon anstellen will, erläutert der Berliner Psychotherapeut Wolfgang Krüger: »Meine Beobachtung ist: Die meisten Menschen werden richtig fiebrig bei dem Gedanken, sie könnten im Lotto 50 Millionen gewinnen. Wenn man sie fragt: ›Was machen Sie denn mit dem Geld?‹, antworten zwei Drittel: ›Ich will ein Häuschen im Grünen, eine große Reise machen, den Rest lege ich zurück.‹ Wenn man dann weiterfragt: ›Was machen Sie denn in dem Häuschen?‹, entsteht oft eine große Ratlosigkeit. Es werden keine Träume genannt wie: Ich wollte schon immer mal eine Band gründen, dann hätten wir einen Proberaum. Oder: Ich züchte die Rose meines Herzens. Also die Verwirklichung eines Lebenstraums. Die meisten Menschen können sich kleine Veränderungen vorstellen, beispielsweise ihre Arbeitszeit zu reduzieren, aber es gibt wenig Fantasien über den gewohnten Alltag hinaus. Und auch wenn ihnen irgendetwas vorschwebt, fehlt oft der Antrieb, Pläne umzusetzen.«

Das Plädoyer von Wilhelm Schmid, dass keiner in unser Gesellschaft mehr als eine Million Euro verdienen sollte, weil eine gerechte Verteilung Demokratie und soziale Verantwortung fördert, mafiöse Machenschaften eindämmt und Bürgern das beglückende Gefühl von Lebenssinn vermittelt, mag für viele utopisch klingen. Doch Umfragen bestätigen, dass Deutsche im tiefsten Herzen ihrer Konsumlust misstrauen. Nicht Besitz oder Erfolg werden als beglückend genannt. Wichtiger als materielle Dinge sind Familie und Freunde.[24] So unterschiedlich die Finanzlage meiner InterviewpartnerInnen sind, ihr durchweg entspanntes Verhältnis zu Geld beruht auf der Einsicht, dass ein maximaler Verdienst ihr Zeitbudget nicht vergrößern würde. Niemand steckt sich zum Ziel, reich zu werden. Für alle ist Geld in erster Linie ein Gestaltungsmittel. Dass Eigentum »verpflichtet« und befähigt, Glück zu spenden, formuliert Jana L., die mit Mitte 50 Millionen erbte. »Luxus führt oft zur Selbstberaubung«, begründet sie ihren seither kaum veränderten Lebensstil. Aber ihr Vermögen ermögliche es ihr, andere zu unterstützen und gesellschaftliche Projekte anzustoßen.

Jana L.: »Luxus führt oft zur Selbstberaubung.«

Binnen einer Stunde fällt alles Betriebsame von mir ab, wenn ich Jana in ihrem Sommerparadies an einem schleswig-holsteinischen See besuche. Die meisten Wochenenden und Urlaube verbringt sie hier, in einem ehemaligen Gutsarbeiterhäuschen, mit Blick auf den waldumsäumten See, zu dessen Ufer eine abschüssige Streuobstwiese führt. »Bei Regen kann es ganz schön einsam sein.« Jetzt verwöhnt uns die Sonne. Malven, Cosmea, Rittersporn blühen auf Beeten zwischen Johannis- und Stachelbeersträuchern, das Schütteln der Mirabellenbäume ergibt elf Gläser Marmelade, Kirschen und Äpfel müssen noch reifen. Keines der sechs angrenzenden Grundstücke ist umzäunt, nur Kinder ziehen sich einen Badeanzug an, wenn sie vom gemeinsamen Bootssteg ins Wasser steigen, doch der vertraute Umgang der Nachbarn miteinander engt das Bedürfnis nach Ruhe und Ungestörtheit nicht ein.

In der Abenddämmerung ist das Schaukeln der zwei Jollen das einzige Geräusch, als wir im Strandkorb sitzen, den Jana gerade über ebay erstanden und selbst transportiert hat. Janas handwerkliches Geschick bewundere ich, seitdem aus unserem beruflichen Kontakt Freundschaft wurde. Das Austüfteln und Reparieren von Dingen trägt zur klaren Alltagsstrukturierung bei, die der Mittfünfzigerin ermöglicht, Lehraufträge, Haushalt und nach ihrer Scheidung die Alleinerziehung ihrer Tochter unter einen Hut zu bringen.

Geld verdienen müsste die brünette, schlanke Germanistin aus Lübeck nicht mehr. Von ihrer überraschenden Erbschaft könnte sie ein sorgloses Leben führen, doch der Geldsegen hat ihren Lebensstil wenig verändert. Mitunter streng mit sich und anderen, dann wieder voller zärtlicher Durchlässigkeit für kostbare, heitere Lebensmomente, wechselte Jana offenbar ihren inneren Kompass nicht aus. Während unseres Gesprächs blicken wir auf den See, über dem Vögel lautlos ihre Bahnen ziehen. Für einen Moment hält Jana inne: »Guck mal! Fischreiher. Wie schön! Sie sind ein Leben lang befreundet und auch ein Paar.«

Dass ich Millionärin bin, habe ich vor drei Jahren erfahren. In einem Hotel in Karlsruhe lüftete mein ältester Bruder unser Familiengeheimnis. Wir saßen zu siebt beim Abendessen, er klopfte ans Glas und teilte uns mit, dass er seit 18 Jahren das in der Schweiz angelegte Vermögen unseres verstorbenen Vaters betreue. Jeder von uns fünf Geschwistern erbe drei Millionen, der Rest bleibe bei unserer Mutter.

Wir drei Schwestern waren wie vom Donner gerührt. Wir haben dann Champagner getrunken und wurden sehr ausgelassen, plötzlich gab es eine Art Familienbündnis, das ich sonst oft vermisse. Aber ich war auch gekränkt. Dass wir Töchter von den Konten keine Ahnung gehabt hatten, während die Söhne eingeweiht waren, offenbart ja eine hierarchische Familienstruktur. Die Ängste wegen meiner unsicheren freiberuflichen Tätigkeit, die mich nach meiner Scheidung vor sechs Jahren oft quälten, waren also völlig unnötig gewesen. Hatten meine Brüder sich darüber keine Gedanken gemacht? Bald siegte jedoch meine Erleichterung, dass ich nie mehr finanzielle Sorgen haben würde.

Oft habe ich im Leben das Gefühl gehabt: Ich bin eine Gesegnete. Es gab in meinem Leben schwierige und kritische Situationen, aber sie wuchsen sich nie zu einer Katastrophe aus, sondern haben am Ende zu mehr Zufriedenheit geführt. Auch das Geld, das quasi vom Himmel fiel, zeigt mir, dass ich gesegnet bin. Mein Erbe ermöglicht mir, ein reichhaltiges, vielfältiges Leben zu führen. Die Erfüllung von Träumen habe ich mit meinem Vermögen nie verbunden. Es gibt keinen Traum, der vergeblich auf Realisierung wartet, weil mir dazu bisher die Mittel gefehlt hätten. Ich habe eine gesunde Tochter, Freunde, ich habe eine gute Bildung bekommen, ich besitze eine große Eigentumswohnung und ein Ferienhäuschen, ich lebe auf einem Level, wo kaum noch Konsumwünsche offenbleiben. Das Einzige, was ich mir nach der Erbschaft gleich geleistet habe, ist ein neues kleines Auto, und auch das nur, weil mein altes kaputtging. Inzwischen habe ich meine Wohnung renovieren lassen, manches im Haushalt ersetzt, ich gönne mir ab und zu gute Hotels und besitze eine Bahncard erster Klasse. Mein Banker sagt immer: »Kaufen Sie sich doch endlich mal einen Sportwagen.« Aber ich lache dann nur. Mir sind andere Dinge wichtiger, zum Beispiel will ich in meiner Lebensführung ökologische Aspekte berücksichtigen. Wobei es natürlich immer wieder Kollisionen gibt zwischen meinen finanziellen Möglichkeiten und der ethischen Haltung: Small is beautiful. Schränke dich ein! Wirf nicht so einen großen Schatten auf die Erde, wir leben in einer Zeit, die Umdenken verlangt.

Mit meinen Freundinnen habe ich ziemlich bald über mein Erbe geredet und auch die Summe genannt, weil ich nicht wollte, dass mich ein Geheimnis von ihnen trennt. Ich wollte zeigen: Ich habe Vertrauen und teile euch etwas mit, was vielleicht sogar Neid auslöst oder Begehrlichkeiten weckt. Ich war auch deshalb so offenherzig, weil ich signalisieren wollte, dass ich mich nicht als etwas Exklusiveres fühle. Der Grund, weshalb ich bisher weder Neid noch Missgunst zu spüren bekam, liegt vielleicht darin, dass Menschen sehen, dass ich mich nicht auf die faule Haut lege. Ich lebe komfortabel, aber nicht im Luxus. Mein Selbstbewusstsein beziehe ich nicht aus meinem Vermögen, sondern aus meinem Beruf, auch wenn ich das tue, was jeder tun sollte, der Geld hat: weniger arbeiten, um Dinge zu machen, die mich freuen, zum Beispiel im Chor singen. Und ich kann mir leisten, dann und wann meine Zeit und berufliche Kompetenz zu verschenken.

Vor allem engagiere ich mich in einer politischen Stiftung. Das ist eine gute Mischung: Man gibt Geld einen Sinn, aber nicht nur in Form einer Spende, die ja auch eine Art Ablass sein kann, sondern durch aktive Teilhabe an sozialen Projekten. Es ist ungerecht, dass Menschen, die bei ihrer Geburt die richtige Adresse hatten, sorglos leben können, während sich andere immer mehr in unsicheren Lebensverhältnissen einrichten müssen. Mein Vermögen empfinde ich deshalb als Einladung und Verpflichtung, mich um unser Gemeinwesen zu kümmern und die Rolle der verantwortlichen Bürgerin zu übernehmen. Und ich kann nötigenfalls Menschen in meiner Umgebung aus der Klemme helfen, wobei ich inzwischen davon ausgehe, dass ich Geld nicht zurückkriegen werde. Juristische Verträge mit Raten oder Zinsen versauen Freundschaften. Deshalb verleihe ich Geld nicht, sondern schenke es. Und wenn jemand es zurückzahlt, ist es auch gut.

Ich mache gerne Geschenke, und ich werde gern beschenkt. Natürlich, ich könnte mir vieles selbst kaufen, aber ich freue mich sehr über persönliche Geschenke, die eine Beziehung zu mir ausdrücken. Wenn ich spüre, es wird irgendetwas ausgewählt, weil man einen guten Eindruck machen, aber kein Opfer bringen möchte, habe ich das Gefühl, ich soll nur beschwichtigt werden. Ab und zu verschwenderisch überschüttet zu werden, macht mich glücklich, vielleicht, weil es so selten ist.

Auch vor meiner Tochter wollte ich kein Geheimnis haben. Zu ihrem 18ten Geburtstag habe ich ihr einen Anteil vererbt, damit sie weiß, dass sie sich bei ihrer Berufswahl in nichts hineinzwingen muss. Sie ignoriert ihr Vermögen, weil es sie von Gleichaltrigen separiert. Sie hatte immer Freunde, die eher etwas knapp leben, und befürchtet, sich zu unterscheiden. Demnächst zieht sie mit ihrem Freund zusammen, in eine preiswerte Zweizimmerwohnung.

Auf die Frage, wie mein Vater so viel verdienen konnte, kann ich nur antworten: Er war leidenschaftlicher Unternehmer und er hatte auch eine Portion krimineller Energie. Viele seiner lukrativen Auslandsaufträge erhielt er über Bestechungen. Der Gedanke, dass er so viel Anstrengungen und Verschleiß in Kauf genommen hat, um ein Vermögen zu bunkern, hat mich mal sehr traurig gemacht, weil ich das Gefühl habe, das Wesentliche hat er nicht gefunden. Er hat alle Wünsche in beruflichen Erfolg umgelenkt und entfernte sich immer weiter von seiner Familie. Irgendwann hat meine Mutter es aufgegeben, ihn als Partner anzufragen. Spaß hatten wir selten mit ihm. Ich erinnere eigentlich nur eine Szene, als er sonntagnachmittags im Sessel saß und wir Kinder ihn auf jede erdenkliche Weise frisieren durften. Aber sonst hatte er keine Zeit und kein Ohr für uns. Nur einmal, als ich einen langen Artikel in der *F. A. Z.* unterbringen konnte und er ihn für seine Geschäftskollegen fotokopierte, hatte ich das Gefühl, dass er meine Tätigkeiten wahrnimmt und stolz ist auf mich. Seine Liebe und Fürsorge hat er in Geld umgemünzt, in das Vermächtnis: »So könnt Ihr euch auf mich verlassen.« Die größte Nähe empfand ich an seinem Sterbebett, als ich seine Hand hielt. Er war einsam im Leben und sollte nicht noch einsam sterben.

Bin ich durch mein Vermögen glücklicher als früher? Der Inbegriff eines glücklichen Wesens ist für mich ein Wasserläufer. Er läuft auf der Oberflächenspannung elegant mal hierhin, mal dorthin, und jeder staunt: Wie schafft er es bloß, dass er nicht untergeht? Wenn es mir gutgeht, wenn das Leben fließt und ich überzeugt bin von dem, was ich tue, dann fühle ich mich wie ein Wasserläufer flink und leicht. Dieses Lebensgefühl ist durch mein dickes Bankkonto verstärkt worden. Das Gegenbild zum Wasserläufer ist der Wattwurm. In der Phase, als meine Ehe immer unglücklicher wurde, hatte ich das Gefühl, ich bohre mich wie ein Wattwurm immer tiefer in den Morast. Geld ermöglicht mir, Menschen einzuladen, ich versuche, private Feste großzügig zu gestalten, es macht mir Freude, Geselligkeit zu stiften. Neulich haben wir ein Straßenfest organisiert, ich habe sehr viel Zeit reingegeben, damit es schön wird. Leute, die sich vorher gar nicht kannten, haben bis in die Nacht miteinander geredet, gegessen, getrunken, gesungen. Solche Stunden, die ja auch nachhallen, sind für mich Glück. Ich freue mich, dass ich etwas anstoßen kann, will mich auch nicht freikaufen von Anstrengungen, weil ich weiß, dass Anstrengungen befriedigend sind. Wenn du Mühseliges immer delegierst, verarmst du, dein Leben wird bequemer, aber auch leerer. Ich fahre gern Fahrrad oder nehme die U-Bahn, möchte nicht nur ins Taxi steigen. Luxus führt oft zur Selbstberaubung. Das ist auch der Grund, weshalb ich mich ungern in sehr wohlhabenden Kreisen bewege. Menschen mit hohem Status und Elitebewusstsein schüchtern mich ein und enttäuschen mich häufig. Sie lesen nicht die Bücher, die mich interessieren, gucken nicht die Filme, die ich spannend finde. Reichtum verführt oft zum langweiligen Ersatzleben. Zudem habe ich oft keine Lust, mich dauernd chic anzuziehen.

Was mir wie vielen Frauen meines Alters fehlt, ist ein ebenbürtiger Partner. Ich würde gern jemand an meiner Seite haben, mit dem ich mich einig, verbunden fühle, aber ich habe wenig Hoffnung, noch einen passenden Lebensgefährten zu finden. Ich bin intellektuell durchtrainiert, praktisch begabt und finanziell unabhängig. Da fühlen sich Männer schnell überflüssig. Manchmal denke ich: »Mach doch Kompromisse!« Aber ich weiß, wie anstrengend die sind. Die Nähe zu meinem geschiedenen Mann lebte auch von meinen Projektionen. Seine innerliche Unabhängigkeit von mir hat mich angespornt, um ihn zu werben. Ich glaube, meine Begeisterung war ihm verdächtig, er hatte das Gefühl, ich meine gar nicht ihn. Und das ist auch manchmal so: Man ist froh, dass man endlich ordentlich begeistert lieben kann. Aber es ist Quatsch, Liebe abzuweisen, weil man glaubt, man sei nicht gemeint. Man sollte sie annehmen und daraus ein Energiefeld machen. Vielleicht sind zwischen Menschen nur partiell seelische Begegnungen möglich, die dann sehr beglückend sind. Danach muss man wieder allein sein können.

In den letzten Jahren verbinde ich mich wieder mehr mit meiner spirituellen Seite. Als junge Frau war ich auf der Suche nach der spirituellen Ebene des Glücks und habe sie damals in Poona gefunden. Bhagwan war für mich ein Medium zu einem Gefühl, das ich als Kind einmal hatte: Ein Urvertrauen in die Ordnung des Lebens, die Gewissheit, du wirst geliebt, gehalten, getragen, du musst dich nicht sorgen, bist nicht bedroht. Das ist ja die Aufgabe eines Gurus: Er schließt die Türen auf zu deiner eigenen Person, er ist ein Medium, um mehr bei dir zu sein und gleichzeitig über dich hinauszuwachsen. Ich würde sofort losmarschieren, wenn ich wüsste, dass es irgendwo einen Ort gibt für dieses ekstatische Verschmelzen mit anderen Menschen, ohne sich dabei aufzugeben

Ekstatische Momente erlebe ich jetzt beim Singen. Wenn wir im Chor gemeinsam etwas einstudieren, dann weht mich tiefes Glück an, ich verströme mich, mein Herz füllt sich, ich habe Hitze in meiner Brust. Die Freude am Singen habe ich von meiner Mutter. Ich denke, sie war zeitlebens gekränkt, dass sie sich als Kriegerwitwe mit Kind auf einen so ungebildeten Mann wie meinen Vater einlassen musste. Das einzige, was sie sich neben all den Familienpflichten gönnte, war der Chor. Wenn sie sang, war sie eine andere.

Lieselotte Thoma: »Eigentlich lerne ich mich jetzt erst kennen.«

Ihren guten Geschmack bewundere ich lange vor unserer ersten Begegnung. Sie habe wieder ein Paket von ihrer Freundin erhalten, die die Partnerin eines betuchten Künstlers sei und nachmittags oft durch Boutiquen ziehe, erklärte eine Freundin mir die Quelle ihres Kleiderfundus von erlesener Qualität. Meine Neugier auf die großzügige Spenderin ist groß, als ich Lieselotte zum ersten Mal treffe. Eine Frau wie aus einem Gemälde von Vermeer. Rotblonde, etwas wellige Haare umrahmen das glatte ungeschminkte Gesicht mit hellen Augen und einem schönen, vollen Mund; die aufgeknöpfte Leinenbluse betont reizvoll ihre etwas füllige Gestalt. Kaum zu glauben, dass Lieselotte die 60 gerade überschritten hat. Auch sonst hat sie wenig gemein mit dem Luxusgeschöpf, das ich erwartete, wenngleich ich weiß, dass Lieselotte nicht mehr auf Rosen gebettet ist, seitdem sie sich vom Vater ihrer beiden Kinder getrennt hat.

Die somnambule Leichtigkeit, mit der Lieselotte den Schritt in den neuen Lebensabschnitt meistert, ist ein Grund, weshalb ich sie als Gesprächspartnerin auswähle. Nie höre ich eine Klage heraus, wenn sie von ihren unsicheren Honorarverträgen als Museumsführerin berichtet oder von den Sprachstudentinnen erzählt, an die sie monatsweise den größten Raum ihrer Berliner Vierzimmereigentumswohnung vermietet und für die sie täglich kocht. Dem Interview stimmt Lieselotte mit der Auflage zu, dass ihr ehemaliger Partner nicht identifiziert werden kann. In welcher Sparte er künstlerisch tätig ist, klammern wir deshalb aus.

Während unseres ersten Gespräches bewirtet mich Lieselotte mit selbstgemachtem Tiramisu, das mehrmalige Telefonklingeln ignoriert sie. Gefühle in Worte zu kleiden fällt Lieselotte nicht leicht. Sie nehme vieles »instinktiv«, »unterschwellig«, »unbewusst« wahr, äußert sie und findet ein passendes Wort häufig erst, indem wir ungenaue Formulierungen wiederholt umkreisen. Bevor ich aufbreche, zeigt sie mir farbenfrohe Patchworkkissen – ihr neues Hobby.

Kürzlich besuchte mich eine Bekannte und sagte: »Du arme Lilly, wie du jetzt lebst.« Sie denkt sehr materiell und empfindet mein Leben jetzt offenbar als Abstieg. Da stehe ich drüber. Heute bin ich näher an mir selbst und deshalb glücklicher. Obwohl es auch Tage der Einsamkeit gibt, habe ich insgesamt das Gefühl: Ich bin auf dem richtigen Weg. Ich suche Abenteuer nicht mehr außen, sondern bin auf der Entdeckungsreise zu mir. Sechzehn Jahre war ich die Frau eines Künstlers und ging völlig darin auf. Alles drehte sich um ihn. Damals war das auch in Ordnung, ich habe ihn bewundert, mit mir selbst wusste ich gar nicht viel anzufangen. Rückblickend wird mir klar, wie viel Energie ich dareinsteckte, mich Georgs Wünschen anzupassen. Eigentlich lerne ich mich jetzt erst kennen.

Ich bin 1947 in Dresden geboren, meine Kindheit war gepflastert mit Verboten, meine Mutter hat immer großen Druck ausgeübt. Sie kam aus Schlesien und war bei meinem Vater, der in Dresden ein kleines Fuhrunternehmen aufbaute, Haushälterin gewesen, nach ihrer Heirat wurde sie Hausfrau. Ihre große Liebe war bei einem Unfall gestorben, ich glaube, sie wollte in der Ehe mit meinem Vater gar keine Kinder. Meine Eltern stritten sich oft vor uns. Meine Mutter wäre gern wieder arbeiten gegangen, aber mein Vater wollte das nicht. Ihre Unzufriedenheit ließ meine Mutter an meiner Schwester und mir aus, mein Bruder war der Kronprinz. Wenn ich etwas schmutzig oder versehentlich kaputt gemacht hatte oder ein falsches Wort sagte, bekam ich Schläge, sie hat mich nie gestreichelt oder in den Arm genommen, in mir wurde alles abgedrückt. Ich durfte nicht tanzen, nicht Klavier spielen, nicht nähen, nicht batiken. Sie meinte: »Das kannst du nicht. Das bringst du nicht.« Ihr gefallener Bruder war ein musikalisches Naturtalent gewesen. Vielleicht hatte sie deshalb die Einstellung: Man muss sofort großartig sein. Andererseits organisierte sie für mich privaten Englischunterricht. Ich habe mich ständig bemüht, sie zum Lächeln zu bringen, wollte ihr alles recht machen. Wenn meine Mutter glücklich war, war ich auch glücklich. Immer wenn wir Besuch hatten, war ihre schlechte Laune wie weggeblasen. Unbeschwert war ich als Kind nur, wenn ich draußen spielen durfte. Wenn ich traurig war, bin ich in den Garten gegangen und habe meinen Kummer den Blumen erzählt.

Mein Vater war lebensfroh, tüchtig, großzügig, zärtlich, er strahlte Wärme aus. Er war ein schöner Mann, ein Sonnyboy und nicht treu. Als Erwachsene traf ich zufällig einen meiner zwei Halbgeschwister. Ich denke, mein Vater hat meine Mutter geheiratet, weil sie flink, ordentlich und manchmal auch humorvoll war. Mit ihm verbinde ich glückliche Stunden: Wenn er mich im Auto oder auf dem Sozius seines Motorrads mitnahm und wenn ich ihm mittags ins Geschäft Essen bringen durfte. Kunst kam in meinem Elternhaus nicht vor, wie auch Bildung kleingeschrieben wurde. Der Tod meines Vaters vor

30 Jahren hat mich sehr getroffen, heute denke ich jedoch mehr über meine Mutter nach.

Nach der mittleren Reife wurde ich Stenotypistin. In der Abendschule holte ich das Teilabitur nach, studierte Russisch und Geschichte und wurde Lehrerin. Mit 23 heiratete ich. Mein erster Mann war zehn Jahre älter, Assessor und ganz nach dem Geschmack meiner Mutter. Mit ihm hatte ich mein sexuelles Erwachen, ich glaube, ich habe ihn sehr aufgemöbelt. Ich bin ein sinnlicher Typ, esse und koche gern, sexuell hatte ich immer großes Glücksempfinden. Lange war Erotik für mich der einzige Weg, mich auszudrücken und Geborgenheit zu spüren. Doch wie meine Mutter wollte auch mein Mann mich nicht leben lassen. Er ging nie mit mir tanzen, bevormundete mich, alles war sehr geregelt. In gewisser Weise hat er mich auch beschützt, vielleicht wäre ich sonst auf die schiefe Bahn geraten. Mein Vater sagte mal zu mir, ich würde mich für eine Tafel Schokolade verkaufen.

Ich bin dann aber doch mit Freundinnen nach Prag gefahren und habe mich Hals über Kopf verliebt. Weil ich diejenige war, die aus der Ehe ausgebrochen ist, bekam bei unserer Scheidung mein Mann unsere Tochter zugesprochen. Sehen durfte ich sie nur alle vier Wochen. Das war schlimm. Ich hatte mich damals nicht mehr in der Gewalt, konnte meine Beine nicht mehr kontrollieren, war außer Rand und Band. Der Vorteil meines Zusammenbruches war, dass ich aus dem Schuldienst entlassen werden konnte, was ich wollte, da mir alles zu kommunistisch war. Als ich aus der Klinik kam, trug ich Briefe aus, später arbeitete ich als Reiseführerin für sowjetische Touristen. Das Reisebüro vermittelte mir eine kleine Wohnung, vor lauter Glück las ich den Vertrag nicht richtig durch, der eine Verpflichtung enthielt, für die Stasi zu spitzeln. Ich stellte mich so widerspenstig an, dass sie mich bald in Ruhe ließ.

Georg begegnete ich bei einer Kunstausstellung. Ich machte damals in Dresden Kunstführungen, in der Künstlerszene fühlte ich mich zum ersten Mal angenommen. Der Lebensstil war viel lockerer, es wurde viel gefeiert, es war eine völlig andere Welt. Meine Mutter hatte mich ja sehr eng ausgerichtet. Bei der Begrüßung registrierte ich sofort Georgs warme Hände. Erst besuchte er mich, dann besuchte ich ihn in seinem Studio. In der Mitte stand ein großes Kuschelbett, es war wohlig geheizt, das war der Anfang. Genaue Vorstellungen von einer glücklichen Partnerschaft hatte ich nie, außer der, dass es leidenschaftlich zugehen sollte. Dass Georg als Künstler einen Namen hatte, imponierte mir natürlich. Und er war auch noch Oppositioneller, während ich ängstlich war.

Als ich schwanger wurde, freute ich mich sehr. Ich litt unter der Trennung von meiner ersten Tochter, mein Selbstbewusstsein als Mutter war damals völlig ramponiert. Aber meine Schwangerschaft war sehr belastet. Georg wurde in dieser Zeit aus der DDR ausgewiesen, meine Mutter lehnte den Kontakt zu mir ab, weil ich nicht verheiratet war und sie das Gerede der Leute fürchtete. Als das Baby da war, vergaß sie ihre Vorbehalte. Ein dreiviertel Jahr nach Georgs Übersiedelung nach Frankfurt durfte ich 1981 ebenfalls ausreisen, doch eigentlich gehörte ich nicht zu denen, die die DDR verlassen wollten. Ich hing an meinen Freunden und meiner Umgebung. Bei meiner Ankunft im Westen holten mich Bekannte von Georg ab. Er selbst war auf einer Auslandsreise.

Wir bekamen bald unser zweites Kind, ich war nun ausschließlich Mutter, mein Wunsch nach einem richtigen Familienleben hat sich jedoch nicht erfüllt. Eine Bekannte sagte mal zu mir: »Du darfst Georg nicht als Mann, du musst ihn als Künstler sehen.« Georg ist tolerant, nicht nachtragend, klug, mir geistig haushoch überlegen. Dass er nicht unbedeutend war, gefiel mir, auch wenn er nicht zur feinen Gesellschaft gehörte. Dazu war er zu quertreiberisch und immer unmöglich angezogen. Er war kein Glamourtyp, er war ein besessener Schaffer, hat Tag und Nacht gearbeitet. An erster Stelle kam die Kunst. Dann vielleicht ich und dann die Kinder. Er fand kaum Zeit für mich, außer im Bett. Aber wenn sich Nähe darauf beschränkt, führt das auch zur Entfremdung.

Bewusst habe ich nicht so viel vermisst, aber ich fühlte mich immer unwohler in meiner Haut. Unwohl, nicht unglücklich. Unglück konnte ich gar nicht so definieren. Ich habe früher einfach gelebt und vieles nicht verstanden. Ich war ja auch ständig abgelenkt. Als wir für einige Jahre nach Paris umzogen, holte ich vieles nach, was in der DDR für mich unerreichbar gewesen war. Ich habe oft Partys gegeben, bin häufig tanzen gegangen und habe Popmusik für mich entdeckt. In den ersten Jahren im Westen hatte ich eine Art Kaufrausch. Ich kannte alle Boutiquen, neue Klamotten schenkte ich oft ungetragen weiter. Und wir sind viel gereist. Finanziell war Georg ungewöhnlich großzügig. Nicht nur mir hat er ein Haus geschenkt. Wenn ich mir ein Schloss gewünscht hätte, hätte ich es bekommen.

Er war wie ein kleiner Fürst darauf bedacht, dass alle in seinem Hofstaat abgesichert waren.

Er hat mir vieles ermöglicht, hat mich aus meinem provinziellen Sumpf herausgeholt. Dafür bin ich ihm sehr dankbar. Meine schönste Erinnerung ist ein Urlaub in Ägypten, den wir einmal zu zweit machten. Sonst jedoch war er immer umlagert von Menschen. Reichtum und schöne Klamotten machen ja sexy und geil, unsere Beziehungskonflikte wurden durch Geld erleichtert. Wenn es mir schlecht ging, konnte ich mit den Kindern spontan eine Reise machen, ich konnte mir einen guten Arzt leisten, Freunde zum Essen einladen, ich konnte mir das Leben versüßen. Doch emotional fühlte ich mich immer ärmer. Ich vermisste meine gewachsenen Freundschaften, durch unseren Lebensstil war ich herausgehoben aus der normalen Gesellschaft, als reiner Privatmensch gehörte ich zu keiner sozialen Gruppe. In vielen Dingen war ich derart lebensfremd, dass mich Menschen manchmal anguckten, als sei ich eine Außerirdische.

Ich denke, auf seine Weise hat Georg mich geliebt, aber wir sind nie ins Gespräch gekommen, es lief alles ohne Worte zwischen uns, wir haben einander gar nicht richtig kennengelernt. Er sagte einmal, andere hätten eine einfache Arbeit und eine komplizierte Beziehung. Und er hätte einen anstrengenden Beruf und brauche zu Hause Ruhe. Ich denke, er hat unsere Probleme in sich aufgenommen und dann künstlerisch wieder ausgespuckt. Ich hatte dieses Ventil nicht. Wenn ich versuchte, ihn als Vater einzubeziehen, ging es meist schief. Als wir einmal eine Fahrradtour machen wollten, stürzte er sofort. Er machte etwas sehr intensiv oder er war völlig geistesabwesend. Wenn ich mit Freunden zusammensaß und es ging sehr lustig zu, hat er die Atmosphäre kaputtgemacht und Gäste mit Bemerkungen vergrault. Zu gut durfte es nicht sein. Auf einem Karnevalsfest ist er einmal völlig ausgerastet. Warum, habe ich erst später begriffen. Als kleiner Junge hatte er den Bombenangriff auf Dresden am 13. Februar 1945 erlebt. Da war ja Faschingszeit. Binnen weniger Minuten schlug damals die ausgelassene Stimmung um in Tod und Zerstörung.

Euphorisch war Georg bei Erfolg, er genoss Anerkennung und Ruhm. Seine großzügigen Geschenke haben auch eine Vorgeschichte. Seine erste Liebe hat ihn nicht geheiratet, weil er ihr keine Küche kaufen konnte. Vielleicht zog er daraus den Schluss: Frauen kriegt man nur mit Geld. Einmal schenkte er mir Ohrringe aus Bergkristall mit den Worten: »Das sind deine Tränen.« Ich habe sie bald beim Tanzen in der Disco verloren.

Ich war immer häufiger niedergeschlagen, erschöpft, fertig. Das Leben mit Georg verschlang alle meine Kräfte, aber als Partner stand er mir nicht zu Verfügung. Ich war die Frau des Künstlers, ich selbst kam gar nicht vor, auch in Publikationen wurden wir als Georgs Familie fast nie erwähnt. Anpassung, Unterordnung, das war mir ja von meiner Mutter eingetrichtert worden. Äußerte ich gegenüber Georg wirklich mal Kritik, schossen meine Vorwürfe völlig überdosiert aus mir raus. Die Situation wurde unerträglich. Als ich einmal wegen Rückenschmerzen geröntgt wurde, holte ich die Röntgenaufnahme monatelang nicht ab, weil ich geschüttelt wurde von Angst. Die Diagnose meiner Schmerzen war harmlos, die Ursache meiner Angstblockade liegt weit zurück. Heute erkenne ich, dass ich mir in längeren Beziehungen immer Männer mit einer unglücklichen Kindheit ausgesucht haben, die mir meine eigene Sprachlosigkeit und Defizite widerspiegelten. Leidenschaft fand ich eigentlich nur in kurzen Verhältnissen. Sexuell haben wir uns immer viel Freiraum gelassen. Georg hatte Liebschaften und ich hatte Lover, wir waren beide nicht eifersüchtig, aber es wurde in gefährlicher Weise grenzenlos. Geheiratet haben wir nie, weil ich es nicht wollte. Ich wollte ausschließen, dass mir noch einmal die Kinder weggenommen werden können.

Unsere Rückkehr nach Deutschland war unser beider Wunsch. Georg bekam eine Stelle angeboten, unser Leben war mir zu locker, ich sehnte mich nach einer festeren Struktur. Unbewusst wusste ich: Ich muss an mir arbeiten, mir beruflich selbst etwas aufbauen, was im Ausland unmöglich war. Unsere Trennung vor zehn Jahren war ein langer Prozess. Georg war gegen unsere Trennung, aber ich merkte, an seiner Seite schaffe ich es nicht, mich gegen ihn abzugrenzen. Am wichtigsten war es mir, die Kinder zu behalten, materiell hatte ich eine gewisse Grundsicherung. Den letzten Ausschlag allerdings gab, dass Georgs jetzige Frau mich anrief und sagte: »Ich habe mich verliebt.« Als Künstlerin ist sie eine ebenbürtige Gesprächspartnerin. Sie und Georg haben viele alte Kontakte abgebrochen und leben nun für sich allein. Intuitiv weiß ich auch, wenn ein Kunstwerk gut ist, aber ich konnte immer nur wenig dazu sagen.

Ich hatte allerdings gehofft, dass wir freundschaftlich in Verbindung bleiben, Georg hat mich finanziell auch noch lange unterstützt, irgendwann hat er einen Schlussstrich gezogen. Das war zwar hart für mich, aber es hat mich dazu gezwungen, auf eigenen Beinen zu stehen. Als ich wusste, mein Leben muss jetzt anders laufen, habe ich meine materiellen Ansprüche von heute auf morgen heruntergeschraubt. Wenn ich mal verreise, kümmere ich mich um ein billiges Ticket, mehr als eine Woche Urlaub an der Ostsee ist nicht drin, aber ich weine dem Reichtum nicht nach. Ich habe das andere Leben ja gehabt.

Ich bin gesund, besitze eine schöne Wohnung. Ich denke, man muss im Leben gewisse Schwierigkeiten durchlaufen, um seinen Weg zu finden und darf sich in Krisen nicht von der Meinung anderer puschen lassen. Früher kam ich mit allen Menschen aus. Sobald jemand mich angenommen hat, habe ich ihn auch angenommen. Ich hatte nicht das Gefühl, überhaupt wählen zu dürfen; wenn jemand mich abwies, empfand ich das als Untergang. Heute erkenne ich, dass ich lange mit anderen mitgegangen bin und mich um meine eigenen Talente und Probleme kaum gekümmert habe. Seitdem ich meine Meinung stärker vertrete, haben sich einige Freundschaften aufgelöst.

Die nächsten und wichtigsten Menschen für mich sind meine Kinder und mein Enkel. Zu meinen Kindern wollte ich auf keinen Fall sein wie meine Mutter. Bei meiner ersten Tochter hatte ich manchmal den Impuls, sie zu schlagen. In dem Moment, als ich die Hand hob, fiel mir meine Mutter ein. Ich habe es geschafft, aus dem Muster auszubrechen und bin froh, dass man lernt, etwas besser zu machen und nicht dazu verdammt ist, Fehler ständig zu wiederholen. Als meine Mutter hinfälliger wurde, wohnte sie ein halbes Jahr bei mir. Sie wurde sehr unleidlich, fauchte ihre Enkel ebenso an wie mich früher, aber meine Kinder ließen sich davon überhaupt nicht beeindrucken. Das hat mich gefreut. Ich war als Kind wie eingefroren, meine Kinder ließen sie einfach abblitzen. Bevor meine Mutter vor acht Jahren starb, konnten wir miteinander Frieden schließen. In der letzten Lebensphase war sie verwirrt, sie wurde lustig und entspannt, alles Böse war weg. Es wurde keine Liebe, aber eine Freundschaft.

In der Beziehung zu einem griechischen Gastwirt habe ich vertraute Beziehungsmuster noch einmal durchlebt, diesmal aber wurde mir die Unfähigkeit, miteinander zu reden, die durch die Sprachbarriere noch verstärkt wurde, bald bewusst. Früher haben mir Männer, und in meinen Augen waren das gute Männer, oft gesagt: »Mit dir kann man ja nur ins Bett gehen.« Weil sie sich von mir trennten, nahm ich die, die mich wollten, und das waren meist verklemmte, etwas schräge Vögel, die ich ein bisschen lockerer machte.

Heute gelingt es mir besser, allein zu sein, aber ich brauche schon Gesellschaft. Ich habe einen Hund und vermiete ein Zimmer auch, damit ich jemand ein bisschen umsorgen kann. Meine Arbeit macht mir Spaß, ich liebe die Natur, radele viel, ich bin dabei, mir beim Nähen und Kochen handwerkliches Rüstzeug anzueignen, um meine Ideen umzusetzen. Ich habe einen Tanzkurs besucht, lese gern Biografien, man kann aus all den Verwicklungen, Verzwickungen lernen. Als Museumsführerin wird man trainiert, vor anderen zu sprechen. Manchmal sage ich mir: Ich sollte mehr singen. Gerade habe ich eine Anzeige aufgegeben, um Menschen für Ausflüge ins Potsdamer Umland zu finden. Vor kurzem wohnte eine junge Frau bei mir. Ich merkte, dass sie etwas störte, aber sie druckste nur herum. Ihre Unfähigkeit, sich zu äußern, erinnerte mich sehr an mich. Nach ein paar Tagen habe ich mich überwunden und sie angesprochen. Das Problem war bald aus der Welt geschafft. Etwas im offenen Gespräch zu klären war für mich ein richtiges Glück.

Rätselhaftes Glück: Glücksforschung einst und jetzt – ein Überblick

Lebenskunst in der Antike

Seit Urzeiten rätseln Menschen über das Wesen des Glücks. Von der Antike bis zum heutigen Tag gibt es eine Übereinstimmung in zwei Fragen: Menschen streben nach Glück. Und: Glückserlebnisse sind zeitlich begrenzt. Doch auch nach tausendjährigem Nachdenken über das Wesen des Glücks gibt es keine Übereinkunft, was man unter Glück versteht, noch welcher Königsweg zu ihm führt. Als Gründer des 1990 etablierten Instituts für Glücksforschung weiß Alfred Bellebaum, dass es unmöglich ist, eine allgemeingültige Antwort zu finden. »Ich definiere das Glück nicht. Für mich ist Glück das, was sich Menschen unter Glück vorstellen«, beantwortet der emeritierte Soziologieprofessor die Frage nach dessen Inhalt.[25]

Gleichwohl bleiben Propheten, Weise, Gelehrte und Wissenschaftler dem Geheimnis des Glücks auf den Fersen. »Die Untersuchung des glücklichen Lebens ist der einzige Gegenstand, dem sich die Philosophie zum Zweck und Ziel setzen muss«, schrieb Cicero seiner Zunft auf die Fahne, wobei von jeher zwischen »Glück haben« und »glücklich sein« unterschieden wird. »Glück ist die Folge einer Tätigkeit«, schrieb Aristoteles. Das Glück werde dem zuteil, der seine Möglichkeiten optimal nutzt. Das griechische Wort für Glück *eudaimonia* bedeutet wörtlich übersetzt »guter Geist« und impliziert: Glück gedeiht, wenn man die Tugend als eine Art Lebenskompass benutzt. Auch andere antike Philosophen kamen zum Schluss: Glück kann man lernen. Laut Sokrates, Platon, Aristoteles, Cicero und sogar Epikur erreicht man es, wenn man in richtiger Mischung zwischen Vernunft und sinnlichen Begierden seine Pflichten erfüllt, ohne sich von Alltagsgeschäften unterjochen zu lassen. Wer im besonnenen Umgang mit sich tugendhaft, das heißt seinen Wertvorstellungen gemäß, handelt, führt ein richtiges, also sinnvolles Leben und erlangt schließlich Weisheit, die höchste Stufe des menschlichen Glücks.[26]

Unterscheidet man die Grundtypen des richtigen Lebens, die Philosophen aus der Antike propagieren, so schälen sich mehrere Wertvorstellungen heraus, die freilich daran kranken, dass ihre Fürsprecher sie selbst oft nicht beherzigten.

Die sinnesfrohe Variante des Glücks wird vor allem Epikur zugeschrieben. Aristippos (um 435–350 v. Chr.) und Epikuros aus Athen (342–271 v. Chr.) sind in der Antike die Hauptvertreter des hedonistischen Lebensprinzips (*hedoné* ist das griechische Wort für Lust). Kultur und Schönheit verfeinern das Leben, sexuelle Lust und Gaumenfreuden machen das Dasein begehrenswert. Doch trotz körperlicher Genüsse artet das Leben nicht zur Orgie aus. Man(n) ist Herr der Lust, nicht ihr Knecht. Statt von Trieben beherrscht zu werden, behält der Glückliche dank seines Augenmaßes die Zügel in der Hand. Leidenschaften, die in süchtige Ausschweifungen umschlagen, bringen allenfalls ein kurzes Glück, dem bald der Katzenjammer folgt. Glück liegt darin, gleichzeitig in und über den Dingen zu stehen. Zur Lebenskunst gehört es auch, den Tod nicht zu fürchten.[27]

Für Platons Schüler Aristoteles (384–322 v. Chr.) versprechen allein die Tugenden langfristig Glück. Anders als die Hedonisten stuft er Lebensgenießer in drei Kategorien ein: Auf dem untersten Niveau frönen Menschen vor allem leiblichen Bedürfnissen. Anspruchsvoller ist der Lebensstil gebildeter und energischer Menschen, die sich politisch engagieren. Die höchste Lebensform ist die philosophische. Um des Wissens willen gehen Menschen Dingen auf den Grund. Für die Philosophen in der Antike durchaus kein Widerspruch, setzt ein Leben des Geistes allerdings eine Schar dienstbarer Geister voraus, die zu dieser Zeit meist Sklaven waren. Glücklich ist für Aristoteles jedoch nur der, der das Wohl seiner Mitmenschen mitbedenkt. Sein Handeln ist auf das Gute ausgerichtet, erkannt wird das Gute mittels seiner praktischen Urteilskraft. Verankert in sittlichen Grundsätzen, gleichwohl kein Prinzipienreiter und interessiert an sozialen Kontakten, erwägt nach Aristoteles ein glücklicher Mensch die Erfordernisse des Augenblicks und webt mit am Netz gesellschaftlicher Beziehungen.[28]

Seneca (etwa 4 v. Chr. bis 65 n. Chr.), von Hause aus begütert und zudem vom römischen Kaiser Nero mit Reichtum überhäuft, erklärt allein die Vernunft zur Richtschnur des glücklichen Lebens. Den Vorwurf, dass er Wasser predige und Wein trinke, fängt Seneca auf, indem er betont, dass die Einstellung gegenüber Besitz maßgeblich sei. Ist man davon abhängig oder könne man gegebenenfalls auch ohne Wohlstand glücklich sein? Wer in wohlbedachten Schenkungen an Ärmere abgibt, beweist seine Tugend. Glück ist nicht Lohn der Tugend, glücklich macht die Tugend selbst. Kritikern seines Lebensstils entgegnet Seneca, dass er »Tugend anbetet und ihr in ungeheurem Abstand hinterherkriecht«[29]. Seine Abkehr von Tyrannei und sein Tod indes zeigen, dass das Gewissen für ihn durchaus ein verbindlicher Maßstab war.

Zu den ältesten Werken der spirituellen Literatur gehört das »Dhammapada – Die Weisheitslehren des Buddha«. In der heiligen Schrift des Buddhismus werden die großen Themen der Menschheit abgehandelt. Der Buddhismus kennt vier Quellen, aus denen Menschen Glück schöpfen. Reichtum, weltliche Anerkennung, Spiritualität und Erleuchtung. Auch Gesundheit und gute soziale Beziehungen sind Bausteine des Glücks. Der Schlüssel zum Wohlbefinden liegt jedoch in unserem Geist. Unsere Gesinnung ist der Filter, durch den wir uns und andere wahrnehmen. Sie lenkt unsere Erfahrungen. Die Kontrolle unseres Bewusstseins, die Ruhe im Geist ist gleichbedeutend mit Glück. Dies passiert nicht durch Rückzug von der Welt, sondern, indem wir uns von Hass, Gier und Neid befreien. Besitz und Macht führen nicht zum Glück, da aus beidem Angst und Sorge entstehen. Um glücklich zu werden, müssen wir uns von äußeren Ereignissen und der Meinung anderer unabhängig machen, die tiefste Freude entspringt aus uns selbst. Unabdingbar freilich ist die liebevolle Beziehung zu Menschen. Wenn wir in Begegnungen das Verbindende und nicht das Trennende suchen, entgehen wir der Einsamkeit und bereichern uns gegenseitig. Für den Dalai Lama ist Güte die wahre Natur des Menschen. Negative Emotionen verhindern, zum Kern der Dinge vorzudringen. Auch Menschen, die sich in ihrer Glücksfähigkeit üben, erleben Höhen und Tiefen, aber es fällt ihnen zunehmend leichter, in einen positiven Geisteszustand zurückzukehren. Glück entwickelt sich langsam. Im Unterschied zum Vergnügen ist es aber ein stabiles Gefühl.

Gottgefälliges Glück in Mittelalter und Neuzeit

Seit Jahrtausenden sinnen Menschen über das Glück nach. Doch der Begriff »Glück« taucht in der deutschen Sprache erst 1160 auf, hundert Jahre nach Entstehen des Mittelhochdeutschen. Seinen Ursprung leiten manche vom mitteldeutschen »gelücke« ab, was in etwa »passend« bedeutet, andere von der Luke, hinter der etwas verschlossen wurde. Während germanische Sprachen mit einem Wort für »Glück haben« und »Glück empfinden« auskommen, unterscheiden andere Sprachen sauberer. Wie das lateinische *fortuna* sich auf ein Glück bezieht, das einem in den Schoß fällt, so drücken auch das englische *luck* und *fortune* im Französischen den glücklichen Zufall aus; *happiness* und *bonheur* meinen einen Seelenzustand. Genauer differenzieren da lateinische Bezeichnungen. *Felicitas* bezeichnet das Glück, an dem ein Mensch mitwirkt. Er ist seines Glückes Schmied, profitiert aber auch von glücklichen Umständen. *Beatitudo* umfasst ein glücklich vollendetes Leben, das sich eigenem Verdienst und göttlichem Beistand verdankt, dessen Fülle also erst im Alter sichtbar wird. Sanskrit, die Sprache des alten Indiens, kennt etwa ein Dutzend Wörter für die verschiedenen Weisen, Glück zu empfinden.[30]

Trotz des Einzugs in die deutsche Sprache fristet das Glück im Mittelalter allerdings ein Schattendasein. Ohnmächtig gegenüber äußeren Schicksalsschlägen, in Furcht vor kirchlichen Autoritäten und weltlichen Herrschern, vor sich ein kurzes, arbeits- und entbehrungsreiches Leben, vermittelt dem Gros der Bevölkerung vor allem das Gefühl der Gottes-Kindschaft gewisse Geborgenheit. Vorausgesetzt, man entkommt den allerorts lauernden Sünden und damit der ewigen Verdammnis. Das Glück religiösen Glaubens wurzelt im Vertrauen auf einen unergründlich weisen Weltenlauf und in der Hoffnung, nicht tiefer zu fallen als in Gottes Hand. Über die Härte des gottesfürchtigen Lebenswandels trösten Theologen mit der entschädigenden Glückseligkeit im Paradies hinweg. In der Bibel kommt Glück kaum vor.[31] »Glück scheint etwas Gottloses anzuhaften«, kommentiert die Hamburger Bischöfin Maria Jepsen, weshalb im Alten und Neuen Testament das Wort nur äußerst sparsam verwendet wird.[32]

Mit der Aufklärung hellt sich das irdische Jammertal auf. Glück, Erfolg, der Sinn des Lebens erfüllen sich bereits im Diesseits. Ein gottgefälliges Leben beruht vor allem auf Fleiß.

In der Tradition Epikurs bricht Madame du Châtelets »Discours sur le bonheur« Mitte des 18. Jahrhunderts eine Lanze für die Sinnlichkeit. In ihrer »Rede vom Glück« stimmt die Marquise ein Loblied auf Genuss und Leidenschaften an: »Man tut gut daran, den Papst statt um Ablass um Versuchungen zu bitten.«[33] Doch auch die Ex-geliebte Voltaires rät zur Mäßigung, damit der Genuss nicht zum Überdruss gerinnt. Von heutigen Glücksexegeten kaum zur Kenntnis genommen, weicht Emilie du Châtelets Diskurs ab vom Kanon männlicher Stimmen. Statt in abstrakter Höhe zu theoretisieren, gibt die mathematisch begabte Privatgelehrte im geistreichen Plauderton persönliches Lieben, Sehnsüchte, Enttäuschungen und Leiden preis und lässt erstmals anklingen, wie befriedigend eine wissenschaftliche Betätigung auch für Frauen sei.

Während in den Gewächshäusern der Romantik die blaue Blume blüht[34], widmet sich im 18. und 19. Jahrhundert eine Flut von Schriften seelischen Schattenseiten und Dämonen. Die Beschäftigung mit Melancholie, Suizid und Hypochondrie ist das Umfeld, in dem Arthur Schopenhauer seine rabenschwarze Weltsicht platziert. Unser Daseinszweck sei nicht, das Leben zu genießen, sondern es zu überstehen. Neun Zehntel unseres Wohlbefindens verdanken wir der Gesundheit, deshalb sei sie das höchste Gut, verkündet der Philosoph. Das Streben nach mehr Glück verschärfe nur das Leiden an dessen Abwesenheit. Wer alle Hoffnung fahren lasse, werde entschädigt durch einen realistischen Blick auf die irdische »Hölle«, in der wir uns allenfalls »eine feuerfeste Stube« verschaffen können, bis der Tod uns endlich daraus befreit.[35]

»Heile Deine Gedanken«. Der Titel des 1902 erschienenen Buches von James Allen klingt wie eine Replik auf so viel Düsternis. Der englische Schriftsteller, der nach schweren Jugendjahren ein ruhiges Leben führte und sich außer dem Schreiben und Lesen dem Meditieren und Gärtnern widmete, beschäftigt sich als einer der ersten mit dem Thema der Selbstfindung. Bevor Sigmund Freud die Macht des Unbewussten entdeckte, ging er davon aus, dass Unbewusstes ebenso viel Einfluss auf unser Handeln hat wie bewusste Gedanken. Unser Wollen und Wünschen werde häufig von unterschwelligen Anliegen sabotiert, die unseren Vorsätzen zuwiderlaufen. Von dieser Gesinnungsdynamik hänge es weitgehend ab, ob wir frohe oder schlechte Erfahrungen machen. Pointiert zugespitzt: Edle Gedanken bescheren Gutes. Trübe Gedanken locken Unglück geradezu an.

Anders als die Buddhisten misstraut Allen allerdings der Lernbereitschaft von Menschen. Ihr Wunsch nach Veränderungen beschränke sich meist darauf, äußere Umstände zu verbessern, statt (auch) den Hebel bei sich selbst anzusetzen.[36]

Für Sigmund Freud ist das Glück des Menschen erst gar nicht im Plan der Schöpfung vorgesehen. Wir seien so eingerichtet, dass wir nur im Kontrast intensiv genießen können, ein Dauerzustand wäre unerträglich, schreibt der Erfinder der Psychoanalyse: »Glück und Schmerz bilden einen Spannungsbogen, ohne den das Leben in sich zusammenfällt.« Fortwährendes Glück trage ebenso zur Abstumpfung bei wie der Verzicht auf Glück zugunsten eines gleichförmigen Daseins ohne Höhen und Tiefen. Beides führe zur Langeweile.[37]

Glückshysterie und wissenschaftliche Erkenntnisse

War es jahrtausendelang das Vorrecht einer kleinen, privilegierten Schicht, den Ursprung von Glück und Unglück zu ergründen und subjektiv auszulegen, so fußt die aktuelle Glücksforschung auf der breiten Basis von psychologischen Studien, Hirnforschung und demographischen Erhebungen. Die Frage nach dem Glück tauche immer dann auf, wenn eine Gesellschaft sich neuen Herausforderungen stellen müsse, erklärt der Berliner Philosoph und Autor Wilhelm Schmid die derzeit ausufernden Glücksdebatten, die auch jene, die sich rege daran beteiligen, als schiere »Glückshysterie« bezeichnen. Während nach dem Krieg in beiden deutschen Staaten materielle Anschaffungen auf der Wunschliste zuoberst standen und in den 60er Jahren politische Utopien individuelle Glückssehnsüchte in die hintere Reihe verbannten (und persönliche Anliegen sich hinter Ideologien versteckten), rücken seit Ende der 80er Jahre persönliche Glücksvorstellungen wieder in den Mittelpunkt, parallel zu gesellschaftlichen Umbrüchen.

Mit dem Scheitern sozialistischer Staatsmodelle, der Aufweichung politischer Blöcke (links oder rechts, Freiheit oder Sozialismus) mit der Krise technischen Fortschrittsglaubens, der Annäherung geschlechtlicher Rollen und durch die Erosion beruflicher und familiärer Bindungen verflüchtigen sich allgemeingültige Inhalte und Ziele, was die Chance und Last vergrößert, nach eigener Fasson selig zu werden. Zwar werden im Zeitalter der Globalisierung Menschen immer mehr Spielball undurchsichtiger Mächte. Unsichere Arbeitsplätze, Umwelteinflüsse und steigende Armut vermitteln das Gefühl von Ohnmacht. Doch der Abschied von utopischen Denkmodellen und das Versagen von Institutionen, von denen wir Wohltaten erwarten, bewirkt auch, dass wir unser Glück weniger an andere delegieren. Wir ziehen uns mehr auf uns selbst zurück, igeln uns ein und besinnen uns bestenfalls auf eigene Ressourcen und Kräfte.

Der Spielraum für individuelle Lebensstile lockt zuvorderst die Werbung an. Sie kurbelt Glückssehnsüchte an, die die Wirtschaft zu stillen vorgibt. »Wir sind vermutlich die ersten Gesellschaften in der Geschichte, in der die Menschen dazu gebracht werden, unglücklich darüber zu sein, dass sie nicht glücklich sind«, interpretiert der französische Essayist Pascal Bruckner die Welle der Glückssuche, die in viele soziale Bereiche schwappt.[38] Mit dem Credo: »Was mir und anderen nützt, macht glücklich. Das größte Glück ist das, was die größte Zahl von Menschen erreicht«, messen Ökonomen Glück vor allem an wirtschaftlichen Effizienzkriterien.

Doch auch Wissenschaftler treibt die Neugier um, weshalb Nationen und Menschen Lebensfreude ausstrahlen, die sich nicht nur mit äußeren Bedingungen erklären lässt. Dass Soziologen, Neurobiologen, Psychologen, Theologen nur die Befunde ihrer Disziplin liefern können, relativiert manches Teilergebnis. Einst wie heute verwirren die hauptsächlich von Männern elaborierten Maximen der Lebenskunst durch ihre mitunter befremdliche Lebensferne. Naturgemäß mit zentralen Fragen nach dem Lebenssinn und der ausgewogenen Lebensbalance befasst, ist die heutige Glücksforschung längst nicht so innovativ, wie sie sich bisweilen geriert. Sie greift uralte Menschheitsthemen auf und kleidet sie in ein neues Gewand. In der Kernaussage oft gar nicht abweichend von jahrtausendalten Erkenntnissen, fallen ihre Antworten im Detail allerdings genauer aus, dank präziser Untersuchungsmethoden, die den Denkschulen in der Antike nicht zur Verfügung standen.

Die sogenannte Glücksforschung ist vor allem mit zwei Namen verbunden: Mit der Gründung des gemeinnützigen Instituts zur Glücksforschung in Vallendar schaffte Alfred Bellebaum die Voraussetzung, um die wissenschaftlichen Ergebnisse der einzelnen Disziplinen zu vernetzen. Ruut Veenhoven, Professor an der Erasmus-Universität in Rotterdam, fasst seit Jahren internationale Erhebungen in einer Glücksdatenbank *(World Database of Happiness)* zusammen.

Umfragen in bisher 50 Ländern sollen den Einfluss gesellschaftlich-sozialer Bedingungen auf das persönliche Glücksempfinden transparenter machen.

Am einfachsten ist das Forschungsobjekt für die Neurologen. Für sie ist klar: Alles, was Menschen fühlen und denken, ist das Ergebnis komplexer Vorgänge zwischen Hormonen und Nervenzellen im Gehirn. Für die Emotionen zuständig sind »Gemütsmoleküle«: Als Glücksboten gelten vor allem Serotonin und Dopamin, zusammen mit Adrenalin und Noradrenalin sorgen sie für unsere begehrten Hochgefühle. »Viele stellen sich ihr Hirn wie fest verdrahtet vor, in Wirklichkeit ist es aber flexibel und flüssig, eher vergleichbar mit einem Kopfsalat, durchtränkt mit Soße. So wie die Soße den Geschmack, so bestimmen die Botenstoffe die Stimmung«, erklärt der Neurologe und Kabarettist Eckart von Hirschhausen in seinem erfolgreichen Kabarett-Programm »Glücksbringer« ein ausgetüfteltes System, mit dem Menschen belohnt oder bestraft werden.[39] Die Fähigkeit, glücklich zu sein, verdanken sie folglich der Chemie. Gingen Wissenschaftler lange davon aus, dass das Gehirn, ähnlich wie die Knochen, spätestens am Ende der Pubertät ausgewachsen ist, trifft nach neuestem Wissensstand genau das Gegenteil zu. Denn, erläutert der Biophysiker Stefan Klein im Bestseller »Die Glücksformel«: Immer wenn wir etwas lernen, verändern sich die Schaltkreise in unserem Gehirn, werden neue Maschen im Geflecht der Nervenzellen geknüpft. Mehr noch als Gedanken bringen Emotionen diesen Umbau in Gang. Das heißt: »Mit den richtigen Übungen kann man seine Glücksfähigkeit steigern. Wir können unsere natürliche Anlage für die guten Gefühle trainieren.«[40]

Auch der Harvard-Psychologie-Professor Daniel Gilbert beschäftigt sich in seinem Buch »Ins Glück stolpern. Über die Unvorhersehbarkeit dessen, was wir am meisten wünschen« mit der Hirnforschung. Wie bereits der Titel besagt, kommt er jedoch zur gegenteiligen Aussage, die er mit psychologischen Experimenten untermauert. Planbar sei Glück nicht. Die eigenmächtige Steuerung unseres Lebenskurses werde vereitelt, weil wir in die Fallen unserer Wirklichkeitsverzerrung tappen. Wir fälschen und filtern Fakten: Wir glauben weniger, was wir sehen, sondern sehen vielmehr, was wir glauben. Wir frisieren Erinnerungen und lassen uns infolge unserer subjektiven Wahrnehmung von fehlerhaften Zukunftserwartungen leiten. Vereinfacht ausgedrückt: *Fortuna* führt Regie, da *felicitas* ein aussichtsloses Unterfangen ist.

Dass wir auf die Welt nicht reagieren, wie sie ist, sondern auf die mentalen Bilder, die wir von ihr selektiv gespeichert haben, setzt die Neurolinguistische Programmierung (NLP) um in therapeutische Techniken. Umstritten, gleichwohl international etabliert, geht NLP davon aus, dass Gedanken, Gefühle und Verhaltensweisen auf gewohnheitsmäßiger Programmierung beruhen. Zugunsten einer positiveren Lebenseinstellung könne man behindernde Verhaltensmuster aber umpolen und hilfreiche trainieren.

Gute Gefühle sind kein Schicksal. Man kann sich darum bemühen. Der Kerngedanke der antiken Glücksphilosophie hat auch in der heutigen Glücksforschung Bestand. Was Menschen glücklich macht, und wie das häufig verschwommene Ziel klarer fixiert und zielstrebiger erreicht werden kann, ist das Thema zahlreicher Ratgeber in Rekordauflagen. Betuliche Lebenshilfebändchen mit Titeln wie »Ich freue mich auf jeden Tag. 365 Ideen für das kleine Glück« reihen sich ein in die Flut von Büchern, in denen Autoren ihren Lesern die Faustregeln des positiven Denkens eintrichtern, dabei Glück oft von Erfolg ableiten und diesen wiederum im Glaubenssatz verankern: »Was ich wirklich will, kann ich erreichen!«

Auf seriöser Ebene beschäftigt sich vor allem die Positive Psychologie mit erlernbarer Lebenskunst. Im Unterschied zur traditionellen Psychotherapie und Psychoanalyse, die mittels Ursachenforschung Leid lindern und seelische Defekte reparieren will, legt die Positive Psychologie ihren Schwerpunkt auf die Stärkung vorhandener Fähigkeiten. In »Pessimisten küsst man nicht« geht einer ihrer wichtigsten Vertreter, Martin Seligman, der Frage nach, weshalb einige Menschen nach Fehlschlägen aufgeben, andere hingegen sich von Niederlagen nicht unterkriegen lassen. Seine Antwort: Infolge erlernter Hilflosigkeit schreiben Pessimisten negative Erlebnisse ihrem Unvermögen zu. Ihre mangelnde Zuversicht begünstigt Scheitern wie umgekehrt Optimisten dank ihres Selbstvertrauens erfolgreicher sind. Die Botschaft, dass jeder den Keim zum Glück in sich trage und der Schatz nur gehoben werden müsse, führt der Amerikaner und Psychologie-Professor in »Warum Optimisten länger leben« mit praktischen Ratschlägen näher aus.[41]

Das Potential und nicht die Schwächen von Menschen stellt auch Mihaly Csikszentmihalyi in den Mittelpunkt. In »Flow: Das Geheimnis des Glücks« beschäftigt sich der kalifornische Professor für Psychologie und Management mit dem Rätsel: Wann sind Menschen am glücklichsten? Was geht in uns vor, wenn wir Freude und Erfüllung empfinden? Und kommt zum Ergebnis, dass die selbstvergessene Hingabe an ein Ereignis oder eine Handlung ein beglückendes Gefühl des *Flow* erzeugt. Ein Gefühl, das im übrigen schon von Aristoteles beschrieben wird: »Wenn uns eine Sache besonders erfreut, so tun wir überhaupt nichts anderes, und umgekehrt treiben wir etwas anderes, wenn uns etwas nur mäßig fesselt. Im Theater isst man am meisten Süßigkeiten, wenn die Schauspieler schlecht sind.«[42] Ganz im Tun aufzugehen ist für Csikszentmihalyi die höchste Form von Glück. Eine deutliche Unterscheidung trifft er zwischen Spaß und Freude. Herausforderungen, die unsere volle Aufmerksamkeit verlangen, schenken Freude. Spaß hingegen setzt kein aktives Engagement voraus. Unterhaltung, Konsum können lustvoll sein, Freude stelle sich jedoch nur ein, wenn ein Erlebnis das Gefühl des Könnens oder Wissenszuwachs vermittele. Jede Horizonterweiterung, jede neue Fähigkeit stärke das Selbst. Auch wenn das erreichte Ziel nicht die Befriedigung hervorrufe, die wir erwartet haben – jedes konstruktive Tun verleihe Lebenssinn. Da die Gestaltung des Alltags heute stärker als jemals zuvor auf individuellen Entscheidungen beruhe, wachse das Bedürfnis nach Orten und Zeiten, wo wir uns sammeln und auftanken können. Nach der Prognose des Autors werden im 21. Jahrhundert die Staaten am erfolgreichsten sein, die ihren Bürgern die meisten Gelegenheiten zu *Flow*-Erlebnissen bieten.[43]

Bündelt man die heutige europäische und amerikanische Glücksforschung, so stellt man fest, dass uralte Erkenntnisse recycelt werden und manches Wortgefecht in prinzipieller Übereinstimmung mündet. Stefan Kleins »Die Glücksformel oder wie die guten Gefühle entstehen«, noch mehr Heiko Ernsts fundierte Analyse »Das gute Leben. Der ehrliche Weg zum Glück« übersetzen abstrakte Forschungsergebnisse in nützliche Einsichten. Als Replik auf die Glücksforschung versteht sich Wolf Schneiders Buch »Glück! Eine etwas andere Gebrauchsanweisung«. Doch obwohl der Autor den Gebrauchswert abstrakter Denkgebäude für den Alltag bezweifelt, konzentriert er sich selbst auf literarische Funde und lässt sich nicht auf die verwirrenden Gefühle realer Menschen ein. Aus philosophischer Warte filtert Wilhelm Schmid in dem schmalen, gehaltvollen Bändchen »Glück. Alles, was Sie darüber wissen müssen, und warum es nicht das Wichtigste ist« die Essenz eines Glück stiftenden Lebenssinns heraus.

Derzeit ist Glück in aller Munde. Vom Olymp der Kunst und Philosophie steigt es hinab, in Chemielabors wird es vermessen und seziert, in Symposien und Talkshows versucht man ihm zu Leibe zu rücken. Der Rektor der Willy-Hellpach-Schule in Heidelberg, wo seit 2007 »Glück« unterrichtet wird, erläutert: »Es ist unser Ziel, starke, zuversichtliche Persönlichkeiten zu formen. Dazu gehört die Fähigkeit, sich zu freuen, zu reflektieren und sich wohl zu fühlen, körperlich und seelisch.« Das Kultusministerium in Baden-Württemberg freilich tituliert das benotete Fach lieber als »Lebenskompetenz«.[44]

Axel Braig: »Ich bin nicht mehr Gefangener meiner Pläne.«

Eine Woche Berlinale. Axel Braig strahlt, als er erzählt, wie anregend es sei, sieben Tage in das Filmfestival einzutauchen. Im Kinofoyer macht uns eine Freundin miteinander bekannt; später, beim Italiener, berichtet der Mittfünfziger aus Tübingen, dass er gerade seine Magisterarbeit in Philosophie schreibe. Fragende Blicke erntet er wohl oft, doch es schwingt keine Rechtfertigung mit, als Axel Braig andeutet, vor sechs Jahren freiwillig aus dem Berufsleben ausgestiegen zu sein.

Als wir uns zum Gespräch treffen, habe ich zwei der drei Bücher gelesen, die der ehemalige Arzt veröffentlicht hat, darunter das vielbeachtete Plädoyer »Die Kunst, weniger zu arbeiten«, in dem er und sein Co-Autor Ulrich Renz den Preis von Arbeitssucht und die Verluste ständiger Lebensbeschleunigung kritisch beleuchten. Entstanden sei sein erstes Buch, als er mit seiner Frau noch eine Gemeinschaftspraxis führte, erzählt Axel Braig, ein zierlicher Mann mit dunklem, lockigem Haarkranz, freundlichen Augen und zeitloser Pullover-Hosen-Kombination, die man oft in Bioläden sieht.

Der sonnendurchflutete Raum, in dem wir sitzen, sei eine Wunscherfüllung. Mit fünf Freunden teilt er sich die Kosten für die Zweitwohnung in Moabit; ein gut geführter Terminkalender koordiniert, wann jeder mit oder ohne Familie die Berliner Dependance nutzt. Zwei Stunden dauerte der Einkauf bei Ikea, dann hatten er und seine »Kommunarden« das Mobiliar der funktional und sparsam möblieren Zweizimmerwohnung beisammen, erinnert sich Axel Braig amüsiert. Bisher ein erfolgreiches Modell. Dass der jeweilige Nachfolger immer eine Flasche Wein und im Kühlschrank eine Notration vorfinde, sei eine bewährte Regel.

»Ich möchte wieder Pfadfinder meines Lebens werden.« In seinem Buch habe ich den Satz unterstrichen, im Gespräch ist Axel Braig auf der Hut vor Aussagen, die missionarisch oder zu pathetisch klingen könnten. Leicht schwäbelnd, holt er aus, als ich nach der Ausbildung seiner drei erwachsenen Töchter frage. Doch über eigene Aktivitäten hüpft er – ungewöhnlich für einen Mann – oft hinweg, als messe er ihnen wenig Bedeutung zu. Aus Loyalität bleibt manches Private für die Öffentlichkeit tabu. Erst im Internet stoße ich auf das rege Diskussionsforum, das er und Ulrich Renz unter www.arbeitswahn.de eingerichtet haben. In mehreren hundert Zuschriften äußert die Mehrheit den Wunsch, beruflich kürzer treten zu können, um mehr Zeit für andere wichtige Dinge zu haben.

Das Wort Glück meide ich eher. In dieser Beziehung bin ich abergläubisch. Glück ist ein zartes Pflänzchen, wie eine Eisblume, die verschwindet, wenn man sie anhaucht. Ich bin vorsichtig, hänge den Begriff lieber etwas tiefer. Glück ist ja immer flüchtig, aber es ist sicher eine Gefahr, dass man Gelegenheiten zum Glück verschiebt, weil man meint: »Wenn unser Haus erst einmal fertig ist … Wenn ich erst einmal in Rente bin, ja, dann …« Um mit Kurt Tucholsky zu sprechen: »Erwarte nichts. Heute, das ist dein Leben.«

Ich bin 1951 geboren. Ich denke, für meine Eltern bedeutete Glück, auf etwas stolz sein zu können, es geschafft zu haben. Mein Vater hatte nur Volksschulabschluss, nach dem Krieg arbeitete er sich zum Wirtschaftsressortleiter in den *Stuttgarter Nachrichten* hoch. Er tat alles, um meiner Mutter ein ordentliches, bürgerliches Leben zu bieten. Er war der Arbeitsheld, sie räumte ihm zu Hause alles aus dem Weg. Über Glück zu reden war damals wohl fast so unanständig wie über Sexualität zu sprechen. Aber als wir 1959 in das eigene Reihenhaus einzogen, war ihr wichtiges Ziel erreicht. Wenn wir Besuch hatten, wurde unser Haus vom Heizungskeller bis zum Dachboden besichtigt. Und wenn mein Vater Weihnachten vom Vorstandsvorsitzenden von Daimler Benz eine Flasche Wein mit Autogramm bekam, freute er sich wie ein Schneekönig. Wegen seiner geringen Schulbildung brauchte er sicher viel psychische Energie, um seine berufliche Position zu halten. Er starb früh an einem Herzinfarkt. Beerdigt wurde er am Tag meiner mündlichen Abiturprüfung. Aber obwohl es nach dem Hauskauf bei uns nur noch Margarine und keine Butter mehr gab, »damit es reicht«, haben meine Eltern in der Summe sehr viel weniger gearbeitet als meine Frau und ich. Dieser Vergleich wurde für mich zum Anstoß, mir die Frage zu stellen: »Wir rennen beide wie verrückt in der Gegend rum. Für uns selbst bleibt kaum Zeit. Muss das so sein?«

Meine Frau Christel sah ich zum ersten Mal auf dem Gesundheitstag 1980 in Berlin. Unter den 15 000 Teilnehmern herrschte eine große Aufbruchstimmung, unser Ideal war eine soziale Medizin in Gesundheitszentren oder großen Gemeinschaftspraxen. Christel arbeitete bereits als Fachärztin in einer Klinik, während ich noch famulierte. Nach dem Abitur hatte ich parallel Kontrabass und Jura studiert und mich nach drei Semestern entschieden, Orchestermusiker zu werden. Das Jahr in Berlin im Radiosymphonieorchester war eines meiner glücklichsten, aber die Mentalität meiner Kollegen hat mich abgeschreckt. Um 10 Uhr war Dienstbeginn und Punkt 11.15 Uhr war die erste Pause. In der Kantine standen regelmäßig die Schnäpse für die ganze Bassgruppe bereit. Nach meinen vorangegangenen freiberuflichen Engagements und der spannenden Zusammenarbeit mit immer neuen Besetzungen und Dirigenten war dieses Musikbeamtentum sehr ernüchternd.

1976 sattelte ich auf Medizin um. Ich wollte etwas richtig Nützliches machen und glaubte, als Arzt mehr Gestaltungsfreiräume zu haben. Meine Berufswahl wurde auch beeinflusst von der Krebserkrankung meiner Mutter und meiner Bewunderung für den Einsatz der Ärzte. Meine Eltern starben 1970/72, beide mit 52 Jahren. Wenige Stunden bevor mein Großvater beerdigt wurde, ertrank mein ältester Bruder 1976 mit 31 Jahren nach einem epileptischen Anfall im Hallenbad.

Die Sorge meiner Eltern um ihn hatte meine Kindheit überschattet. Aus Vorsicht durfte er kein Fahrrad fahren und ich aus Gerechtigkeit auch nicht. Sonst galt für mich eher die Regel: Das dritte Kind wird alleine groß. Eine sehr plastische Kindheitserinnerung ist: Unsere Nachbarn hatten ein Abbruchunternehmen, manchmal durfte ich mit zum Lagerplatz. Für das Sortieren von Materialien bekam ich zehn Pfennig pro Stunde mit richtiger Lohnabrechnung. Ich vesperte mit den Arbeitern und fühlte mich wichtig und nützlich.

1986 haben Christel und ich unsere Gemeinschaftspraxis eröffnet. Bevor wir uns in Tübingen niederließen, hatten wir sechs Jahre in einem schwäbischen Weindorf nahe Stuttgart in einer Wohngemeinschaft gelebt, in einem ehemaligen Gasthof. Als ein Paar in ein eigenes Reihenhaus umzog, weil sie Eltern wurden, fanden wir das spießig, aber der Bruch hat sich geglättet, denn nach der Geburt unseres zweiten Kindes haben wir es ähnlich gemacht.

Christel und ich hatten damals den Anspruch, es muss für uns beide alles zusammengehen: Kinder, Beruf, soziales und politisches Engagement. Kinder und Praxis haben wir ganz gut hingekriegt, alle anderen Vorstellungen verdünnisierten sich, weil die Praxis immer fetter wurde. Ich war Gründungsmitglied der Alternativen Liste, ich habe für den Gemeinderat kandidiert, doch beim zweiten Mal dachte ich schon: Um Himmels willen, wenn es klappt! Nach unserer Niederlassung hatte ich mir einen Flügel in die Praxis gestellt, weil ich meinte, ich käme gelegentlich dazu, Klavier zu spielen, aber das war ein Irrtum. Anfangs war man froh über jeden Patienten, später traute man sich nicht, abzulehnen. Solange unsere Kinder klein waren, arbeiteten wir abwechselnd in der Praxis, es gab klare Schnittstellen. Schwieriger wurde es, als die Kinder größer wurden und es nicht mehr eindeutig war, wann und ob sie überhaupt betreut werden mussten. So eine Praxis hat ja eine Sogwirkung, wobei ich mich immer stärker als Christel abgrenzte. Im Unterschied zu ihr konnte ich nie im Brustton der Überzeugung sagen: »Ich bin Musiker« oder »Ich bin Mediziner.« Mein Gefühl war und ist: Ich mach' das jetzt so gut ich kann, aber ich bin das nicht.

Anders als meine Eltern mussten wir uns für den Kauf unseres Häuschens nicht krummlegen. Im Vergleich zu Kollegen pflegten wir jedoch immer einen relativ niedrigen Lebensstandard, vor allem aus der Überzeugung heraus, dass es mehr Freiheit verschafft, weniger materielle Bedürfnisse zu haben – ein Gedanke, den ich später bei Epikur philosophisch formuliert fand. Ich will mir den Luxus leisten, so wenig zu brauchen, dass ich Geld als relativ unwichtig ansehen kann. Unser Haus steht nicht in einem teuren Viertel von Tübingen, wir schlugen uns fünf Jahre mit *car-sharing* durch, jetzt fahren wir unser Auto bis es durchgerostet ist. Seit 17 Jahren mache ich die meisten Wege mit einem Halbliegerad, das ein Freund entworfen hat. Es ist viel sicherer und bequemer als die üblichen Modelle. Ich habe damit sommers wie winters auch Hausbesuche gemacht und genoss es, zwischendurch an der Luft zu sein. Aber ich war immer konfrontiert mit Schlaubergern, die die Vorteile nicht gelten ließen. Manchmal bin ich fassungslos über die mangelnde Offenheit, Neues auszuprobieren.

Was wir uns immer geleistet haben, waren Urlaube in südlichen Gefilden. Und im Februar machten Christel und ich eine mehrtägige Städtereise, ohne Kinder. Es ist wichtig, sich ab und zu außerhalb des üblichen Tagesablaufs zu erleben. Die Gefahr ist, dass man im Alltag total versinkt und den Partner wie ein Instrument betrachtet, das funktionieren muss. Wir hatten das Glück, unsere beruflichen und familiären Ziele zu erreichen, aber ich fühlte mich andererseits mehr und mehr als Gefangener unserer eigenen Pläne. Unsere Reisen waren für mich wie ein Freigang.

Genau mit 50 zog ich dann einen Strich. Ich verkaufte meinen Praxisanteil an einen Nachfolger, den wir vorher eingearbeitet hatten. Ich schrieb einen Rundbrief an meine Patienten und legte das persönliche Kapitel aus meinem Buch bei. Die meisten waren verständnisvoll. Im Kollegenkreis reagierten hingegen viele gereizt. Ein Kollege schrieb mir, er habe sich betroffen gefragt, »wieso Ihre Frau weiterhin arbeiten muss und Sie faul sein dürfen«. Ein anderer sagte: »Sie haben's gut. Wenn ich mir das leisten könnte.« Er hatte mir vorher erzählt, dass er sich sein Traumhaus gebaut habe. Ich sagte ihm darauf, dass er sofort aufhören könne zu arbeiten, wenn er sein Haus verkaufe und stattdessen in eines wie das unsrige ziehe. Er fand das unverschämt. Ich erlebe das bei vielen Kollegen: Sie klagen über Stress, aber sie billigen sich nicht zu, da rauszukommen, sondern geraten in eine Jammerspirale. Ich kam irgendwann zu dem Schluss: Das ist doch gar nicht, was ich will. Wenn man 14 Stunden wie ein Dackel schafft, hockt man abends nur noch müde rum, lässt sich im Fernsehen von Schwachsinn berieseln und mag sich selbst nicht mehr. Und wenn man eine Woche total im Dreh ist, kann man den freien Samstag auch glatt vergessen. Je älter die Kinder wurden, desto mehr bezweifelte ich dieses *»Così fan tutte«* (»So machen's alle«), desto dringender stellten sich für mich nochmals die Fragen: Was will ich? Und wo will ich hin? Henry David Thoreau[45] spricht von einem Leben »mit einem größeren Rand«, also ein Leben, in dem nicht jede Seite eng beschriftet, im Voraus verplant ist. Ich wusste: Ja, ich möchte ein Leben mit einem größeren Rand. Hinzu kam der Befund, dass ich das Herzinfarktrisiko meines Vaters geerbt habe. Die Aussicht, dass ich mit 65 gesund in den Ruhestand gehe und dann noch 20 Jahre Rente vervespere, ist gering.

Das Thema Arbeit und Leben wurde eine Obsession von mir. Meine Frau konnte es irgendwann nicht mehr hören, aber sie hat den Gärungsprozess, bis daraus ein Buch wurde, loyal mitgetragen. Ich habe es ja noch neben dem Praxisbetrieb geschrieben, dazu braucht man schon kriminelle Energie. Entstanden ist es primär aus dem Anliegen, für mich ein Problem zu klären. Wenn ich etwas Passendes zum Thema gefunden hätte, wäre ich nicht auf die Idee gekommen, selbst ein Buch zu schreiben. Es erschien eine Woche nach meinem Abschied aus der Praxis, die Lesung in Tübingen war rappelvoll. Dass ich als Autor eine neue Rolle kriegte, war mir durchaus willkommen. Als Arzt badest du ja ständig in sozialer Anerkennung. Was der Entzug bedeutet, habe ich unterschätzt. Ich habe viele Phasen durchgemacht. Es gab die Entlastungsdepression, es gab die Euphorie »Super, ich kann machen, was ich will«, in der ersten Zeit habe ich systematisch alle Essais von Montaigne durchgearbeitet, ich habe häufiger Klavier gespielt, länger Zeitung gelesen, ich habe einfach langsamer gelebt. Und auf dem ersten Elternabend fiel dann auch sofort der Satz: »Herr Braig, Sie haben doch jetzt Zeit.«

Auch für meine Frau war mein Ausstieg nicht einfach. Aber ihre grundsätzliche Akzeptanz wurde nochmals erhöht, als ich 2002 die ersten Plastikschläuche in die Herzkranzgefäße gelegt bekam. Bis vor kurzem habe ich jedes Jahr die Urlaubsvertretung für meinen Nachfolger übernommen. Es ist mein Krankheitsgewinn, dass Christel nach dem letzten medizinischen Befund sagte: »Du gehst nicht mehr in die Praxis.« Für unsere Kinder und deren Freunde wurde ich eher interessanter. Sie schätzen, dass das Essen zu Hause besser würde, dass ich weniger gestresst und immer verfügbar wäre, sie irgendwo hinzufahren.

Ich würde den Schritt wieder machen. Ich denke, jeder sollte selbst entscheiden können, bis zu welchem Alter er arbeiten will. Es wäre viel gewonnen, wenn wir mehr akzeptieren könnten, dass jeder seinen eigenen Weg finden muss. Meine private Grundsicherung ist natürlich ein großes Privileg, das noch größere Privileg ist, dass ich mit mir selber etwas anfangen kann und gelernt habe, meine Zeit zu organisieren. Am zufriedensten bin ich, wenn ich sechs Stunden am Tag gezielt etwas mache, das können Renovierungsarbeiten sein, oder ich lese ein anstrengendes Buch. Wenn ich deutlich drunter bin, habe ich zwar kein schlechtes Gewissen, das habe ich mir abgewöhnt, aber mich bedrückt, dass ich der Kürze des Lebens nicht gerecht werde. Wenn ich länger gezielt tätig bin, empfinde ich das als selbst auferlegte Gefangenschaft. Wobei ich gern mehr übernähme, wenn meine Frau dafür im Garten liegen würde. Dass sie immer mehr arbeitet, ist ein Konflikt zwischen uns. Ich ziehe mich dann auf die Gegenposition zurück, habe den Impuls, sie hängenzulassen. Ich war optimistisch, dass es finanziell reicht und ich ein Teil meines Erbes aufbrauchen darf. Christel war eher pessimistisch, aber sie hat durch ihre Arbeit dafür gesorgt, dass mein Optimismus übertroffen wurde. Unser Konto ist nicht abgeschmolzen, unser Besitz ist noch gewachsen.

Obwohl das Graecum eine Hürde war, wollte ich von vornherein ein ordentliches Studium absolvieren und mir nicht nur die Rosinen rauspicken. Nach dem Magisterabschluss möchte ich ohne Stress wieder berufstätig sein und plane, eine philosophische Praxis zu gründen. Zwischen theologischer Seelsorge und Psychotherapie sehe ich eine Lücke, in diesem Bereich will ich Einzelberatung und Seminare anbieten, beispielsweise zu den Themen »Müßiggang – Tätigsein – Arbeit. Was ist der Beruf des Menschen?« Oder »Endlich leben«, also Leben im Bewusstsein der eigenen Sterblichkeit. Das ist sinnvoll, und ich will ja etwas Sinnvolles tun. Unabhängig von der Berufsperspektive empfinde ich es als befriedigend, allmählich die Entwicklungsgeschichte der abendländischen Philosophie zu überblicken. Es ist wie beim Bau einer Domkuppel. Am Ende schließt sich alles, die Steine tragen sich gegenseitig.

Ein Verlust meines derzeitigen Lebens ist vielleicht, dass ich mich nicht mehr aufs Wochenende freue. Ich finde Werktage großartig. Wenn die Geschäfte aufhaben, und ich ein Seminar besuche. Seitdem ich nicht mehr arbeite, erlebe ich die Jahreszeiten dramatisch anders. Früher ging ich in den Wintermonaten im Dunkeln in die Praxis und verließ sie manchmal erst, wenn es schon wieder Nacht war. Jetzt gehe ich raus, wenn im Winter mittags die Sonne scheint. Ich sehe kaum noch fern, surfe aber häufig im Internet. Und zu Hause gucken einen ja ständig Dinge an, die erledigt werden müssen. Vom Keller bis zum Dachboden ist die Bude voll. Da sind Christel und ich sehr gegensätzlich. Christel sammelt Zeitschriften, die sie irgendwann einmal lesen will. Wenn ich meine, diese Teller könnten wir doch entsorgen, verweist sie auf das Fest, dass wir vielleicht in zwei Jahren mit 100 Leuten machen. Die lehrreiche Erfahrung auf meiner Wanderung war, dass ich alles, was ich brauche, tragen kann. In dieser Zeit habe ich oft gedacht: Was für einen Kruscht haben wir zu Hause. Seitdem bedenke ich viel mehr, was ich mir da auflade, wenn ich etwas kaufe.

Ich bin heute zufriedener mit meinem Leben, fühle mich nicht mehr als Sklave meiner Pläne, bin mit mir selbst enger im Kontakt. Aber ich weiß inzwischen auch, was es heißt, wenn man aus Rollen fällt. In Tübingen haben alle Leute eine Meinung über mich. Ich könnte sagen: Warum kümmert mich die Aversion, die zwischen den Ritzen manchmal rauslugt? Doch mitunter sehne ich mich nach der Anonymität einer Großstadt. Wenn ich in der Berliner Wohnung bin, genieße ich es, keinen fremdgesteuerten Tagesrhythmus zu haben. Gegen acht Uhr stehe ich auf, trinke Kaffee, lese oder schreibe bis mir der Kopf dröhnt, dann schwinge ich mich aufs Fahrrad, schaue mir eine Ausstellung an und muss schon überlegen: Kriege ich das Abendessen noch unter, bevor ich ins Konzert, Theater oder Kino gehe? Die intensivsten Glücksmomente habe ich beim Musizieren. Einmal pro Woche machen wir in Tübingen mit Freunden Kammermusik, danach essen wir gemeinsam. Anders als beim Essen, wo der Bauch irgendwann voll ist, klingt das Glücksgefühl auch nach dem Konzert nach, die Musik bleibt in mir.

Zur Zeit beschäftige ich mich im Rahmen meiner Magisterarbeit mit Todesvorstellungen, ohne den Glauben an ein Jenseits. Als Arzt habe ich oft Sterbende betreut. Ich glaube, vor dem Tod keine Angst zu haben. Zu meiner Mutter habe ich die größte Nähe entwickelt, als sie unheilbar an Krebs erkrankt war. Der Tod meines ältesten kranken Bruders war für ihn eine Erlösung und für uns eine Erleichterung, aber seine Beerdigung war furchtbar. Ich hatte das Gefühl, er hat niemals ein richtiges Leben gehabt. Die Todesserie in unserer Familie hat bei mir keine biographischen Brüche verursacht, trotzdem hat sie meinen Blick auf die bemessene Lebensspanne verändert. Ich weiß um mein Risiko, dass ich jederzeit einen Herzinfarkt kriegen kann, und dann ist Sense. Das schärft das Bewusstsein: Heute lebe ich noch!

In der hellenistischen Philosophie wird das reine Glück oft angesehen als das wunschlose Schauen und als Ruhe, die der Meeresstille mit leicht gekräuselten Wellen ähnelt. Dem steht das orgiastische Glück aus aktivem Gelingen und starker sinnlicher Erfahrung gegenüber. Für mich hat Glück beide Seiten: Es ist lustvolle Bedürfnisbefriedigung, dann wieder ein Zustand völliger Bedürfnislosigkeit. Aber ich stecke noch voller Wünsche. Immer wenn man Träume lebt, bleiben ja andere Träume, die dadurch nicht gelebt werden. Ich würde gern Yoga machen, ich habe viel zu wenig Belletristik gelesen und ich möchte wieder besser Klavier spielen lernen. Mitunter jammere ich auch über dieses und jenes, aber wenn ich beobachte, jetzt rutsche ich in eine Dauerklage, versuche ich etwas zu ändern. Wenn ich es nicht tue, ärgere ich mich mehr über mich als über die jeweilige Situation.

Klaus Schumann: »Lieber wenig und erstklassig als viel und mittelmäßig.«

Mehrere Treppchen führen ins Souterrain zu seinem Atelier im ruhigen bayerischen Viertel in Berlin-Schöneberg. Im Vorraum mit grün berankter Tapete hängen etwa 60 Modelle, Kostüme, Kleider, Mäntel und Jacken, jedes ein Unikat. Ausgefallene Stoffe stapeln sich in Regalen; im winzigen Ankleideraum nehmen zwei Rokokosessel ein Viertel der Fläche ein und unterstreichen das Motto »Klein, aber fein« mit jenem Mut zur Lücke, die stilistisches Empfinden vor angestrengtem Glanz bewahrt. Der Sinn für bewusst gesetzte Effekte gehört zu seinem Metier. Klaus Schumann ist Couturier und einer jener Modeschöpfer, die in der Nachkriegszeit den Glanz der einstigen Modemetropole wieder aufleben ließen. Mit einer Kollektion von Klaus Schumann führte 1967 Vivie Bach das Farbfernsehen ein. Zu jeder angesagten Farbe enthüllte sie nach dem Zwiebelprinzip das passende Kleid.

Ein unverwüstlicher Einzelkämpfer. Als die Modebranche nach dem Mauerbau die Frontstadt verlässt, bleibt der gebürtige Berliner bei der Stange. Marktstrategien statt Nadeln einzufädeln, sei für ihn »zwee Nummern zu groß gewesen«, begründet der große, schlanke Mann mit blauen Augen und grauem Haarkranz, weshalb er sich dem Trend »Mode für Millionen und nicht für Millionäre« widersetzte und sich mit ungewöhnlichen Schnitten und handwerklicher Sorgfalt in Berlin einen Kundenkreis eroberte. Die fröhliche Unermüdlichkeit, mit der Klaus Schumann bis heute jährlich zwei Modenschauen auf die Beine stellt und mit sprudelnder Eloquenz moderiert, ist einer der Gründe, weshalb ich ihn um ein Gespräch bitte. Auch die Lebenseinstellung des stets perfekt gekleideten 70-Jährigen, den ich häufig durch mein Viertel radeln sehe, macht mich neugierig. »Ich lebe nach der Devise: Lieber ein gutes Brötchen vom Bäcker als ein großes Brot von Aldi«, pointiert Klaus Schumann sein Talent, sich wählerisch auf geringen Besitz zu beschränken.

Als wir uns zum Interview treffen, sieht er strahlend erholt aus. Gerade ist er von einer Indienreise zurückgekehrt, sei »noch ganz verfangen im arabischen Meereswind«. In unseren mehrmaligen Gesprächen springt Klaus Schumann gern von einem Gedanken zum anderen, von Erinnerungen oft bewegt. »Über Gefühle wurde bei uns zu Hause nicht geredet. Vielleicht bin ich deshalb so schnell überwältigt«, erklärt er und überlässt es mir, immer wieder den roten Faden zu finden und gelegentlich Widersprüchliches durch Nachfragen zu glätten.

Ich habe mir mal die Gegenfrage gestellt: Was macht mich nicht glücklich? Und habe festgestellt, dass es gar nicht so viel gibt. Also, einen Lottogewinn finde ich was Grauseliges. Meine Reise hat mich auch deshalb glücklich gemacht, weil ich jeden Hunderter, den ich in Indien ausgegeben habe, erarbeitet habe. Ich habe manchmal geheult, so schön war es. Man kommt an, und es geht einem die Welt auf. Auf der Terrasse, mit Blick aufs Meer, wird einem aus einer frischen Kokosnuss ein Begrüßungstrunk gereicht, Milane schweben über dem Tal, auf den Hügeln wiegen sich Kokospalmen. Ich hatte ein hübsches kleines Haus, innen mit Mahagoni ausgeschlagen, der Steinboden wurde täglich gewienert, jeden Tag gab es frische Wäsche, wurde das Bett mit Blumen bestreut. Ich dachte, so was kommt doch bloß in Romanen vor, und dann findet der Traum wirklich statt.

Ich wurde verwöhnt wie es niemand je gemacht hat. Für die tägliche Behandlung hatte ich zwei gute Masseure und einen Assistenten. Man wird synchron von vier Händen mit Kleie abgerieben, die Muskulatur wird durchblutet, danach wird man mit einem Kräuterbad begossen, abgetrocknet, der Kimono wird angereicht. Die Masseure strahlen Sie an und bedanken sich, und Sie strahlen zurück und bedanken sich ebenfalls. Das hat etwas sehr schön Rituelles. Manchmal kriegen Sie einen Buttermilchguss. Man liegt auf einer Bank, aus einer Tonschale fließt in einer Schaukelbewegung warme Buttermilch auf die Stirn, ganz langsam, von einer Schläfe zur anderen. Das ist geradezu magisch. Man merkt, wie sich das Gehirn völlig entspannt, alles wird glatt. Natürlich, es kostet einiges. Doch wenn mir etwas gefällt, denke ich über den Preis nicht nach. 20 Hunderter auf den Tisch geblättert sind nur ein bisschen Papier. Erst in der Umsetzung ist Geld ja Glück.

Diese Reise war ein Durchbruch für mich. Nach dem Tod meines Partners habe ich mich für den Urlaub oft Bekannten angeschlossen und fühlte mich eigentlich immer ausgeliefert. Darum sagte ich mir: Jetzt fahre ich mal allein! Und das ging richtig gut. Ich habe mich zu Fremden an den Tisch gesetzt, und wenn man das einmal probiert hat, ist es schon beim nächsten Mal kein Problem mehr. Für nächstes Jahr habe ich schon wieder gebucht. Komischerweise bekam ich in den letzten Tagen Heimweh. Ich freute mich auf meine kleine Bude. Vielleicht bin ich weggefahren, um zu merken, wie schön es zu Hause ist.

Ich bin jetzt 70. Vieles in meinem Leben ist so gelaufen wie ich es mir vorgestellt habe. Für mich stand der Beruf immer an erster Stelle. Er bestimmt ein Drittel des Lebens. Was man beruflich macht, ist eigentlich egal. Hauptsache ist, dass man es gut und gern macht. Ich wusste schon als Zwölfjähriger, dass ich Schneider werden wollte. Am Gustav-Müller-Platz, wo wir damals wohnten, gab es eine Schneiderei. Das Geräusch, die Übersetzungsmechanik der Nähmaschine faszinierten mich. Noch heute rieselt es mir beim Rattern der alten Pfaff wohlig den Rücken runter. Und ich mochte den sengerigen Geruch des Bügeleisens.

Meine Eltern haben meine Berufswahl im Grunde nie anerkannt. Sie wollten, dass ich studiere. Aber ich brachte laufend schlechte Noten nach Hause und habe deshalb oft Dresche bekommen. Bis zur mittleren Reife habe ich es nur geschafft, weil unser Direktor Cello spielte und ich ihn auf dem Klavier begleitete. Ich wurde von Hauskonzert zu Hauskonzert schulisch durchgeschleift. Nach der zehnten Klasse war endgültig Schluss. Heute sehe ich, dass ich um die Liebe meiner Eltern sehr gebuhlt und sie oft nicht bekommen habe. Sie vermittelten mir das Bild, klein, dick und dumm zu sein. Ich war zwei Jahre jünger als mein Bruder und immer hintendran. Wenn wir Besuch hatten, war mein Vater oft witzig, eine richtige Partynudel. Glück war damals, den Krieg überlebt zu haben. Mein Vater hatte als Techniker in der Rüstung gearbeitet. Ich denke, unser Verhältnis bekam den ersten Riss, als er einmal von Daimler Benz nach Hause kam, mich auf den Arm nahm und ich weinte, weil er schlecht roch. Gerüche sind für mich enorm wichtig. Mein erster Freund duftete nach frisch gezupftem Majoran. Ich hätte immer an ihm schnuppern können.

Meine Mutter war Hausfrau und in der Familie die Bestimmende. Sie kam aus einer Handwerkerfamilie, mein Vater aus großbürgerlichen Verhältnissen. Die Erziehungsziele meiner Eltern waren: Klavierunterricht, Bildung und Essensmanieren, beim Gebrauch von Besteck gab es strenge Regeln: Eine klare Suppe wurde seitlich und eine dicke Suppe wurde von vorn vom Löffel genommen. Fleisch, das schon zerkleinert war, wie Buletten, durfte nicht nochmals geschnitten werden. Und sie legten großen Wert darauf, gut angezogen zu sein. Neuanschaffungen wurden regelrecht zelebriert. Ich weiß noch: Meine Mutter wollte unbedingt Pythonschlangenschuhe haben, die kosteten ein horrendes Geld, aber sie wurden gekauft. Die ganze Familie hat sich gefreut: Mama bekommt schöne Schuhe! Sie war mein erstes Model, ich habe später alles für sie genäht. Aber es war ganz oft so, dass sie sich etwas wünschte und es dann kaum trug. Einmal hatte ich ihr ein blau-schwarzes Abendkleid geschneidert, zum Innungsball meines Bruders. Kurz vor dem Ball kriegte sie Migräne, sagte ab und wir saßen dumm rum. Sie hatte oft Migräne. Meine schönste Kindheitserinnerung sind unsere regelmäßigen Bridgeabende. Mir gefiel das Haptische: das Mischen, Austeilen, Stecken der Karten, der ganze Ritus. Meine Eltern spielten mit mir und meinem Bruder auf gleicher Augenhöhe. Damit das Spiel nicht unterbrochen wurde, stand eine Platte mit Schnittchen bereit.

Nach der mittleren Reife habe ich dann eine Lehre in einer Zwischenmeisterei am Kurfürstendamm gemacht, in einem Salon mit Louis-quinze-Sesseln. Es war die Zeit von Dior. Abends habe ich die Zuschnitte mit nach Hause genommen und auf meine Schneiderpuppe modelliert, die ich mir zusammengespart hatte. Es war das Größte, wenn mir die Kopie gelang. Als 22-Jähriger hätte ich nach Paris gehen können. Ich hatte vier Jahre in der Schweiz gearbeitet, in der Modebranche standen mir viele Türen offen. Meine Mutter drangsalierte mich jedoch, zurückzukommen. Ich habe nachgegeben, ich wurde die rechte Hand des Berliner Modeschöpfers Günter Brosda und habe dann Bekleidungstechnik studiert. Mein erster Auftrag als selbständiger Couturier war ein weißes Paillettenkleid mit Straußenfedern. Ich dachte, ich mache mir in die Hose, als ich den Preis nannte. Mitte der 60er Jahre berichtete der *Tagesspiegel* über die Präsentation meiner ersten Kollektion in meiner Dachmansarde.

Meine Modenschauen sind für mich immer noch der Höhepunkt des Jahres. Es ist ein ungeheures Glücksgefühl, wenn meine Kleider zum Leben erwachen. Kürzlich, in Hamburg, habe ich nur einen Mantel verkauft. Aber das macht mir nichts aus. Ich weiß, ich habe mein Bestes gegeben.

Dass ich beruflich nicht nachlasse, macht mich stolz und glücklich. Erfolg muss immer neu erkämpft werden. Wichtig ist, dass man die Persönlichkeit einer Kundin erfasst. Manche Frauen kriegen vor dem dreiteiligen Spiegel etwas Divenhaftes. Der Kopf wird höher, die Schultern werden gerader, die Beinstellung ändert sich. Dann weiß ich: Du hast es richtig gemacht. Neulich bestellte eine Kundin ein Kleid zu ihrem 50sten Geburtstag. Sie erwartete über hundert Gäste. Ich überlege dann: Was erfüllt alle Kriterien? Als Gastgeberin muss sie schnell überall sein, es darf nichts verrutschen, das Kleid soll sie und ihre Position darstellen, es muss ihrem Mann gefallen, und ich möchte auch noch vorkommen. Ich habe ihr dann eine Art Stewardesskostümchen aus schwarzem Duchesse genäht, mit klitzekleinen beigefarbenen Tupfen. Und ich muss sagen: Sie sah sensationell aus. Ich bin vor Freude fast in die Knie gegangen.

Persönlich ging mein Glück eigentlich erst mit 40 los, als ich meinen langjährigen Partner Reinhard kennenlernte. Für mich hat Leben schon sehr viel mit Erotik zu tun. Es gibt so viele Leute, die nie guten Sex hatten. Wenigstens einmal muss man eine Beziehung erlebt haben, von der man sagen kann: »Das war es.«

Dass ich schwul bin, ahnte ich schon mit zwölf. Im Freibad guckte ich immer den Jungs nach, einmal vergaß ich absichtlich meine Badehose, damit ich eine mieten konnte. Als ich sie anzog, dachte ich: Na, wer war da vor mir drin? Insgesamt hatte ich nicht viele Beziehungen, in die ich mein Herz reingehängt habe. Aus manchen Liebesgeschichten habe ich mich einfach weggedreht. Ich will dann meine Haut retten. Das, was ich mir als Persönlichkeit aufgebaut habe, muss bewahrt bleiben. Doch bedauert habe ich eine Affäre nie. Wenn eine Beziehung zu Ende geht, muss man sich fragen: Was war denn gut? Irgendetwas muss ja gut gewesen sein. Und wenn man gemeinsam nur *eine* wunderbare Nacht hatte, dann war es eben *die* eine wunderbare Nacht. Wenn man eine Beziehung im Nachhinein entwertet, dann taugte sie auch nichts.

Mein erster Freund war Fotograf, wohnte in einer Souterrainwohnung und war so arm, dass er seine Kamera immer wieder in die Pfandleihe brachte. Aber das bisschen, was er besaß, musste so schön sein, dass er jeden Tag Freude daran hatte. Er hat sich von »Thomas« Porzellan gekauft: eine Teekanne, zwei Tassen und eine Zuckerdose, das kostete ein Schweinegeld. Wir saßen in seinem kleinen Hüttchen und haben aus diesem wunderbaren Service Earl Grey getrunken. Ich dachte: So möchte ich auch mal werden. Sein ausgefeilter Geschmack hat mich beeindruckt. Er war auf dieses Service fixiert und wich nicht auf irgendetwas Preiswerteres aus. Wenn es Tee gab, dann nur Earl Grey. Sonst wurde eben Wasser getrunken.

Meinen Freund Reinhard habe ich in der Kneipe getroffen. Es war keine Liebe auf den ersten Blick. Ich dachte: O Gott, der ist Verkäufer bei Möbel Krieger. Das ist ja doch ein bisschen scheiße. Und er war 13 Jahre jünger als ich. Aber ich merkte bald, dass er in Details sehr sorgfältig war. Er zog sich sehr hübsch an, sah immer gepflegt aus. Er hatte Sinn für Qualität, kam nicht mit irgendwelchem Mist von Woolworth an. In Restaurants bestellte er das Beste. Das hat nichts mit Geld zu tun. Wir sind lieber einmal teuer als dreimal billig essen gegangen. Von ihm bekam ich nach einer Modenschau meinen ersten Blumenstrauß geschenkt. Ich war glückselig, völlig aufgeweicht. Daran merkt man, was man eigentlich nicht erlebt hat.

Als wir uns kennenlernten, war ich ja am Anfang meiner Karriere, wenn ich das so bezeichnen darf. Dass er mich als großen Meister ansah, spornte mich an, mich zu steigern. Mein Freund hat dann im Möbelhaus gekündigt und als Propagandist in einem Kaufhaus Bratpfannen verkauft. Ich bewunderte seinen Einsatz, Enthusiasmus. Ich habe ihm samstags manchmal geholfen, und er hat mir mal ein Mannequin finanziert oder Dekorationen für meine Modenschauen besorgt. Dass jemand so mitzieht, fand ich toll. Unsere Beziehung deckte alles ab, was ich mir gewünscht hatte. Das Ding war einfach rund.

In einer Liebesbeziehung ist das Wichtigste gegenseitiges Vertrauen. Und Hingabe. Gut im Zusammenleben ist, dass jemand einen auf Verhaltensweisen aufmerksam macht, die sich unmerklich einfummeln. Dass jemand sagt: »Nee, so geht das nicht«, wenn man eine Dose Ravioli aufreißt und im Stehen kalt verschlingt. Es muss einfach Zeit genug sein, den Tisch hübsch zu decken. Wenn eine Beziehung auf Freiwilligkeit beruht, muss man jeden Tag etwas dafür tun. Glück kommt ja nicht durch die Decke geflogen. Klar, wir haben uns auch in die Wolle gekriegt. Wenn etwas anstand, sind wir in eine Kneipe gegangen, haben eine Flasche Sekt bestellt und haben dann geredet. In der Öffentlichkeit kann man die Stimme nicht so erheben. Wenn wir nach Hause gingen, war das Thema abgehakt. Den Wunsch zu heiraten hatte ich nie, doch wir hätten beide gern ein Kind adoptiert. Der Gedanke hatte sich erledigt, als Reinhard erkrankte.

1985 bekam er die Diagnose: HIV-positiv. Da waren wir 19 Jahre zusammen. Wir dachten, es würde ganz schnell gehen. Reinhard empfand das als Strafe Gottes für sein Schwulsein. Wir haben es wenigen erzählt. Aids war damals noch eine Schwulenkrankheit, eine Krankheit dritter Klasse. Insgeheim dachten sicher viele: Einer weniger ist besser als zwei zu viel.

Wir sind dann von unserer 300-Quadratmeter-Wohnung in meine jetzige 54-Quadratmeter-Wohnung gezogen und sind mit meinen

Ersparnissen mehrmals nach Nizza gefahren. Ich habe Reinhard gesagt: »Wir reisen, bis das Geld alle ist.« Vorwürfe habe ich ihm nie gemacht. Ich sagte mir: »Wir waren zusammen lange auf der Goldseite. Und jetzt trägst du das Unglück mit.« Reinhard wurde immer schwächer, er ist einfach so weggerutscht. Bei seiner Beerdigung dachte ich, ich muss mich dazulegen. Viele enge Freunde hatten wir nicht, aber dass keiner seiner Kollegen und niemand aus seiner Familie da war, habe ich bis heute nicht begriffen. Ich habe dadurch auch lange keinen Trost gefunden. Die Trauer kann einem niemand abnehmen, aber es hätte gutgetan, wenn jemand mal zugehört hätte.

Die ersten Wochen nach Reinhards Tod erinnere ich nicht mehr genau. Ich denke, ich habe versucht, praktisch zu werden. Es ist wichtig, dass wenigstens der Alltag funktioniert. Sonst wird man völlig aus der Bahn geworden. Nach Trennungen, Abschieden ackere ich. Arbeit ist Disziplin, ich muss dann zurück zu den Wurzeln. Ich knüpfe buchstäblich wieder an dem Fädchen an, wo ich aufgehört habe. Über den Berg war ich jedoch erst, nachdem ich vor einigen Jahren eine Therapie gemacht habe. Die Therapeutin sagte mir: »Stellen Sie sich ein Foto von Ihrem Freund hin, und jedes Mal, wenn Sie aus dem Raum gehen, verabschieden Sie sich von ihm.« Es passierte etwas Merkwürdiges. Nach einiger Zeit verwischte sich Reinhards Gesicht. Irgendwann konnte ich das Foto wegstellen.

Religiös bin ich nicht, ich bin aus der Kirche ausgetreten. Ich glaube an die Kraft in Menschen. Leben ist immer Aktion, Reaktion. Man wirft einen Stein ins Wasser und es bilden sich Kreise. Aber wenn ich am Meer bin und auf den Riesenozean schaue, rutsche ich schon in die kleinen Schühchen rein. Mir hat jemand mal gesagt, dass der Salzgehalt im Meer ungefähr dem der Tränen entspricht. Das hat mir einen Kick gegeben: Ach, so! Du hast alles, was in der Welt vorkommt, in Minidosen in dir: Eisen, Gold, Mineralien. Für mich ist die Vorstellung befreiend, einmal für immer wegzufliegen.

Ich finde, älter zu werden hat auch Vorteile. Als ich jung war, bin ich immer sehnsüchtig etwas nachgelaufen, von dem ich nicht wusste, was es sein könnte. Im Alter ist man selbstbewusster, nimmt sich endlich größere Freiheiten heraus. Fachlich und im Umgang mit Menschen habe ich eine Menge Erfahrungen. Etliche meiner Kundinnen sind verwitwet. Abgesehen von dem schwarzen Kleid, das sie bei mir bestellen, bin ich für viele ein Ansprechpartner.

Ich kümmere mich, helfe gern. In meiner Stammkneipe ist ein Sonderling. Damit er nicht immer abseits von unserer Runde sitzt, spendiere ich ihm regelmäßig ein Bier. Gerade habe ich einem Bekannten die Kaution für seine Wohnung geliehen. Ich sage mir: Überlege nicht, ob du es zurückkriegst. Gib es selbstlos und setze voraus, es ist weg! Weil ich keine Erwartungen habe, werde ich nicht enttäuscht. Der Reichtum anderer hat mich nie neidisch gemacht. Im Gegenteil. Ich freue mich, habe ja auch etwas davon, wenn Leute schöne Sachen haben. Manchmal erschrecke ich, was für unzufriedene, böse Gesichter Luxus hervorbringen kann.

Ich kenne viele Leute, enge Freundschaften habe ich nicht. Vielleicht sind meine Ansprüche zu hoch. Es muss sich schon auch um meine Person drehen. Kann sein, weil ich als Kind immer in der zweiten Reihe war. Wenn ich zu einer Modeveranstaltung nicht ausdrücklich eingeladen werde, bin ich gekränkt und gehe nicht hin.

Ich hätte gern wieder *eine* gute Freundschaft. Aber ich bin nicht verkrampft auf der Suche nach einer neuen Beziehung. Ich kann auch gut allein leben. Geborgenheit gebe ich mir selbst. Ich habe mir eine schöne Pelzdecke gekauft, meine Möbel mit schönem Stoff beziehen lassen, ich habe schönes Bettzeug. Edle Materialien haben ja auch mit Erotik zu tun. Ich ziehe mich gerne gut an. Ich habe immer Wert auf hochwertige Unterwäsche und gute Strümpfe gelegt, denn die sind im direkten Kontakt mit der Haut. Täglich in frische Wäsche zu schlüpfen, erfrischt mich und hebt das Lebensgefühl. Da kann der Pullover drüber ruhig etwas älter sein.

Ich habe ein schönes Leben. Der letzte Rest wird vielleicht nicht so doll, aber da gibt es auch noch ein paar Honigstäubchen, aus denen ich etwas rausziehen kann.

In der Regel stehe ich morgens sehr gern auf. Um halb sechs trinke ich einen Tee und beobachte, wie es langsam hell wird. Ich frühstücke, lese die *taz*, danach lege ich mich noch mal kurz ins Bett. Unangenehme, lästige Telefonate erledige ich vormittags zuallererst, damit das weg ist und ich mich auf den Tag freuen kann. Gegen halb zehn gehe ich ins Atelier. Wenn ich mich einsam fühle, unternehme ich etwas spontan. Aber ich bleibe abends oft zu Hause und sortiere den Tag. Einen Fernseher habe ich nie gehabt. Er ist ein Zeitstehler, ich käme nicht dazu, nach innen zu gucken.

Manchmal geht mir durchs Gehirn: Was passiert, wenn du dir die Handwurzel brichst? Aber das dauert nicht lange. Ich sage mir dann:

Der Himmel ist blau. Mach dich hübsch, nimm dir 2,50 für einen Kaffee und setz dich aufs Fahrrad! Oder geh ins Atelier und räume mal auf. Die Nähmaschine muss geölt werden. Danach freue ich mich, dass ich's gemacht habe.

Das Banale bringt viel Glück. Der Vorteil eines schöpferischen Berufes ist: Ich werde einmal etwas hinterlassen. Ich habe dem Modemuseum viele Stücke gestiftet, bin stolz, dass sie gesammelt werden. Vor einigen Tagen sagte mir ein Bekannter: »Du siehst ja blendend aus. Wie machst du das?« Ich sagte: »Ich fühle mich einfach wohl.«

In den Warteräumen des Glücks

»Im Haus des Glücks ist der Warteraum das größte Zimmer.« Ein schrecklicher Satz. Doch nimmt man die trübsinnige Sicht des Pessimisten ein, so weitet sich das Wartezimmer zu einem Geschoss, in dem sich hinter jeder Tür Menschen mit Ersatzangeboten begnügen, weil das Glück anderswo schwer zu finden ist. Die Palette der Surrogate ist bunt.

Fünf bis sieben Prozent aller Deutschen sind suchtabhängig, vermeldet die Statistik. Bis zu drei Millionen Alkoholiker greifen zur Flasche, knapp zwei Millionen schlucken regelmäßig Tabletten, etwa eine halbe Million Junkies puschen sich mit illegalen Drogen auf. Die stimmungsausgleichende Pille »Fluctin« findet weltweit reißenden Absatz, Psychopharmaka ebnen nicht nur psychische Erkrankungen ein, sondern dämpfen auch normale Gefühlsschwankungen, die Wirkung von »Designerdrogen« ist auf spezielle Erlebniswünsche zugeschnitten. Neben stofflichen Rauschmitteln gibt es auch andere Formen der Sucht. Etwa 200 000 Deutsche haben sich dem Glücksspiel verschrieben. Unzählige dröhnen sich mit Computerspielen, Fernsehen und Internet voll.[46]

Unser Wirtschaftssystem basiert darauf, ständig diffuse Wünsche zu wecken, die auf käufliche Güter umgeleitet werden können. Ein Teil des Überangebots hat keinen anderen Zweck, als beim Konsumenten kurzfristig positive Gefühle hervorzurufen, der Gebrauchswert tritt angesichts des Designs und der pompösen Verpackung in den Hintergrund. Die seit den 90er Jahren um sich greifenden Events reichen von der Inszenierung mittelalterlicher Lebensweisen bis zur Love-Parade. »Das Paradies hat die Telefonnummer des Club mediterrané« lautete ein Werbeslogan. Lustvolle Abwechslung versprechen Swingerclubs, in Berlins AquaDom blubbern sich Hochzeitspaare das Jawort unter Wasser zu. Extreme Sportarten wie *Bungee-Jumping, Rafting* und *Canooing* versetzen – *»no risk, no fun«* – den Adrenalinkick, während uns gleichzeitig überdachte *Shopping-Malls* vor jedem Regentropfen schützen.

»Man muss sich nur das Vergnügen von Menschen anschauen, um ihre Misere zu begreifen«, beklagte der Soziologe Theodor Adorno die Kulisse unserer Gaudis, hinter der oft der Entschluss hervorlugt, auf Teufel komm raus lustig zu sein. War für das Gros der Bevölkerung ehemals Freizeit so knapp bemessen, dass man sich über deren Gestaltung nicht den Kopf zerbrach, so investieren wir nun viel arbeitsfreie Zeit in die Planung unserer Amüsements. »In der Konsumgesellschaft lauter der heimliche Befehl: Du musst dich gut fühlen! Der Terror der guten Laune ist allgegenwärtig, und die Modelle fürs Glück liefert in allen Varianten die Werbung ... Man kann das Glück sogar trinken: Glück, glück, glück, macht die Flasche. Die Botschaft des Marketing lautet: Du kannst alles haben ... Wenn du nicht glücklich bist, bist du irgendwie selbst schuld«[47], beschreibt Heiko Ernst Marktgesetze, die wir durchaus durchschauen. Trotzdem scheuen wir oft davor zurück, die Mühsal eines tieferen Glücks auf uns zu nehmen. *»Don't worry, be happy«* wirbt ein Schlagertitel für fortwährende Champagnerlaune. Was das Leben lebenswert macht, soll möglichst gleich stattfinden, auch wenn es nur das Glück von der Stange ist. Auch die »Glotze« behelligt uns immer weniger mit Tiefschürfendem. Und verschmelze mit dem Zuschauerwunsch, Schmerz und Elend bloß nicht zu nah an sich rankommen zu lassen, diagnostiziert der Fernsehmoderator und Publizist Roger Willemsen: »Das Unglück hat keine telegenen Formen. Ich kann einen wirklich unglücklichen Menschen kaum vor die Kamera setzen ... Gefragt ist nur die schnelle Träne. Die muss rasch gemolken werden und rasch trocknen, dann weidet sich der Zuschauer auf parasitäre Weise am Unglück.« Vor einer Sendung, erzählt der ehemalige Talkmaster, habe ihn ein Freund mal gefragt: »Na, gehste Steine melken?«[48]

Bildlich ausgedrückt, besetzt die »Spaßgesellschaft« jedoch nur einige der vielen Warteräume. Denn ihre Hinwendung zu Profanem ruft zunehmend eine Sehnsucht nach Spiritualität hervor. In atheistischen Gesellschaften stillt die boomende Esoterikszene den Durst nach Transzendenz, in Sekten blüht der Aberglaube wieder auf. »In der wissenschaftlich entzauberten Welt, in der der Glaube an Gott verlorengegangen ist, glauben die Menschen nicht *nichts*, sondern *alles*«[49], beleuchtet der 74-jährige Theologe Fulbert Steffensky das breit gestreute Verlangen, sich zu verankern in Ersatzreligionen, um die sich windige Gurus kümmern. In einer Zeit, in der sich verfügbares Wissen alle vier Jahre verdoppele, nimmt der Wunsch nach Orientierungshilfe, persönlichen Gewissheiten und innerer Beheimatung zu.

Doch auch in seriösen gesellschaftlichen Bewegungen suchen Menschen einen tieferen Lebenssinn und elementares Erleben, das in einem wattierten und oberflächlichen Alltag verlorengeht. »Unsere Lebensräume in der Ersten, wohlhabenden Welt sind erfahrungs- und sinnenarm geworden, es sind temperierte Räume. Wir werden kaum einmal bis auf die Haut nass. Wir sind nicht bedrängt von Kälte und Hitze. Wir wissen kaum noch, was Hunger und Durst sind. Man erfährt kaum eine vollkommene Stille. Vermutlich sind auch unsere erotischen Erfahrungen gedämpfter, als sie früher waren, gerade weil sie umstandslos zu haben sind. Vielleicht bezahlen wir den Fortschritt der Freiheit mit dem narkotischen Gefühl der Welt und dem Leben gegenüber. Dies dürfte einer der Gründe sein, warum Menschen dazu drängen, sich selber zu spüren, zu erleben und mit sich zu experimentieren«[50], diagnostiziert Fulbert Steffensky einen Mangel, von dem von Wellness-Tempeln über Selbsterfahrungsgruppen bis zur Biobranche alle profitieren, die Leib und Seele wieder mehr in Einklang bringen wollen.

Als Leiter eines großen Demeter-Betriebes natürlich erfreut über die Öko-Szene, führte mein Gesprächspartner Sascha Philipp für deren Wachstum außer der verdienstvollen Sorge um die Umwelt auch egoistische Gründe an. Indem nur das Gesündeste auf den Tisch kommt, nährt man auch sein kostbares Ich. Das Bewusstsein, es richtig und besser zu machen, schweißt die Gemeinde zusammen, die sich im Bioladen trifft und grüßt. »Für ein gewisses Maß an Askese und Verzicht gibt es ein gesteigertes Selbstwertgefühl, Selbstgenuss«[51], beleuchtet Heiko Ernst den Gewinn eines natürlicheren Lebens, das zwar in die Haushaltskasse Löcher reißt, dafür aber auch größere Einheitlichkeit und Status verleiht.

Doch auch die Abkehr von minderwertigen Nahrungsmitteln, mit denen man buchstäblich abgespeist wird, und die rigorose Absage an alle Entfremdende können zur Ersatzbefriedigung werden. »Die besondere Schwierigkeit im Erkennen von Ersatzbestrebungen liegt darin, dass alle natürlichen Bedürfnisse entartet benutzt werden können. So wird aus Essen Fressen, aus Trinken Saufen, aus lustvoller Sexualität aggressives Abbumsen oder Promiskuität, aus Liebe Liebesforderung, aus Arbeit Arbeitswut, aus Helfen Helfersyndrom, aus Kontakt Anklammern«, analysiert der Hallenser Psychoanalytiker Hans-Joachim Maaz[52] das Übermaß, das Ersatzbefriedigung unterscheidet von wirklich Erfüllendem. Wandert nur noch absolut Makelloses in den Einkaufskorb, wird jede Apfelsine auf Druckstellen überprüft, dann pervertiert die Sorgfalt zum Kult, der Leerstellen im Leben aufwiegen soll. Ebenso wie das atemlose Haschen nach Außenreizen zeigt auch das Streben nach Perfektion seelischen Hunger an. Während Menschen mit Halt in sich selbst pendeln im ausgewogenen Rhythmus von Anspannung und Entspannung und bei aller Genauigkeit gegebenenfalls großzügig über Unzulängliches hinwegsehen können, verbeißen sich unzufriedene Menschen oft in die optimale Lösung. Oder sie begnügen sich mit der zweitbesten Wahl, weil sie keine Geduld haben, Wünscherfüllungen aufzuschieben.

Vor dem Hintergrund des hedonistischen Lebensprinzips – in allen möglichen Varianten und Mogelpackungen – ist es erstaunlich, wie zögerlich sich Menschen häufig darauf einlassen, wenn es wirklich etwas zu feiern gibt. Überstrahlten in früheren Zeiten Feste die langen abwechslungsarmen Arbeitsphasen und freute man sich Monate im Voraus auf den jährlichen Höhepunkt, so ist die wöchentliche Party oft nur noch (lästige) Pflicht. Die inflationäre Anzahl von Jubiläen und Festivitäten erzeugt zwangsläufig Übersättigung. »Heute zerfällt die Mahlzeit in viele kleine Bissen zu jeder Zeit«[53], bringt die Publizistin Hannelore Schlaffer die Allgegenwärtigkeit von Genuss und Vergnügen auf den Punkt, dessen Preis ist, dass wir die einst geradezu orgiastischen Feste zerstückeln zu Dutzenden banalen Feieranlässen. Dass wir uns für den Theaterbesuch nicht mehr ins »kleine Schwarze« zwängen und selbst im Pariser Opernfoyer Damen und Herren selten in Gala auftreten, entkoppelt Modenschau und Kulturbereich und öffnet diesen auch für nicht betuchte Besucher. In Jeans und Pullover, oft schon auf dem Sprung zum nächsten Termin, ziehen wir mögliche Krönungen des Alltags jedoch auch auf die Alltagsebene herab. Als (chronisch) eilige Zaungäste, die sich zum Jubiläum, Geburtstag, zur Hochzeitsfeier nicht extra in Schale schmeißen, versagen Gäste dem besonderen Anlass und Rahmen die Würdigung und steuern durch nachlässige Lässigkeit wenig zum Gelingen eines Festes bei, von dessen Atmosphäre sie doch ihr eigenes Verweilen abhängig machen. Wie die Freude über ein gelungenes Fest für den Gastgeber die Mühsal meist schnell überlagert, so hängt auch für

Gäste der Nachklang eines Festes vom eigenen Beitrag ab. Stellen wir beim *Smalltalk* auf Durchzug? Oder lenken wir Monologe über putzige Haustiere, PC-Pannen und Verkehrskontrollen auf ein Thema, aus dem sich ein Dialog ergibt?

Das Diktum von Voltaire: »Viele Menschen suchen nach dem Glück wie ein Betrunkener nach seinem Haus. Sie können es nicht finden, aber sie wissen, dass es existiert«, kann dahin erweitert werden, dass wir oft mit Vorbehalten eintreten, wenn wir es gefunden haben. Denn gerade der Anspruch, sich ja nicht mit Halbheiten zu begnügen, verhindert oft, dass es ein rundes Ereignis wird.

Elke Rieß: »Ich bin durchlässig für Schwingungen.«

Frauen um die 40 im Glück oder, vorsichtiger formuliert, voller Lebensfreude? Da falle ihr nur eine ein. Bevor eine Freundin mir Elke Rieß' Telefonnummer gibt, habe ich bereits etliche Bekannte befragt, doch die Umschau nach geeigneten Interviewpartnerinnen stellt sich in dieser Altersgruppe als schwierig heraus. Eine Generation im Stress, auf der Suche nach Partner und Perspektiven oder so absorbiert von Beruf, Familie und Liebe, dass die Auslotung ihres Glücks kein Anliegen ist.

Für sie ein Lebensalter der »Fülle«, nie zuvor konnte sie ihre Gaben und beruflichen Fähigkeiten so entfalten. Mit bemerkenswerter Eindeutigkeit hatte sich Elke Rieß in unserem Vorgespräch als glücklich bezeichnet. Als ich in Schwabing aus der U-Bahn steige, weiß ich gleichwohl um die Klippen des Interviews, da ich die vitale Stimme der Wahl-Münchnerin nicht zusammenbringe mit der Auskunft, dass sie nicht nur als Körpertherapeutin, sondern auch als Heilerin arbeite. Und wie ordne ich die Bemerkung der 40-Jährigen ein, dass sie »erleuchtet« sei?

Sie ist jünger, weiblicher als auf dem Foto ihrer Webseite. Eine grazile Frau in Hose und Pullover mit schulterlangen brünetten Haaren und dunklen Augen öffnet mir die Tür. Während wir in der Küche auf den Tee warten, berichtet Elke Rieß von ihrer schnell erfolgreichen Wohnungssuche, nachdem sie sich von ihrem Partner getrennt hatte. Klar und übersichtlich möbliert, ist ihre helle Zweizimmerwohnung im Obergeschoss eines Nachkriegsbaus eine Oase der Stille, im Wohn- und Arbeitszimmer setzen ein minimalistisches Bild und Pfauenfedern in einer Bodenvase Farbakzente zum dominierenden Weiß, von der Sitzecke blickt man auf einen Balkon und die benachbarten Dächer.

Erleichtert über eine Atmosphäre fernab jeglichen esoterischen Budenzaubers, höre ich Elke Rieß gern zu. Konzise beantwortet sie meine Fragen, ihre mitunter unverblümt-drastischen Formulierungen lassen ihre österreicherische Herkunft erkennen, immer wieder blitzt in ihrem eigenständigen Blick auf sich und andere humorvolle Bodenständigkeit durch. Bei manchen Äußerungen freilich stockt mir der Atem, mitunter habe ich das Gefühl, zwei verschiedenen Personen gegenüberzusitzen. Während ich in Gedanken vergnüglich mitreise in ihren Urlaub mit Freunden, sie um ihre Mitwirkung in einem Laienorchester beneide und ich ihrem Leitsatz »Mit Bequemlichkeit kommt kein Glück ins Leben« ebenso zustimmen kann wie ihrer Kritik an den Floskeln in unserer Umgangssprache, geben wir es bei anderen Themen auf, eine Verständi-

gungsebene zu finden. Als Elke Rieß von ihrer Berufung zur Heilerin spricht, bin ich überrascht, wie gelassen sie hinnimmt, dass ich ihr die Gefolgschaft versage. Ohne Impetus, mich überzeugen zu wollen, geht sie auf meine unverhohlene Befremdung ein, rückt jedoch auch keinen Zentimeter von eigenen Gewissheiten ab. Beim Abhören der Interviewkassetten stolpere ich wiederholt über Widersprüche, die zu klären oder gar aufzulösen, den Rahmen eines Interviews sprengen würde. Auf das zugeschickte Gesprächsprotokoll reagiert Elke Rieß mit einem lakonischen Kommentar: »Es klingt ja so, als habe ich mich bis jetzt durchgekämpft und sei gerade erst schweißgebadet angekommen.«

Meinen 40sten Geburtstag habe ich nicht gefeiert, aber ich finde es genial, wo ich jetzt in meinem Leben stehe, mein Leben könnte gar nicht besser sein. Andere stürzen mit 40 in eine Krise, ich bin in Hochform und habe unglaublich viel Freude. Ich kann mir meine Zeit frei einteilen, meine Arbeit macht Sinn für mich, jeden Morgen bin ich gespannt, was der Tag bringt. Das war nicht immer so. Ein Großteil meines bisherigen Lebens habe ich dafür gekämpft, dass es mir besser geht. Das hat sich ausgezahlt.

Wenn man mich früher gefragt hätte: »Wie war deine Kindheit?«, hätte ich gesagt: »Wunderbar.« Heute antworte ich: »Auf der tieferen Ebene war sie unerträglich.« Von außen betrachtet waren wir eine perfekte Familie, meine Eltern waren immer harmonisch miteinander, materiell ging es uns gut, mit meinen beiden älteren Schwestern verstehe ich mich blendend, unsere Familie war und ist richtig klasse drauf. Abgesehen von der Mutter. Solange wir klein waren, konnte sie sehr gut mit uns umgehen. Doch als wir Töchter größer wurden, war das schlichtweg eine Katastrophe. Sie ist eine Frau, die in ihrer Bedürftigkeit nach Zuwendung ertrinkt. Mein Vater war Bauingenieur, meine Mutter hat Buchhaltung gelernt, nach der Heirat setzte sie sich zum Ziel, eine perfekte Hausfrau zu sein. Sie ist sehr abhängig davon, dass andere sie toll finden, und macht das am Körperbild fest. Früher sah sie aus wie Doris Day. Sie ist schlank, ihre Frisur ist immer perfekt, ihre Begabungen aber hat sie nie ausprobiert, sie litt unter Herz- und Rückenschmerzen. Am liebsten wäre ihr gewesen, die Pubertät wäre an uns drei Mädchen spurlos vorübergegangen. Natürlich war das nicht so. Wir hatten blaulackierte Fingernägel und hennagefärbte Haare. Mein Vater meinte: »Hoffentlich seid ihr bald aus der Phase raus.« Meine Mutter genierte sich für uns. Als es bei uns mit der Sexualität anfing, lautete ihre Botschaft: »Warum wollt ihr einen Freund? Das braucht ihr alles nicht.« Wenn meine Mutter über Glück redet, dann in dem Sinn: »Ich bin ja so zufrieden. Wir *müssen* ja so glücklich sein über das, wie es ist.« Also müssen!

Mein Vater hat Humor, er ist aktiv, steht mitten im Leben. Als ihm vor einigen Jahren eine schwere Operation bevorstand, sagte er: »Ich hatte ein glückliches und schönes Leben.« Er äußerte auch, dass er stolz und glücklich ist über seine Töchter. Ohne meine Mutter hätte ich zu ihm ein gutes Verhältnis, aber er stützt diese Frau, würde meine Mutter nie kritisieren und hat sich oft hinter ihr versteckt. Glücklich war ich in unseren Ferien auf dem Bauernhof. Und wenn ich tanzte. Dann war ich in meiner eigenen Welt. Im Haus meiner Eltern gibt es eine Glastür, wenn ich sie schräg stellte, konnte ich mich im Spiegel vervielfacht sehen. Es war, als ob hundert Mädchen eine Bewegung machen. Und ich spielte im Schulorchester Geige. Gefördert wurde das Musische von meiner Großmutter. Zu Weihnachten hat sie mit uns ein richtiges Programm einstudiert.

Als Kinder waren wir sehr eingebunden in die katholische Kirche, später bin ich ausgetreten; ich finde, eine religiöse Erziehung hat bei den meisten Menschen kein tieferes Bewusstsein bewirkt. Sie sind unfrei, bedürftig, sie geben die Verantwortung an eine Religion ab, die ihnen sagt, dass sie nicht vollkommen sind.

Nach dem Abitur wollte ich eine Tanzausbildung beginnen, doch meine Mutter entschied: »Mit Kunst machst du nichts. Wenn man sein Hobby zum Beruf wählt, hat man keine Freude dran.« Meine Eltern forderten einen Vertrag ein, dass ich *freiwillig* auf Lehramt studiere. Ihre Vorstellung war, dass ich vormittags unterrichte und nachmittags »hupfen« und malen gehe; Tanzen war für sie »hupfen«. Zum Ausgleich zahlten sie mir Geigenunterricht und Jazztanz. Gefügt habe ich mich, weil ich mir mit 18 nicht zutraute, finanziell auf eigenen Beinen zu stehen. Ich habe in Linz Deutsch und bildnerische Erziehung studiert. Immer wenn ich heimfuhr, habe ich geheult und getobt. Aber ich wusste: Ich habe eine Kraft, die mich einen anderen Berufsweg einschlagen lässt. Irgendwann bin ich frei.

Als Sprachlehrerin ging ich nach dem Examen für ein Jahr nach Oxford. Ich wollte aus Österreich fort, hatte das Gefühl, ich ersticke in diesem Land, mich lockte der gute Tanzunterricht in England. Und dann hatte ich gleich nach meiner Ankunft einen Bandscheibenvorfall, ein halbes Jahr konnte ich mich kaum bewegen. Als ich mit 22 nach Wien zurückkehrte, war es eine verzweifelte Zeit, weil ich nicht wusste, was ich beruflich machen wollte und mich mit Jobs durchschlug. Jemand erzählte mir von der Modern Dance School in München, ich bestand die Aufnahmeprüfung, zu meiner Überraschung finanzierten mir meine Eltern die dreijährige Ausbildung. Interessanterweise bin ich in der Erfüllung meines Lebenstraumes fast verlorengegangen. Ich hatte überwiegend Jüngere um mich, legte mich an mit Autoritätspersonen, die benoteten statt zu erklären, ich rutschte in die Magersucht, und ich mochte München nicht. Ich fand die Stadt oberflächlich und die Kunstszene nicht nährend. Es gibt in München kaum Kunst, die unter die Haut geht, wo es auch mal rumpeln darf. Und ich wusste nicht: Wo kann man hier andocken? Durch meine vielen Umzüge war ich zwar darin geübt, mich sozial abzudecken. Mein Adressbuch war voll mit Telefonnummern, aber wenn man mich gefragt hätte, wer für mich wichtig ist, wären zwei Leute übriggeblieben.

In diese Zeit fallen auch einige meiner glücklichsten Wochen. Zweimal nahm ich bei dem berühmten Choreographen Merce Cunningham in New York an einem Workshop teil. Wir trainierten in seinem riesigen Studio in Greenwich Village mit Blick auf die Skyline von Manhattan, ein Pianist begleitete uns auf dem Klavier, ich durfte mit Top-Leuten zusammen sein. Da hatte ich das Gefühl: »Elke, du erreichst alles, was du willst.«

Und dann, kurz vor Abschluss meiner Tanzausbildung, wurde ich gestoppt. Ich war auf dem Fahrrad unterwegs, ein Auto fuhr mich zusammen, ich hatte einen komplizierten Beinbruch. Die lange Rekonvaleszenz habe ich genutzt, um mich mit Yoga, Reiki[54] und esoterischer Literatur zu beschäftigen, Dinge, für die ich vorher nie Zeit hatte. Aber mir war klar: Ich werde wieder tanzen!

Ein dreiviertel Jahr nach dem Unfall wurde ich im Tanzensemble der Münchner Staatsoper engagiert. Bei der allerersten Premiere durchströmte mich wie in New York das Glücksgefühl: »Ich schaffe alles.« Als ich einmal eine Solorolle bekam, schrieb ein Kritiker: »Ihr Tanz erinnert an Ginger Rogers.« Das Lob freute mich ungeheuer, weil mein Vorbild Fred Astaire war, nun wurde ich mit dessen Tanzpartnerin verglichen. Ich mag es, vor Leute zu treten, habe das Gefühl, ich bin auf einer Bühne mehr in meiner Kraft als im normalen Leben. Lampenfieber gehört dazu. Ich will spüren, dass ich in eine andere Welt gehe, ohne dabei so nervös zu sein, dass ich Erwartungen nicht erfüllen kann.

Der Hauptgrund, weshalb ich nach vier Jahren die Oper verließ: Ich akzeptierte die miserable Bezahlung nicht mehr. Damals war ich gewerkschaftlich engagiert und war enttäuscht, dass die meisten Tänzer die niedrige Gage schluckten. Zudem störte mich die Beamtenmentalität. Wie die Maurer begannen wir Punkt neun mit den Proben, Schlag 13 Uhr war Mittagspause. Kaum einer war bereit, einmal zehn Minuten dranzuhängen.

Ich habe mehrere Krisen erlebt. Damals mit Ende 20, als ich den Tanz in Frage stellte, war ich auf dem absoluten Tiefpunkt. Meine Welt wurde immer enger, ich war unzufrieden mit mir und wusste nicht: Wo werde ich wieder beseelt? Wo ist hier jemand? Beim Überqueren einer Brücke dachte ich manchmal: Ich spring' runter, weil ich die Glasglocke nicht mehr ertragen konnte, die sich morgens über mich stülpte. Ich war zwar aktiv, auf der Liste, die ich täglich abarbeitete, stand auch: »Die und die muss ich treffen!«, aber ich war eigentlich nirgendwo richtig dabei. Und mich zermürbten die chronischen Rückenschmerzen. Mein Wunsch, durch Körperarbeit anderen zu helfen, entstand auch aus eigener Not. Ich suchte etwas, was mir hilft. Ich ging dann in die energetische Richtung, machte den Master in NLP[55], nach einem zweiten Bandscheibenvorfall hängte ich eine Atemausbildung dran, absolvierte eine Kinesiologie-[56] und eine Bioenergetik-Ausbildung[57] und schloss eine Ausbildung zur Feldenkraistherapeutin[58] ab. Jede neue Methode war für mich zunächst eine Offenbarung. Ich war immer hundertprozentig dabei, habe das Gelernte hundertprozentig in meine eigenen Kurse aufgenommen und kam jedes Mal an den Punkt: Jetzt langweilt es mich. In Kursen über BodyTalk-System[59] fügten sich für mich alle beruflichen Bausteine zusammen. Es ist eine sehr komplexe Verbindung von Heilmethoden, die John Veltheim in den 90er Jahren entwickelt hat.

Herausgekommen bin ich aus der Krise, weil mir nach und nach bewusst wurde, dass ich mein Leben überlade. Ich habe zwei Jahrzehnte gekämpft, in der Schule gegen autoritäre Lehrer, im Studium für neue Studienverordnungen und in der Oper für bessere Gagen, und ich habe gekämpft, damit es mir selbst besser geht, irgendwann sagt der Körper: Du spinnst. Es gab keine Entspannungsphase, auf allen Ebenen war bei mir Revolution, nach einer Eileiteroperation wurde mir klar: Es gibt etwas in dir, das eine Grenze nicht kennt. Eine Riesenkehrtwende passierte in meiner Gesprächstherapie. Meine Therapeutin hat gar nicht lange in meiner Familiengeschichte gebohrt, ihr Hauptakzent lag darauf: »Welche Strukturen helfen dir, damit du dich nicht verzettelst? Du leckst wie ein Fass mit Löchern.« Sie hat mir geholfen, für mein Leben einen Fahrplan zu finden, mit dem ich meine Kraft halten kann. Immer, wenn ich mich zu vage ausdrückte, bestand sie auf klaren Sätzen. Auf ihren Rat hin habe ich mit Farbe meine Termine im Kalender markiert: Hier arbeite ich, hier ist Mittagspause, hier gibt es eine Ruhephase, hier schlafe ich und werde nicht bis in die Nacht telefonieren. Irgendwann fiel mir auf: Ich erzähle nicht mehr in neurotischen Wiederholungsschleifen, was mich alles belastet, ich erzähle, was mir alles gelingt.

Durch meine Therapie schaffte ich es auch, mich von Kampffeldern zurückzuziehen. Wenn ich merke, dass Menschen ihren Aggressionen freien Lauf lassen, beende ich Gespräche sehr schnell. Früher bin ich oft in die Gegenattacke gegangen. Wenn ich heute Wut empfinde, und das tue ich Gott sei Dank noch, bin ich nach kurzem damit durch. Gleichgültig werde ich nicht, ich gehe wie beim japanischen Aikido durch Gefühle hindurch und nicht in den Kampf. Bildlich gesprochen, lade ich die Texte anderer nicht mehr in mich hinein, sondern ziehe meine Antenne wieder ein. Ich würde sagen: 80 Prozent der Gedanken und Emotionen, die wir haben, sind nicht unsere. Es ist spannend herauszufinden, was uns selber ausmacht und wo wir in Interaktion mitschwimmen.

Natürlich ist das Leben oft schwierig. Aber mir ist inzwischen bewusst: Wer sein Dasein als Kampf empfindet, führt oft einen Kampf mit sich selber aus. Unzufriedene Menschen fokussieren ihren Blick gern darauf, was draußen alles nicht stimmt. Sie können sich ewig damit aufhalten, dass der Busfahrer grantig war oder sie beim Arzt warten mussten. Unfreundliche Leute trifft man überall, ich beziehe ihre schlechte Laune jedoch nicht mehr auf mich, räume ihnen einfach nicht mehr so viel Platz ein. Meine Aufmerksamkeit richtet sich auf glückliche Menschen, von ihnen habe ich mir viel abgeschaut. Ich schätze Menschen, die wahrhaftig, neugierig sind, Grips haben und über sich selbst lachen können. Bei Problemen versinken sie nicht in dieser Schwere, sondern suchen aus verschiedenen Blickwinkeln nach einer Lösung. Man merkt, sie sind in einem Prozess, dadurch sind sie agil und lebendig. Ich dachte: Ach, das gefällt mir. Ich möchte nicht mehr Freundinnen treffen, um gemeinsam zu jammern, dass nicht alle so sind, wie wir es gern hätten. Indem ich mehr auswählte, was und wen ich in mein Leben reinnehme, bekam es eine neue Qualität. Und in rasantem Tempo Klarheit und ein großes Glücksgefühl. Glück und Klarheit gehören zusammen, durch Klarheit gewinnt man auch viel Zeit. Die Sätze werden präziser und kürzer. Früher wollte ich überall mitspielen; wenn ich gefragt wurde: »Möchtest du was essen?«, gab ich die Frage zurück: »Möchtest du?« Wenn jetzt Freunde im Urlaub vorschlagen, das oder das würden sie gern unternehmen, kann ich erstaunlich schnell sagen: »Da komme ich mit, das andere möchte ich nicht.« Ich gehe nicht mehr in den Vergleich mit anderen Menschen. Wenn ich verreise, bleibe ich gern an einem Ort und versuche, ihn mir durch Laufen in der Früh zu erobern. Herumreisen strengt mich an: Das ist mir zu viel Information, zu viel Aufnehmen und zu wenig Verdauungszeit. Am liebsten fahre ich ans Meer oder ich gehe mit einer Freundin in den Bergen wandern.

Auch in meiner Wohnung brauche ich Klarheit. Sie ist für mich eine Insel, wo ich mich sammeln kann. Wenn ich in der Woche viel unterwegs war, ist es oft meine erste Beschäftigung, meine Wohnung zu putzen und aufzuräumen: Dadurch komme ich zu Hause wieder an. Einen Fernseher habe ich seit langem nicht mehr. Nach dem Abschalten hatte ich immer das unangenehme Gefühl, dass etwas fehlt, aber ich wusste nicht, was. Einmal am Tag höre ich im Radio Nachrichten, Politik interessiert mich kaum noch, ich denke, sie bestimmt nicht meinen Alltag.

Seit fünf Jahren habe ich eigene Praxis als Feldenkraistherapeutin und Atemtherapeutin, außerdem unterrichte ich Yoga und Tanz, Und ich bin Heilerin. Mit dem Begriff »Heilerin« können viele nichts anfangen. Ich bin überzeugt, dass wir künftig Formen des Heilens brauchen, die schneller sind als konventionelle Therapien. Das ist auch, was ich als Heilerin anbiete. Heiler wird man nicht, indem man sagt: »Ich hätte mal Lust, etwas ganz Besonderes zu sein.« Es ist eine Gabe, ein Kraftfeld, das einem geschenkt wird, um Menschen zu helfen, Krankheiten und Blockaden zu überwinden und aus der Entfremdung rauszugehen, wobei ich der Esoterikszene gegenüber durchaus kritisch bin.

Aus Sehnsucht, dass es etwas Größeres gibt, flüchten Menschen in eine Scheinwelt. Ich habe in der Esoterikszene kaum Freunde, man spricht dort oft nicht mit Menschen, sondern mit Wundersystemen. Und die meisten Wundersysteme hebelt man in wenigen Minuten aus, weil sie nicht bei sich sind. Was mich zunehmend stört, ist esoterischer Nippes: Kristalle, Rosenquarze, bestimmte Farben. Wenn Menschen glauben, ein Raumspray mache sie glücklich oder rote Kleidung verleihe ihnen Kraft, geben sie ihre Verantwortung nach außen ab. Als Bewusstseinsunterstützung kann so etwas mitspielen, ich habe in der Wohnung auch ein paar Dinge, aber viele Menschen verwechseln Hilfestellungen mit der Lösung. Sie warten ab, dass ihnen eine Instanz erklärt, wo der Weg langgeht, konsumieren Spiritualität und verlaufen sich in Abhängigkeiten von Gurus. Ich glaube schon an überirdische Kräfte. Es gibt Meister, die das menschliche Potential überschreiten, ob das Buddha ist, Christus oder Krishna. Es hat mit der Weißen Bruderschaft zu tun.[60] Ich möchte diese reale Welt verstehen, mit dem Wissen, dass noch etwas anderes mit hineinfließt. Doch leider ist es fast überall so: Menschen, die nicht an sich selbst gearbeitet haben, kompensieren eigene Defizite, indem sie andere deckeln und manipulieren.

Für mich bedeutet Glück genau das Gegenteil. Glück ist Fülle, Erfüllung. Menschen übernehmen Verantwortung, spüren und leben in ihrer Kraft. Zu Frauen und Männern, die zu mir kommen, sage ich: »Bewusstseinsarbeit führt nicht in ein hohes Bewusstsein, es führt in ein tiefes Bewusstsein.« Tiefe bedeutet, den eigenen Kern zu erfassen. Was und wie ich etwas erlebe, hängt von mir selbst ab. In meiner Arbeit stelle ich fest, dass Menschen häufig keine konkreten Lebensvorstellungen haben. Etliche sagen: »Es wäre schön, wenn ich genug Geld hätte.« Dann frage ich: »Was ist denn genug Geld? Also eine Million. Und was machst du damit?« Darauf wissen viele keine Antwort. Ein Haus und ein Auto haben viele ja schon. Frauen sagen häufig: »Ich hätte gern eine glückliche Beziehung.« Auf die Frage, was diese beinhalten würde, entstehen wieder lange Pausen. Sexualität wird als Glücksfaktor kaum genannt. Es läuft im Bett entweder gut oder nicht gut. Frauen verbinden Glück oft damit, schlanker zu sein. Es stimmt ja: Ohne Übergewicht ist man agiler, attraktiver – ein gesunder Körper ist ein gutes Fahrwerk. Aber oft werden sämtliche Probleme an der Figur festgemacht.

Männer sprechen selten über Glück. Ihre Themen sind Erfolg und Zufriedenheit, das bekommen sie über ihre Arbeit, Hobbys, manchmal über Kinder. Bezüglich ihrer Partnerschaft reicht es ihnen oft, dass sie eine haben. Von 40- bis 50-Jährigen höre ich häufig, sie würden gern aus ihrem Job raus. Wenn ich nachhake: »Haben Sie sich über Alternativen informiert?«, verneinen viele. Man wisse ja, es gäbe auf dem hart umkämpften Arbeitsmarkt nichts. Menschen begnügen sich häufig damit zu sagen: »Ich hätte gern ...« Ich kenne die Blockaden von mir selbst: Wenn man in einer Depressionsphase hockt, ist es schwer, den Schalter umlegen, weil man ihn nicht findet. Bewusstseinsarbeit bedeutet: Wenn einem der Vermieter kündigt, darf man einen Tag lang Drama spielen. Und dann geht man los und sucht sich eine Wohnung.

Seit einem Jahr lebe ich allein. Dass ich keine Kinder habe werde, bedauere ich nicht. Als junge Frau dachte ich: Solange ich nicht weiß, wer ich bin, wäre es verantwortungslos. Und zwischen 30 und 40 hatte ich keine Lust, 24 Stunden von anderem bestimmt zu werden, meine ganze Kraft geht jetzt in die große Familie der Menschen. Meine beiden Schwestern sind verheiratet. Ich glaube, meine Mutter ist energetisch nie in die Ehe gegangen. Ihr Mantra ist, dass mein Vater sie partout gewollt habe. Auch ich verschmelze in Beziehungen nicht zum symbiotischen Wir, ich erhalte mir Autonomie.

Mit meinem Freund wohnte ich fast sechs Jahre zusammen. Als wir uns begegnet sind, war ich gerade schmählich verlassen worden und hatte den Wunsch, endlich mit einem Partner zusammenzuleben. Anfangs gab es viel Resonanz, Stunden, in denen ich glücklich verliebt war. Wir machten Reisen, besuchten Ausstellungen, wir hatten schöne Essenszeremonien. Und ich genoss es, einen attraktiven Mann an meiner Seite zu haben. Aber bald war es nur noch nett. Rückblickend sehe ich: Unsere Beziehung hatte keinen Saft, ich erlebte nicht die Glückseligkeit, wenn einem das Herz aufgeht. Ich habe viel Energie in die Illusion gebuttert: Er wird sich mitentwickeln mit mir. Es ist jedoch so: Keiner entwickelt sich mit, man entwickelt sich allenfalls für sich. Anfangs fand ich es auch toll, dass mein Freund im Haushalt mithalf, einkaufen ging und Sachen für mich erledigte. Heute meine ich: Er ging auch deshalb so gern einkaufen, weil das seine hauptsächlichen sozialen Kontakte waren, nachdem er arbeitslos geworden war. Indem er mir vieles abnahm, umging er, sich um sich selbst zu kümmern. Zuletzt waren wir nur noch aus Gewohnheit zusammen. Vielleicht schaffte ich die Trennung nicht früher, weil ich einen Schutzraum brauchte, um andere Dinge zu installieren. Ich war beruflich voll beschäftigt, kam abends mit Begeisterung in vier Wände, wo keine Begeisterung war. Als mein Freund in der Trennungsphase wieder aktiver wurde, fand ich ihn plötzlich wieder sehr attraktiv. Aber ich merkte: Mich zieht die Präsenz an, die er ausstrahlt, nicht er. Seine aufflackernde Lebendigkeit verebbte auch schnell wieder. Mein Auszug war für mich eine Befreiung.

Jetzt fehlt mir ein Partner nicht, ich gehe nicht sehnsuchtsvoll auf Suche, aber ich hätte Lust auf eine Beziehung. Mein Ideal ist ein sensitiver Mann, der neugierig ist, Ideen hat, mit der Natur verbunden ist, der in seiner Arbeit aufgeht und mir mit meinen beruflichen Geschichten absolute Freiheit lässt. Also ein Mann, der autonom ist und Fülle lebt.

Ich bin jetzt 17 Jahre in München. Jedes Mal, wenn ich weggehen wollte, ist was passiert. Irgendwann habe ich aufgegeben. Seit einiger Zeit sehe ich die Stadt mit anderen Augen. Ich mag die Isar, den Englischen Garten, die opulente Ästhetik, die Sauberkeit. Aber ich fühle mich auch ein bisschen allein mit meiner Welt, es gibt nicht das Schwingungsfeld für meine Idee; die Leute sind zäher, unbeweglicher als in Österreich und in der Schweiz.

Wenn ich sage, ich bin erleuchtet, verstehe ich darunter nicht, dass ich abgehoben vom Alltag lächelnd durch die Welt gehe. Erleuchtung ist für mich ein Aufwachen und das befreiende Erlebnis zu erfassen, dass es eine objektive Wirklichkeit nicht gibt. Gleichzeitig fühle ich viel stärker als früher, dass ich Teil eines Ganzen bin. Am stärksten erlebt man das in der Natur. Es sind Momente, wo man still wird und selig ist. Ich erlebe es, wenn ich morgens jogge, am Meer spazieren gehe, im Moment des Wiedersehens mit meinen Schwestern, von klein auf erlebe ich es, wenn ich mit anderen musiziere oder in der Wohnung die Musik aufdrehe und tanze. Man ist überwältigt, nicht von sich als Person, sondern vom Einswerden mit etwas. Energetisch ausgedrückt, ist es, als würde im Zellsystem ein ganzes Orchester einen fetten Akkord spielen. Man ist nicht losgelöst, man ist durchlässig für Schwingungen, alle Sinne öffnen sich, ohne den Wunsch, festzuhalten und zu verharren. Ich denke, alle Menschen tragen die Gabe zur Erleuchtung in sich. Ich weiß jedoch: Hätte ich meine Familiengeschichte nicht bearbeitetet, dann könnte ich kein glücklicher Mensch sein, mein Glück wäre immer nur für einen Moment. Denn entweder wäre ich in der Leidensthematik hängengeblieben oder ich hätte mich getriezt, damit ich immer besser werde.

Beruflich nehme ich mir jetzt auch Aufgaben vor, die etwas größer sind als die vorhergehenden, mein Hauptantrieb dabei ist jedoch die Lust weiterzugehen. Bis vor einigen Jahren reichte es mir, von meinen Einnahmen leben zu können, jetzt beginne ich, finanziell in anderen Größenordnungen zu denken und setze meinen Wert hoch an. Wenn ich verreise, ist mein oberstes Kriterium nicht mehr: Wie ist am billigsten? Sondern: Wie ist es für mich am bequemsten? Ich achte weiterhin auf geschickte Lösungen, vorrangig jedoch ist, dass ich mit meiner Kraft haushalte. Geld ist für mich wichtiger, aber es ist nicht die Motivation meines Tuns. Wenn ich nach Seminaren ein Bündel Scheine in die Hand bekomme, empfinde ich eigentlich nur: Danke. Hätte ich nicht gedacht, dass ich einmal so viel bekomme. Mir ist klar, ich werde nicht mein ganzes Leben die gleiche Arbeit machen. Heute läuft mein Business, doch falls morgen niemand mehr anruft und meine Arbeit wegbricht, hätte ich hundert andere Ideen, zurechtzukommen, und sei es, dass ich bei einem Bauern umgraben gehe.

Unglücklich war ich zum letzten Mal, als ich entschied, nicht mehr bei meinen Eltern zu übernachten, weil es von meiner Mutter überhaupt kein Verstehen, keine Unterstützung gibt. Ich merke: Sie erträgt nicht, wie ich bin. Und ich ertrage sie nicht. Einer ihrer Standardsätze ist: »Mein Mann ist das Gehirn«, und so ist es auch. Als ich entschied, mich zurückzuziehen, ging eine Traurigkeit durch mich hindurch, die mich erstaunte, aber ein paar Tage später hatte ich wieder meinen Seelenfrieden. Ich sehe die Situation, aber ich spüre sie nicht mehr.

Nächstes Wochenende halte ich in der Steyr einen Vortrag über das Thema: »Nicht Spiritualität, sondern Bewusstsein führt uns zum Erkennen von Menschsein.« Ich werde anderthalb Tage mit Menschen ein Seminar machen und die Fragen »Wie kreiert man Visionen? Wie kommt man dahin zu sagen: Mein Leben ist glücklich?« mit Körper- und Visualisierungsübungen ergänzen. Mein Ziel ist, dass die Teilnehmer zum Schluss das Gefühl haben: Ich habe wieder Lust auf mein Leben, ich bin echt angetörnt. Ich glaube, glückliche Menschen wissen, dass sie glücklich sind. Sie fragen nicht: »Bin ich schlank genug, hübsch genug, habe ich das richtige Auftreten?« Wenn sie in den Spiegel schauen, setzt nicht sofort die Korrektur ein. Sie sagen nicht: »Ja, man muss ja glücklich sein«, sondern: »Ich bin's.«

Ruth W.: »Glück liegt in der Stille.«

Als wir die Kirche des Stiftes Fischbeck betreten, hat die Führung bereits begonnen. Aufmerksam lauschen Besucher der zierlichen, auf den Stock gestützten alten Dame, die sachkundig und humorvoll die tausendjährige Geschichte des Klosters schildert. Ein stiller Ort, wie aus einer anderen Zeit. Wenige Kilometer von Hameln entfernt, gehört die romanisch-barocke Klosteranlage mit Kreuzgang und Kräutergarten zu den 15 evangelischen Klöstern und Stiften in Niedersachsen, in denen ältere Frauen unter der Leitung einer Äbtissin in einer freiheitlichen christlichen Gemeinschaft leben. Mehr noch als die Kunstschätze zieht die Ausstrahlung unserer Klosterführerin die kleine Gruppe in ihren Bann. Jeder scheint die besondere Begegnung zu spüren, als die Stiftsdame in der Krypta einen Choral anstimmt. Insgesamt acht Konventualinnen wohnen derzeit in dem Stift an der Weser, das 955 für unverheiratete Töchter des Landadels gegründet wurde und heute eine christliche Einrichtung für alleinstehende, verwitwete und geschiedene Frauen ist. Wirtschaftlich unabhängig, helfen sie ehrenamtlich bei den kulturellen, sozialen und praktischen Aufgaben des Stiftes mit und bekommen dafür mietfrei eine eigene Wohnung. Seit 20 Jahren lebe sie hier, sie sei somit die Dienstälteste der Stiftsdamen, verrät unsere Klosterführerin Ruth W. Bei der Verabschiedung bitte ich sie, wiederkommen zu dürfen. Welches Leben schenkt einem Menschen so ein leuchtendes Gesicht?

In festlichem Schwarz und noch ein wenig gebeugter, kommt Ruth W. gerade von der Einweihung des neuen Superintendenten, als ich sie für zwei Tage besuche. Ringelblumen schmücken die Gästewohnung, die wie ihre Dreizimmerwohnung in einem Seitentrakt der Klosteranlage liegt. Im Viertelstundentakt hört man das Schlagen der Kirchturmuhr. Ruth W. hat Kuchen gebacken. Von ihrem Balkon blicken wir in ihren großen, verwunschenen Garten, an der Außenwand hängen getrocknete Kräuter, mit kleinen Zetteln beschriftet. Wenige antike Möbel mit Gebrauchsspuren geben der Wohnung eine behagliche Atmosphäre. Nichts Überflüssiges stört den Grundton kultivierter Schlichtheit.

Mit zeitlich klaren Absprachen regulieren wir die intensive zweitägige Gesprächssituation, die Ruth W. spürbar anstrengt und auch mich mehr fordert als ich erwartet habe. Sie empfinde es als indiskret, Menschen nach Persönlichem zu fragen, äußert die Mitte-achtzigjährige Kapitularin wiederholt und lacht bei meiner Bemerkung, dass eben dies mein Anliegen sei. Hellwach, mit feinem Sprachgespür kommentiert Ruth W.

mit leichter Ironie, wenn Formulierungen ihr schief oder floskelhaft erscheinen. Erfahrungen in Worte zu kleiden macht ihr überraschend Mühe. »Ich habe mein Leben nicht so reflektiert, sondern einfach doof durchlebt«, begründet sie einmal die für ihre Generation nicht untypische Scheu, Gefühle zu analysieren, sei es aus Abneigung oder mangelnder Übung. Dann wieder bricht ihre Einsilbigkeit in unverblümter Pointierung auf. Dem Bild einer eingeschworenen, weltfremden Klostergemeinschaft hatte sie mehrmals vorgebeugt. Wie alle Konventualinnen werde sie im Falle dauerhafter Pflegebedürftigkeit ausziehen müssen.

Ich erinnere mich, dass ich als Kind einmal furchtbar geweint habe. Meine Mutter fragte mich: »Warum weinst du denn?« Ich sagte: »Weil ein so schöner Tag zu Ende gegangen ist.« Ich bin 1921 als Älteste von fünf Geschwistern geboren. Meine vier Brüder kamen kurz hintereinander. Wir wuchsen auf dem Lande auf. Alles war weit, großzügig. Meine Eltern besaßen in Hinterpommern ein Rittergut. Aber wir hatten Sandboden. Und Sandboden bedeutet arm. Wir hatten einen sicheren Rahmen, es gab eine Menge Dienstpersonal, wir wurden jedoch dazu erzogen, dass man nicht zu viele Ansprüche stellt. Nicht an das Leben und nicht an andere Menschen. Es galt der Grundsatz: Weniger ist mehr. Das wurde nicht so formuliert. Es ist eine Empfindung, Lebenseinstellung, die man in sich hat. In materiellen Dingen waren unsere Eltern sehr bescheiden, nicht in ihren geistigen Ansprüchen. Sie waren sehr ernste Menschen. Mein Vater, Jahrgang 1881, interessierte sich für Philosophie, las Schopenhauer und Nietzsche. Er war eigentlich Jurist und hat von seinem Erbe das Gut gekauft. Er erzählte, sein Bruder habe ihm damals, vor dem Ersten Weltkrieg, vom Kauf abgeraten. Der Boden sei schlecht und steinig. Die Antwort meines Vaters war: »Aber es ist doch so schön.«

Land, Boden, Erde, die Scholle: Das ist für mich Glück. Ich hatte in meinem Leben immer ein Stückchen Garten, entweder, wo ich wohnte, oder in den Kliniken, in denen ich arbeitete. Kennen Sie das chinesische Sprichwort? *»Willst du für eine Stunde glücklich sein, so betrinke dich. Willst du für drei Tage glücklich sein, so heirate. Willst du für acht Tage glücklich sein, schlachte ein Schwein und gib ein Festessen. Willst du aber ein Leben lang glücklich sein, schaffe dir einen Garten.«* Die Erde, auf der man groß geworden ist, prägt sehr. Ich habe die Erfahrung gemacht, dass Menschen, die auf Sand oder Stein groß wurden, ganz anders sind als Menschen, die auf Moor oder auf Lehm aufgewachsen sind. Über persönliches Glück wurde bei uns zu Hause weder nachgedacht noch gesprochen. Man schrieb zwar ins Poesiealbum: »Willst du glücklich sein im Leben, trage bei zu andern Glück. Denn die Freude, die wir geben, kehrt ins eigene Herz zurück.« Gefühle waren jedoch kein Gesprächsthema. Man nahm sich nicht so wichtig. Es wurde über Pflichten gesprochen: Das tut man, und das tut man nicht. Wir Kinder hatten alle kleine Aufgaben: Schuhe putzen, Harken, wir hielten die Blumenbeete sauber. Es gehörte auch mit zur Erziehung, dass man nicht so in den Spiegel guckte. Gut angezogen war man, wenn es der Gelegenheit entsprach. Als ich in Stettin die Oberschule besuchte, war ich das Trampel vom Land. Aber das hat mein Selbstwertgefühl nicht verletzt.

Der Kern unseres Familienlebens war eine unreflektierte Sicherheit. Sicherheit bedeutete: Alles war in Ordnung. Morgens ging die Sonne auf, man hatte genug zu essen, abends schlief man in seinem Bett. Spielsachen hatten wir kaum. Weihnachten bekamen wir ein paar Strümpfe geschenkt, wenn es hoch kam, auch mal ein Buch. Wir haben mit Dingen gespielt, die wir draußen fanden. Besonders gern erinnere ich das Raufen nach dem Mittagessen. Nach Tisch haben meine Eltern Parteien gebildet, und dann durften wir gegeneinander antreten. Wir waren ja eine große Kinderschar, hatten oft Besuch. Es war eine Welt mit festen Regeln, jeder kannte seine Grenzen. Die persönlichen, also, was man kann und was man nicht kann. Und die Grenzen, die gesellschaftlich vorgegeben waren. Ich denke, Regeln engen nicht ein. Sie machen frei.

Für mich blieb meine Mutter lebenslang ein unerreichbares Vorbild. Sie war eine vollendete Dame, bildschön, sehr gebildet. Sie hat sich immer richtig benommen. Körperliche Zärtlichkeiten wurden in unserer Familie nicht ausgetauscht. Ich habe meiner Mutter nur einen Handkuss gegeben. Es ist anzunehmen, dass mich das geprägt hat. Vielleicht hatte ich dadurch zu anderen Menschen immer Distanz. Aber ich habe als Kind nichts vermisst. Ich vermute, dass mir schon als Kind der Glauben Sicherheit gab. Wir wurden christlich erzogen, sonntags gingen wir in die Kirche, vor dem Mittag- und Abendessen und vor dem Schlafengehen wurde gebetet.

Wenn meine Mutter einen von uns bei einer Untat ertappt hatte, hat sie die ganze Kinderschar in eine Reihe gestellt, und dann kriegte jeder, patsch, patsch, eine Ohrfeige. Sie sagte: »Ihr habt es alle gewusst.

Warum habt ihr den Übeltäter nicht abgehalten? Und falls einer unschuldig was abkriegt, soll er das nehmen für das Mal, wo ich nicht drauf gekommen bin.« Wenn wir etwas ausgefressen hatten, was eine lässliche Sünde war, mussten wir Texte aus »Plisch und Plum« oder aus »Max und Moritz« auswendig lernen. Wenn man wirklich Mist gebaut hatte, musste man Schwierigeres auswendig lernen, dessen Sinn wir oft gar nicht verstanden haben. Zum Beispiel: »Die Sonne tönt nach alter Weise/In Brudersphären Wettgesang/Und ihre vorgeschriebne Reise/Vollendet sie mit Donnergang.« Heute habe ich ein großes Repertoire an Gedichten und Liedertexten.

Über die Zeit im Nationalsozialismus habe ich mit niemandem gesprochen. Auch mit meiner Mutter nicht, obgleich wir nach dem Krieg einige Jahre zusammenwohnten. Da meine Eltern zur Bekennenden Kirche gehörten und wir jüdische Verwandte hatten, wussten wir, dass es Konzentrationslager gab. Mein Vater starb 1938. Er war deutsch-national und meinte bis zu seinem Tod, Deutschland müsse wieder einen Kaiser haben. Politische Themen wurden jedoch möglichst gemieden. Nicht jeder ist zum Helden berufen. Im Abitursaufsatz wollte ich über »Die Buddenbrooks« schreiben. Mein Deutschlehrer sagte: »Das lassen Sie mal lieber sein.« Da habe ich aus utilitaristischen Gründen das Thema »Volk ohne Raum« gewählt. Man hat ja in der NS-Zeit nicht nur an sich selbst gedacht, sondern auch an die Gefährdung der Angehörigen.

Nach dem Abitur habe ich in einem evangelischen Krankenhaus in Danzig gearbeitet. In diesem Klima war die nationalsozialistische Ideologie nicht so relevant. Aber es war damals so: Meine Brüder waren wild darauf, am Krieg teilzunehmen. Sie hatten Angst, der Krieg könnte vorbei sein, bevor sie groß sind. Der Zweitjüngste war Flieger und blieb vermisst.

Eine meiner größten Glückserfahrungen hatte ich auf der Flucht 1945. Mir wurde plötzlich tief bewusst: Deutschland, Preußen gibt es nicht mehr. Es ist alles, alles vorbei. Aber das Christentum lebt! Ich kann mich an das Gefühl der Freiheit erinnern, als ich nur noch das besaß, was ich auf dem Rücken trug. Ich fühlte mich leicht und glücklich, weil ich nichts mehr an irdischem Besitz hatte. Natürlich, später fing ich wieder an zu sammeln. Vom Lastenausgleich habe ich sofort ein Sofa gekauft. Es ist schön, wenn man ein bisschen Geld in der Hinterhand hat. Nicht viel, aber genug, dass man den anderen nicht zur Last fällt, wenn es mal ganz schlimm kommt. Aber dieses

Freiheitsgefühl *»Omnia mea mecum porto«* (»Alle meine Habe trage ich bei mir«) werde ich nicht vergessen.

Unterschwellig ist mein Lebensgefühl Glück. Aber absolutes Glück, das ist ganz selten. Glück ist, wenn ich etwas sehr Schönes sehe: eine Blume, ein Gemälde, Architektur, Landschaften. Zu Hause in Hinterpommern der Blick über den See. In München die Ludwigstraße in einer bestimmten Beleuchtung. Oder ein guter Gottesdienst. Gewählt habe ich dieses Stift wegen der wunderbaren Kirche.

Nach dem Krieg habe ich München zusammen mit meiner Mutter gewohnt und als leitende Krankengymnastin in einer Herz-Lungen-Klinik gearbeitet. Nach acht Jahren konnte ich die Apparatemedizin und das unnatürliche Sterben nicht mehr ertragen. Beruflich war meine glücklichste Zeit, als ich in den 60er Jahren eine Zusatzausbildung für bewegungsgestörte Kinder in Berlin machte. Gern hätte ich selbst Kinder gehabt. In meiner Generation sind jedoch viele Männer gefallen. Und durch meinen Beruf habe ich sehr viele kleine Kinder im Arm gehalten. Das hat mich mit großer Dankbarkeit erfüllt. Wenn man eine Partnerschaft nicht geschenkt bekommt, dann ist das auch recht. Danach zu strampeln kann man sich doch ersparen. Ich hatte eine große Liebe in Brasilien, wo ich mehrmals eine Tante besuchte. Die Verbindung hat sich gelöst, weil er plötzlich gestorben ist. Wahrscheinlich hat er sich das Leben genommen hat. Er war depressiv.

Mich interessieren Menschen. Sie sind ja Welten für sich, da braucht man gar nicht so weit wegzufahren. Ich habe gern Verwandte, Bekannte besucht und habe mich gefreut, wenn sie gekommen sind. Mit meiner Nichte bin ich sehr dicke. Ich habe im Leben viel Verantwortung gehabt für behinderte, kranke Menschen, habe sie mit Freude gefördert und betreut. Aber dass andere Menschen in mir Glück hervorrufen, dazu bin ich zu kritisch.

Ich hatte eine gute Freundin. Nach dem Abitur haben wir uns in der ländlichen Hauswirtschaftsschule für höhere Töchter kennengelernt. Wir haben uns geschrieben, uns besucht, wir sind viel gewandert, einmal sind wir zusammen nach Rom gefahren. Wir waren sehr vertraut, aber über Gefühle haben wir kaum gesprochen. Unsere Themen waren die Familie und Kunstgeschichte. Was uns unbedingt verband, war unser Glaube, aber auch darüber brauchten wir nicht zu reden. Ich finde es indiskret, in das Innere von jemandem einzudringen. Was einen wirklich bewegt, geht nur Gott an.

Nach Berlin bin ich nach dem Mauerbau gezogen. Ich hörte die Nachricht, als ich auf dem Schiff aus Brasilien zurückfuhr. Da mein Bruder in Ostberlin wohnte und ich ihn besuchen können wollte, nahm ich in West-Berlin in einer psychiatrischen Klinik eine Stelle an. Am Wochenende bin oft zu ihm und meiner Schwägerin nach Ostberlin gefahren. Es hat mir Spaß gemacht, alles Mögliche rüberzuschmuggeln.

In der Psychiatrie habe ich die Erfahrung gemacht, dass wir alle in uns haben, was in Potenz als Schwachsinn gilt. Was ist schon normal? Ich erzähle Ihnen etwas Lustiges: Durch die Medikamente werden psychisch Kranke leicht dick. Es war also meine Aufgabe, sie zu bewegen. Also ein großer Kreis, alle standen, und ich sagte: »Tief und hoch, tief und hoch. Frau Lehmann, machen Sie doch mit! Tief und hoch. Na, kommen sie, Frau Lehmann, tief und hoch. Geht's gar nicht, Frau Lehmann? Probieren Sie's mal.« Ihre Antwort: »Wat soll ick mir bücken, wenn Sie mir doch gleich wieder hochjagen.« Ist doch herrlich! Die war einem doch über! Ich habe dann eine Gartenkolonne eingerichtet, damit die Patienten wussten, wofür sie sich bewegen.

Aufgehört habe ich in der Psychiatrie, weil ich nach zehn Jahren sehr erschöpft war und eine schwere Depression bekam, die auch behandelt wurde. Ich lebte ja hinter doppeltem Stacheldraht. Es gab die Mauer um Berlin und die um die Klinik. Wahrscheinlich hing es auch mit der hormonellen Umstellung zusammen. Alles erschien mir grau, schlecht, ich konnte mich zu nichts aufraffen. Man schafft nichts, traut sich nichts zu. Ich konnte auch keine Musik hören. Wenn ich zur Kirche ging, habe ich da nur geheult. Anderthalb Jahre war ich sehr unglücklich. Ich denke, die Zeit hat mich geheilt. Und meine Schwägerin hat mir sehr geholfen. Nicht, indem sie das großartig analysierte. Sie sagte: »Komm und wohne mal eine Zeitlang bei uns.«

Ich könnte mir vorstellen, dass Gott einen in die Wüste schickt, damit man nicht denkt: Holla, hier bin ich. Alles kann ich machen! Viele Menschen haben ja die Grundeinstellung: Erkenne dich selbst, und sie sagen: »Ich mache jetzt das, ich verwirkliche mich.« Ich finde, Selbstverwirklichung ist ein schreckliches Wort. Menschliche Verantwortung muss den Bezug zu Gott haben. In einer Depression erfährt man, dass man nichts oder wenig kann. Zu bitten: »Gott, erhöre mich. Begleite meinen Gang«, ist eine Geste der Demut. Die fällt vielen Menschen schwer. Aber man kann das üben. In der Krankengymnastik ist Übung ja das A und O. Meine Erfahrung ist: Es braucht auch Übung beim Beten, im Glauben, im Vertrauen, beim Loslassen. Ich halte oft Zwiesprache mit meinem Schutzengel. Vor allem dann, wenn ich mit mir unzufrieden bin, weil ich mich gegenüber Menschen nicht beherrscht habe. Es passiert häufig, dass mir etwas auf den Wecker geht und mir etwas rausrutscht, was mir im Nachhinein unheimlich leidtut. Manchmal schaffe ich es dann, dass ich mich entschuldige. Manchmal kann ich es nicht. An Gott habe ich nie gezweifelt, aber an mir zweifele ich bisweilen. Wenn ich schlechte Gedanken habe, bin ich gern bei Martin Luther, der sagt: »Die schwarzen Gedanken sind wie Vögel. Man kann nicht verhindern, dass sie um den Kopf fliegen, aber man kann verhindern, dass sie Nester bauen.« Das ist doch nett.

Seit 20 Jahren wohne ich hier im Stift. Als ich das Ende meiner Berufszeit auf mich zukommen sah, bin ich am Wochenende herumgereist und habe in Niedersachsen Stifte und Klöster angesehen. Als ich diese Kirche sah, wusste ich, dass ich hier bleibe. In diesen Mauern steckt etwas Freiweltliches. Wir werden bei Führungen oft gefragt, was uns verbindet. Ich antworte: Was uns bestimmt verbindet, ist der Wunsch, dass wir die tausendjährige Tradition nicht abbrechen lassen wollen. Als Kapitularin ist man Miteigentümerin des Stiftes und muss sich um vieles kümmern. Es gibt hier etliche Angestellte, da ist es gut, wenn man sich erkundigt und ihre Arbeit würdigt. Ich organisiere Konzerte. Wenn ich Klosterführungen mache, freue ich mich, wenn ich Besucher in Schwung kriege und sie interessiere. Das ist manchmal schwere Arbeit, meistens kriege ich es hin. Wenn ich keine Führungen habe, bemühe ich mich, Menschen zu besuchen, von denen ich denke, sie freuen sich. Ich bin als Abgesandte der Gemeinde im dörflichen Besuchskreis zu Geburtstagen. Weil ich am längsten im Stift bin, repräsentiere ich auch oft das Stift. Und ich bemühe mich, jeden Tag richtig zu kochen. Gutes Essen ist ja auch ein kleines Glück.

Die Stadt habe ich nie gebraucht. Ich mache viel Handarbeit, lese, ich habe noch erstaunlich gute Augen. Abends lege ich Patiencen, höre dabei klassische Musik, ich schreibe Briefe, allerdings nicht so viel, wie ich möchte, weil ich dazu meist zu träge bin. Im Fernsehen sehe ich gern Krimis. Und wenn ich müde bin, gucke ich mit Wonne Rosamunde-Pilcher-Filme. Herz, Schmerz, wunderschön. Ein bisschen Schnulze kann ich gut vertragen.

Leider komme ich viel zu selten auf den Friedhof. Ich würde gern häufiger die Gräber der Damen besuchen, die schon verstorben sind, aber ich kann nur noch schlecht laufen. Als junge Frau hatte ich eine schwere Blutvergiftung, seither habe ich ständig Rückenschmerzen. Früher bin ich trotzdem gewandert, heute strengt mich jeder Schritt an. Gereist bin ich nicht viel. Ich war mehrmals in Brasilien, in Rom, ich habe mal ein Berufspraktikum in London gemacht. Mein Abenteuer ist der Garten. Zu beobachten, dass alles ganz anders wächst, als man es sich vorgestellt hat. Mit einem Garten muss man lernen, dass man nicht pflanzen kann, was man will, sondern was der Boden mag. Ich liebe Rittersporn, Phlox, doch Rittersporn geht mir hier regelmäßig ein. Gut gedeihen Begonien und Rosen.

Glück ist für mich heute vor allem Stille. Ich muss den rasanten Wandel der Welt nicht mehr begreifen, verstehe oft überregionale Zusammenhänge nicht mehr. Bei Führungen erlebe ich oft, dass Menschen sagen: »Ach, es ist ja so wundervoll still.« Sie sind sich nicht klar, was sie brauchen, aber wenn sie es dann kriegen, freuen sie sich darüber. Aber es wird nichts so leicht gestört wie die Stille. Schwer im Alter ist die zunehmende Nervosität. Ich bin sehr lärmempfindlich geworden und habe große Angst davor, dass ich einmal in ein Heim muss, wo permanent Musik gehört wird. Alte Leute hören schlechter. Damit sie nicht allein sind, stellen sie das Radio laut.

Meine Wünsche für die Zukunft? Natürlich, ich hätte gern weniger körperliche Gebrechen, fände es schön, wenn ich nicht so viel vergesse, ich möchte anderen nicht zur Last fallen. Aber man hat das ja nicht in eigener Regie, und sich dagegen aufzulehnen ist einfach dumm. Vor dem Sterben habe ich jetzt keine Angst. Aber das kann sich ändern. Ich habe so viele Menschen sterben sehen. Es ist jedesmal erschütternd und jedesmal anders. Ich möchte auf jeden Fall nicht so viel Technik dazwischen haben.

Das Ziel, das ich anstrebe, ist Erkenntnis. Pfingsten, nicht Weihnachten ist für mich das schönste christliche Fest. Ich sprach neulich mit einem Priester, der sagte: »Wenn man zehn Weihnachtsfeiern hinter sich gebracht hat, muss man schon einen starken Glauben haben.« Das kann ich gut nachvollziehen. Für mich ist Lebensreichtum, dass ich das Christentum kennengelernt habe und die Möglichkeit habe, darin zu wachsen. Ich weiß: Alles was ich falsch gemacht habe im Leben, und man macht ja viel falsch, dafür ist Christus gestorben. Und Gott hat mir auch einiges gelingen lassen.

Wie Gott ist? Das ist falsch gefragt. Er ist! Er ist alles. Das Christentum ist ein Schatz, den viele Menschen nicht wahrnehmen. Es gehört jedoch zur menschlichen Freiheit, sich gegen Gott zu stellen. Ich war mal mit einem Arzt befreundet, der sagte: »Nein, mit dem Christentum habe ich's nicht.« Aber er lebte nach christlichen Werten, war Menschen derart zugewandt. Ich will niemanden missionieren. Christus sagt ja seinen Jüngern: »Ihr seid das Salz der Erde.« Eine Prise! Ein ganzer Klumpen wäre ungenießbar.

Die Feinde des Glücks

»Gefährte im Elend« – dies sei eigentlich die passende Anrede zwischen Menschen, fand der Philosoph Arthur Schopenhauer.[61] Ähnlich düster schreibt Kafka an seine Freundin Milena: »Manchmal verstehe ich nicht, wie die Menschen den Begriff Lustigkeit gefunden haben; wahrscheinlich hat man ihn als Gegensatz zur Traurigkeit nur errechnet.«[62] Die Welt: ein Ort der Finsternis. Zumindest aus der Sicht von Schwarzsehern. Und ihre Zahl steigt stetig. Vor allem in der Mittelschicht, oft schon in jungen Jahren, nehmen Depression und Angststörungen zu. Jeder fünfte Deutsche hält einmal im Leben das Leben kaum mehr aus und reagiert mit psychischen Symptomen. In der angeblich glücklichen Schweiz begehen jährlich 1400 Menschen Suizid, 1000 davon sind Männer. Langzeitstudien, die seit Beginn der 90er Jahre insbesondere in Finnland, Schweden und Großbritannien das Verhältnis zwischen Stress und Gesundheit untersuchen, kommen zu einem alarmierenden Befund: Unberechenbare Berufsbiographien, Leistungsdruck und Mobilität erzeugen das Gefühl der Dauerbedrohung.[63] Wer im Wettrennen nicht mithalten kann, fühlt sich leicht als Versager. Gegen die Panikattacken, die in Führungsetagen grassieren, sind Ruhm, Titel, Macht und Geld offenbar stumpfe Waffen. Ebenso wie chronische Unterforderung das Selbstvertrauen untergräbt, höhlen Überforderung und der Ehrgeiz, sich ständig zu steigern, das innere Gleichgewicht aus.

In ihrem Buch »Perfekte Frauen« schildert die Bestsellerautorin Colette Dowling den Drang und Zwang, Erreichtes zu überbieten: »Wie ein Bergsteiger, der den nächsten Halt nicht kennt und nur höllisch hofft, es werde einer da sein, hangelte sie sich nach oben, bei allem, was sie tat, um Perfektion bemüht.«

»Ich fühlte mich irgendwann nur noch als Gefangener unserer Pläne«, begründete mein Interviewpartner Axel Braig seinen Ausbruch aus einer Berufskarriere, bei der er selbst auf der Strecke blieb.

Doch nur wenigen gelingt es, die Reißleine zu ziehen und den Teufelskreis zu durchbrechen: Die Jagd nach Rang und Geld macht unzufrieden, die Unzufriedenheit treibt an zur Jagd nach Macht und Geld. Wenn erfüllende Interessen, Leidenschaften und Freundschaften weggebrochen sind, bemisst sich der Selbstwert oft nur noch am Kontostand, was erklären hilft, warum auch Multimillionäre eine weitere Null vor dem Komma anpeilen. Das »immer mehr« schnürt nicht nur unserer Erde und Demokratien die Luft ab, es hinterlässt auch seelisch tiefe Spuren »In den Fängen der Angst« heißt ein Dossier der Wochenzeitung *Die Zeit*, in dem Christian Schüle die Folgen des Siegeszuges von Stress, Hektik, Konkurrenzdruck und Gier beleuchtet: Rund 40 Millionen Menschen in Europa, etwa ein Zehntel der Bevölkerung. werden von Angst und Panik geplagt.[64] »Ich habe Angst und die Angst hat mich«, beschrieb ein befreundeter Arzt einmal die Qual, wenn die Umwelt sich einengt zu einer einzigen Gefahrenzone.

Doch auch Menschen, die nicht abstürzen in den Herrschaftsbereich von Depression und Angst, werden offenbar in Scharen vom Glück übergangen. »Mein Leben war voller Katastrophen. Einige sind eingetreten«, karikierte der Schriftsteller Mark Twain eine Gruppe von Zeitgenossen, die ständig Anlass zur Sorge haben. Obgleich ihr Haus, ihre intakte Familie, ihre gute Arbeitsstelle und robuste Gesundheit sich eigentlich addieren zu rosigen Lebensumständen, will ihr Seufzen, Murren, Klagen nicht verstummen.

Wie Glücksforschung und Psychologie belegen, unterscheiden sich Optimisten und Pessimisten weniger durch das, *was*, sondern *wie* sie etwas erleben. Ob das Glas halb voll oder halb leer ist, hängt ab von unserer Tagesform und der generellen Stimmungslage. Aber nicht nur ihr Talent, Schönes zu entdecken, oder ihre Fokussierung auf die Schattenseiten des Lebens trennt Glückspilze von Unglücksraben. Ihre jeweiligen Bewertungen bewirken auch, dass Pessimisten tatsächlich weniger Anlass zur Freude haben. Da unsere Erklärungsmuster unser Verhalten steuern, brocken sich Schwarzseher effektiv mehr negative Erfahrungen ein, illustriert in Paul Watzlawicks »Anleitung zum Unglücksein« die berühmte Geschichte mit dem Hammer: Ein Mann will ein Bild aufhängen. Da er keinen Hammer hat, will er sich einen vom Nachbarn borgen. Da kommen ihm Zweifel. Ob der Nachbar dazu bereit ist? Neulich wurde er von ihm nur kurz gegrüßt. Wahrscheinlich aus Eile. Aber vielleicht hat der Nachbar was gegen ihn. Warum nur? Er würde ihm ja den Hammer leihen. Solche ungefälligen Leute wie sein Nachbar vergiften einem das Leben. Und dann bilde sich dieser noch ein, er sei auf ihn angewiesen. Der Mann klingelt beim Nachbarn, der öffnet, er schreit den Nachbarn an. »Behalten Sie doch ihren Hammer, Sie Rüpel!«[65]

»Menschen laufen unbewusst ihren eigenen Ohrfeigen nach«, erklärte der Arzt und Psychologe Alfred Adler, ein abtrünniger Schüler Freuds, die Selbstbestrafungsmethoden, mit denen sich Stiefkinder des Lebens ihr Los wieder und wieder bestätigen. Während zufriedene Menschen Ziele haben, die sie anstreben, und günstige Gelegenheiten beim Schopfe packen, beobachte er bei vielen Patienten einen Hang zur Passivität, berichtet der Psychotherapeut Dr. Wolfgang Krüger: »Bei meinen Patienten gibt es zwei Gruppen. Für die eine Gruppe wäre Glück, wenn ein bestimmter Zustand endet: die Krebserkrankung, die Arbeitslosigkeit, die Depression oder Überschuldung. Viele dieser Patienten erkennen erst rückblickend, wie gut es ihnen ging, als sie noch gesund waren, als sie eine Arbeitsstelle hatten, als sie in einer Partnerschaft lebten und das Leben einigermaßen stabil war. Für die zweite Gruppe gilt: Ihr Leben schwimmt wie ein Boot auf einem See so dahin. Aber zur wirklich glücklichen Fahrt fehlt irgendetwas, ohne dass sie wissen, was es sein könnte. Sie haben eine gedrückte Stimmung, sind selten ausgelassen, selten »von Herzen fröhlich«. Sie kennen den Zustand nicht, in dem man die ganze Welt umarmen kann. Selbst wenn sie konkrete Wünsche haben, entwickeln sie selten Strategien, um diese zu verwirklichen. Sie warten ab. Viele meiner Patientinnen sehnen sich nach einem Partner. Ihre Initiative, ein Mann kennenzulernen, ist so gering, dass man vorhersagen kann: Das wird nie zustande kommen.«

Verhaltensweisen der Selbstsabotage

Der Aufschub des Glücks

Ein bewährtes Rezept, um Ziele zu verfehlen, ist es, Vorhaben zu vertagen. Aus Bequemlichkeit und/oder Skepsis, ob sie ihren Vorsatz überhaupt einlösen können, schieben Menschen die Umsetzung immer wieder auf und lassen sich von kleinen Widrigkeiten leicht von ihrer Absicht abbringen. Auch das Umherirren zwischen Optionen, das minutiöse Abwägen ihrer Vor- und Nachteile lässt manche fackeln, bis sich ihr Plan von selbst erledigt. »Unglückliche Menschen überschätzen oft das, was sie kurzfristig erreichen können, und unterschätzen, was sie langfristig erreichen können«, erklären Glücksforscher dieses überdurchschnittliche Hadern, Zögern, Vertrödeln und Flickschustern. Statt Stärken auszubauen, doktern sie herum an Schwächen.

»Wir leben nicht, wir hoffen, irgendwann einmal zu leben.«[66] So hoffnungslos, wie Blaise Pascal, Mathematiker und Philosoph im 17. Jahrhundert, die Lage einschätzte, ist sie nicht. Aber wir sind talentiert, die Erfüllung unserer Wünsche zu vereiteln. Obwohl wir einerseits unsere Volltreffer im Leben gern zur Schau stellen, weichen wir andererseits oft den Chancen zum Glück aus. Mangels Zeit, weil wir gerade mit anderen Plänen beschäftigt sind. Und aus innerem Widerstand, der keineswegs seltenen Angst vor Glück.

Unsere Terminschwierigkeiten leuchten noch am ehesten ein. Gern würden wir das Konzert hören, aber leider muss anderes erledigt werden. Erst die Pflicht, dann die Kür. Tut sich mal eine Lücke auf, wird sie leicht wieder mit Dringendem aufgefüllt.

Guckt man genauer hin, zeigt sich freilich, dass äußere Zwänge oft ein Vorwand sind. »Viele Menschen versäumen das kleine Glück, während sie auf das große vergebens warten«, bilanziert die Schriftstellerin Pearl S. Buck[67] die Hoffnung auf den großen Wurf. Die Vertröstung auf später erspart uns zudem Ernüchterung. Während man sich in der Fantasie ungetrübt Lust und Liebe hingibt, funken realiter Störfaktoren dazwischen. Das Bett knarrt, der Liebhaber hustet, das Handy klingelt im falschen Moment. Und wir nehmen uns selbst überallhin mit.

Im Fühlen und Denken archaischer als wir oft meinen, fürchten wir den Neid unserer Mitmenschen und insgeheim auch die Buchführung einer Schicksalsmacht. »Früher hatte ich oft Schuldgefühle, wenn es mir gutging, aus Angst, dass man Glück mit Unglück bezahlen muss. Wenn jetzt großes Glück kommt, nehme ich es dankbar an«, beschreibt meine Interviewpartnerin Corinna Mahlke die Annahme, unser Glückskonto nicht ungestraft überziehen zu dürfen.

Vor allem aber fürchten wir wohl, selbst aus dem Gleichgewicht zu geraten. So gern sich Menschen in der Kunst oder in der Fernsehshow von großen Gefühlen überschwemmen lassen, im Alltag ziehen viele die wohltemperierte Mittellage vor. Glück, Euphorie, Ekstase gefährden Gewohnheiten und sprengen das beschauliche Tagaus, Tagein, das den Vorteil des vertrauten Gleichmaßes hat. Himmelhoch jauchzen? Man weiß ja, was folgt: zu Tode betrübt. Deshalb dosiert man lieber Gefühlsausschläge nach oben und unten. Und ist dabei in prominenter Gesellschaft. Auf die Frage, ob er glücklich sei, antwortete der Schriftsteller Martin Walser: »Nein. Es ist auch nicht nötig.«[68]

Ständiges Vergleichen

Der Vergleich mit anderen, denen es besser geht, ist ebenfalls ein probates Mittel, Unzufriedenheit zu schüren. Zumal wir das Glück anderer generell überschätzen. Während wir eigene Mühen kennen, blenden wir die Anstrengungen anderer oft aus. Ihnen fällt anscheinend das Glück in den Schoß.

Obwohl das Aneinander-Messen auch anstachelt zu kreativem Leistungswettbewerb, und Menschen Leid leichter ertragen, weil sie ihr Los mit einem noch schlimmeren Schicksal relativieren, liegt Konkurrenz oft die Motivation zugrunde, den Nebenbuhler auszustechen. Unglücklich mache es nicht, wenig zu haben, sondern weniger als andere zu bekommen, erklären Glücksforscher die Unruhe, die Menschen an- und umtreibt, egal, wie viel sie schon besitzen. Auf der »Insel der Seligen« lautet der Titel eines *Zeit*-Artikels über Sylt, in dem der Wirt des »Gogärtchens«, einer der ersten Adressen auf Kampen, über die Gespräche der Schönen und Reichen klatscht. Diskretion gehört zu seinem Gewerbe. Dennoch berichtet Rolf Seiche, wie erstaunt er seinen Gästen zuhört: »Man fasst es ja kaum, was Männer, die große Unternehmen aufgebaut haben, die hoch erfolgreich sind, so alles reden und tun. Wie sie sich um gesellschaftliches Renommee bemühen, um den Ritterschlag einer Einladung zum exklusiven Krebsessen. Wie sehr es um Neid, Liebe und Liebesverrat geht.«[69]

Über dem permanenten Druck, mitzuhalten oder andere zu überholen, hängt das Damoklesschwert, vor ihren Blicken zu versagen. Wer darauf bedacht ist, seine Mitmenschen zu beeindrucken, liefert sich auch deren Urteil aus. Das Selbstwertgefühl stützt sich nicht auf das, was man kann und fühlt, sondern steigt oder fällt mit dem, was andere über einen denken. Menschen, die sich ständig vergleichen, investieren oft nicht in die Entwicklung ihrer Persönlichkeit, sie investieren in ihr Image, das sie notfalls mit Bluffen aufpolieren.

Letztlich dreht es sich darum, als Lebensmeister zu glänzen. Doch im Dauerwettlauf, weiß Wolfgang Krüger, wird gerade die Lebenskunst geopfert: »Wir neigen dazu, unser Glück davon abhängig zu machen, wie gut wir im Vergleich mit anderen abschneiden. Neid ist immer etwas, was Glück zerstört, wobei wir am stärksten neidisch sind auf das Glück der anderen. Besitz können wir uns gegebenenfalls erarbeiten. Aber dass jemand aus tiefstem Herzen unbekümmert ist, wird von vielen Menschen als Bedrohung empfunden. Ich habe mir selbst zum Prinzip gemacht: Wenn jemand etwas besser kann als ich, suche ich den Kontakt und frage: ›Wie machst du das?‹«

Alle meine Enttäuschungen haben sich erfüllt

Unglück freilich lässt sich nicht regulieren. Zwischen Pech und Katastrophe ist das Minenfeld reich bestückt. Ein feindliches Terrain. Für manche Menschen scheint es fast eine Heimstatt zu sein. Sie kennen sich hier aus und wissen, dass es kein Entkommen gibt. Mit traumwandlerischer Sicherheit beschwören sie Niederlage auf Niederlage herauf, wie Eckart von Hirschhausen in seinem Kabarettprogramm aufs Korn nimmt: »Pechvögel haben noch nie etwas im Preisausschreiben gewonnen. Die haben auch nicht mitgemacht, weil sie schon wussten, dass sie nichts gewinnen. Richtige Pechvögel haben natürlich eine unglückliche Partnerschaft, machen das aber wett durch mehrere unglückliche Partnerschaften, parallel.« Manchmal wirkt es, als würden Menschen ihre Benachteiligung geradezu pflegen. »Hätte ich doch …«, ist eine häufige Formulierung, der Unterton der Beschwerde signalisiert allerdings, dass sie jemanden anders für Defizite verantwortlich machen. Doch der Vorwurf »Selbst schuld« lässt die Frage außer Acht, weshalb sie sich immer wieder Fehlschläge einbrocken.

Unser Gehirn ist falsch programmiert, ist die Antwort der Hirnforscher. Wie grob- oder feinmaschig unsere Gehirnzellen (Neuronen) durch Nervenleitungen verbunden werden, hängt von Erlebnissen und emotionalen Prägungen ab, wobei in der Kindheit die meisten Verknüpfungen erfolgen. Bildlich gesprochen, installieren wir ein mentales Verkehrsnetz, dessen Ausdehnung und Struktur abhängig ist vom Verkehrsaufkommen. Erleben wir häufig Glück, so wird die dafür ausgeschilderte Nervenleitung zur Autobahn, erleben wir es selten, wird diesem nur ein Sträßlein eingeräumt.

Was fatalerweise ebenso für Unglück gilt. Denn als Gewohnheitstiere bevorzugen wir ausgetretene Pfade – mit der Folge, dass die gut gespurten Strecken sich immer mehr verbreitern. Unbewusst von einem inneren Autopiloten gesteuert, schlagen Menschen die gleiche

Strecke ein, auch wenn das Ziel sich ein ums andere Mal als Schlamassel entpuppt. Aufgrund neurologischer Erkenntnisse widerspricht die Positive Psychologie deshalb dem Rat, man solle seinem Ärger nur Luft machen. Für einen Moment fühle man sich vielleicht tatsächlich erleichtert, räumt der Mediziner Eckart von Hirschhausen ein: »Das Dumme ist nur, wir lernen alles, was wir oft tun. Das heißt, wenn ich mich scheinbar befreie von dem Ärger, habe ich währenddessen nur gelernt, mich beim nächsten Mal noch leichter zu ärgern. Ich habe die Bahnen im Hirn, die für den Ärger zuständig sind, sozusagen besser geölt.« Statt den Stau mit steigendem Groll zu verschlimmern, könne man beispielsweise eine CD einlegen, laut mitsingen und so die gewohnte Reaktion unterbrechen.[70]

Aber nicht nur aufgrund von Konditionierungen sind Unglücksraben in der Regel Wiederholungstäter. Nach ihrer Auslegung vom Pech verfolgt, ziehen pessimistische Menschen auch Genugtuung daraus, dass ihre Schwarzmalerei sich bestätigt. »Das Tragische im Leben vieler Menschen ist, dass sie sich, vor die Wahl gestellt, ›recht‹ zu haben oder die Chance, glücklich zu sein, für das ›Rechthaben‹ entscheiden … Wenn ich weiß, dass es mein Schicksal ist, unglücklich zu sein, so darf ich nicht zulassen, dass die Realität mich mit Glück verwirrt«, erläutert der Psychotherapeut Nathaniel Branden[71], weshalb Menschen sich selber ein Bein stellen oder ihre Erfolge als Betriebsunfall herunterspielen.

»Wenn ich mein neues Buch sehe, freue ich mich nicht, nein: Ich suche nach Druckfehlern«, beschreibt Rafik Schami seinen neuen Charakterzug, den der syrische Schriftsteller mit dem Einfluss deutscher Mentalität erklärt.[72] Gewiss, unsere Vorstellung und unser Ausdruck von Glück und Unglück werden auch durch nationale Eigenschaften geprägt. (Ein deutscher Schlager beginnt so: »Guten Morgen, liebe Sorgen, seid ihr auch schon wieder da. Habt ihr auch so gut geschlafen, na, dann ist ja alles klar.«)

Die wichtigste Brutstätte unserer Lebenseinstellung ist jedoch die Kinderstube. Ob jemand grundsätzlich zuversichtlich ist oder ob er meist den Teufel an die Wand malt, ob er neugierig seinen Horizont erweitert oder ob er sich einengt, weil er sich von Gefahren umzingelt fühlt, hängt im Wesentlichen vom Vertrauen in eigene Fähigkeiten ab. Das Selbstwertgefühl wiederum fußt darauf, welche Antwort man als Kind auf die indirekt gestellte Frage bekam: Habe ich Glück verdient? Oder bin ich eigentlich des Glücks nicht würdig?

Neurotische Selbstbestrafung

Wird das Grundvertrauen zu sich und anderen nicht aufgebaut, entsteht häufig ein unbewusster Konflikt, den wir als neurotische Störung bezeichnen. Dass Menschen provozieren, worunter sie leiden, erklärt Karen Horney, einer der weiblichen Pioniere der Psychoanalyse, mit der unbewussten Gegnerschaft zu sich selbst. Aufgrund einer missglückten Elternbeziehung in einer notwendigen Eigenliebe nicht bestärkt und als Persönlichkeit wenig gefestigt, wird ein neurotischer Mensch von Sehnsucht und Selbstbestrafung in entgegengesetzte Richtungen getrieben. Auch seine Wünsche sind infolge seiner Ich-Schwäche gespalten. Zwar kann er durchaus genießen. Das kommt jedoch selten vor, da es an viele Bedingungen geknüpft ist und seine Bedürfnisse sich oft widersprechen. So ist beispielsweise ein Neurotiker erleichtert, dass jemand anderes die Führung übernimmt, doch gleichzeitig verübelt er, dass jemand ihm sagt, wo es langgeht. Unsicher, wen oder was sie lieben, was sie wünschen, was sie hoffen, fassen Menschen mit einer neurotischen Persönlichkeitsstruktur Gefühle insgeheim als Schwachstelle auf. Ihre schnelle Kränkung, übergroßen Befürchtungen und Verkomplizierungen machen Phasen der Zufriedenheit äußert störanfällig.

Die Tragweite der Neurose zeigt sich in sozialen Beziehungen. Da Ich-Unsicherheit verhängnisvoll einhergeht mit starker Ich-Bezogenheit, schenkt ein Neurotiker seinen Mitmenschen geringe Aufmerksamkeit. Sich selbst ständig im Wege, nimmt er auch die Bedürfnisse, Ideale, Ziele anderer wenig ernst. Gierend nach Akzeptanz und Zustimmung, gleichzeitig im tiefsten Herzen davon überzeugt, nicht liebenswert zu sein, benutzt er Menschen für sein Geltungsbedürfnis. Um sich von Schuldgefühlen zu entlasten, projiziert er seine eigenen egoistischen Beweggründe auf andere. Aber auch weil für ihn außerhalb seiner eigenen Empfindungen wenig existiert, geht er davon aus, dass seine Mitmenschen ihn so geringschätzig behandeln wie er sie behandelt oder behandeln möchte.

In lichten Momenten ist sich ein neurotischer Mensch seines inneren Widerstreits durchaus bewusst. Meist aber macht er seine Not an vermeintlichen Widrigkeiten fest. Das Lamento über die äußere Misere lenkt vom inneren Elend ab. Er ahnt zwar, dass er selbst die Quelle des Unglücks ist, erwartet aber Verbesserungen von außen. Doch wer sich selbst fehlt, dem fehlt alles. Ein Mensch ohne stabiles Selbstwertgefühl nimmt diesen Mangel in jede Situation mit hinein.

Schicksalsschläge – Fluch oder Chance?

Warum bewältigen Menschen schwere Schicksalsschläge, mit denen andere nicht fertig werden? Die Frage beschäftigt vor allem die Resilienzforschung. Seit fast 30 Jahren ergründen Psychologen, welche seelische Widerstandskraft Menschen Traumata und Krisen überstehen lässt.[73] Auch Glücksforscher befassen sich damit: Diametral klaffen die Freude eines Lottokönigs und die Verzweiflung eines gezeichneten Unfallopfers zunächst auseinander, doch schon nach einem Jahr nähert sich ihre Grundstimmung wieder an. Extreme Gefühle haben oft eine kurze Halbwertszeit. Im Guten wie im Schlechten werde die Intensität von Emotionen überschätzt. Fast immer freilich ist es zunächst ein persönlicher Weltuntergang, wenn eine Krankheitsdiagnose oder Katastrophe die bisherige Lebensweise durchkreuzt und alle Pläne zunichte macht. »Meine Zukunft schnurrte zusammen auf ein Bild: Ich in diesem schweren Rollstuhl aus Metall – ein Leben lang«, beleuchtet Steffen Köhn in unserem Gespräch den Schock, als er nach einem Badeunfall seine Querschnittslähmung richtig begriff.

Seit 20 Jahren Mitarbeiterin der Fürst-Donnersmarck-Stiftung, eine Stiftung für körperbehinderte Menschen, und in Berlin Leiterin des Bereichs Freizeit, Bildung, Beratung, weiß Annemarie Kühnen-Hurlin, welchen Einschnitt es bedeutet, jäh auf fremde Hilfe angewiesen zu sein. Doch sie erlebt auch, in welchem Maße Betroffene die langfristige Perspektive beeinflussen können: »Positiv denkende Menschen gucken nach vorn. Sie durchschreiten ebenfalls den notwendigen Prozess von Trauer, Wut, Enttäuschung, aber sie haben gelernt, auf den Käse zu gucken und nicht auf die Löcher. Sie konzentrieren sich auf das, was sie haben, und nicht auf den Mangel. Behinderte können sagen: Ich bin in ein Wohlstandsland hineingeboren, dadurch habe ich viele Hilfsmittel. Diejenigen, die ihr Schicksal meistern, sagen: ›Ich bin glücklich, weil …‹, nicht: ›Ich bin glücklich, obwohl …‹ Sie wissen, was ihnen Glück schenkt, können es benennen. Sie suchen und finden einen neuen Lebensweg.«

Nach Ergebnissen der Resilienzforschung zeichnen sich Menschen, die an tragischen Lebenswenden nicht zerbrechen, durch folgende Eigenschaften aus:

- Sie nehmen ihr Schicksal an. Sie wissen: Weglaufen hilft nicht. Sie stellen sich der Krise, wachsen an ihr.
- Sie suchen nach Lösungen und an Ansprechpartnern.

- Obwohl sie zunächst auch hadern, verharren sie nicht in der Opferrolle. Statt zu sagen: »Ich kann nicht«, nehmen sie sich vor: »Ich probiere es.«
- Sie gehen davon aus, dass negative Ereignisse begrenzt sind. Weil sie ein inneres Gegengewicht haben, blicken sie zuversichtlich in die Zukunft.
- Sie zermartern sich nicht mit Selbstvorwürfen.
- Sie rechnen mit den Wechselfällen des Lebens. Zur Fülle des Lebens gehört auch Unglück. Weil sie es nicht ausklammern, sind sie mental besser auf schmerzliche Lebenseinschnitte vorbereitet.

Negativ denkende Menschen richten sich hingegen im Status des Kranken ein, beobachtet Annemarie Kühnen-Hurlin. Weil Schwarzseher ihre Wahrnehmung auf ein schmales Terrain eingeengt haben, sehen sie kaum Ausweichmöglichkeiten vor dem Unglück, als dessen ohnmächtige Zielscheibe sie sich fühlen. Gleichzeitig profilieren sie sich in der Opferrolle. »Es klingt ja haarig, aber ich kenne auch den Fall, dass die erworbene Behinderung wie eine Genugtuung erlebt wird, den eigenen Pessimismus bestätigt zu kriegen. Sie sagen: ›Ich wusste ja schon immer, dass mich das Leben bestraft.‹ Und dann müssen andere für das von ihnen Erlittene Buße tun. Es gibt auch das Wetteifern: Wer hat es schwerer? Ich erlebe oft: Wenn ein Nicht-Behinderter sagt, mir geht's ganz schlecht, wird das abgetan: ›Habe du erst mal mein Schicksal.‹ Die Gefahr ist, dass sie sich verlieren in Schmerz und Selbstmitleid. Halt bekommen sie wieder, indem andere auf ihr Verhalten reagieren. Wenn ich fokussiert bin auf Defizite, brauche ich jemanden, der mich korrigiert, der mein Blickfeld erweitert, der mich überhaupt auf die Idee bringt, etwas anders zu sehen. Und gegebenenfalls sagt: ›Bis hierher und nicht weiter!‹« Doch gerade ihre Not dünnt die sozialen Beziehungen von Menschen in Krisen oft aus. »Wenn jemand Krebs hat, ist es oft so, dass der Freundeskreis sich drittelt«, skizziert der Psychotherapeut Wolfgang Krüger den bitteren Regelfall.

»Plötzlich behindert sein bedeutet meist mehr Einsamkeit«, beobachtet auch Annemarie Kühnen-Hurlin. »Freunde ziehen sich zurück, weil sie sich von den radikalen Veränderungen überfordert fühlen. Sie wissen nicht, was heißt das jetzt, was kommt auf uns zu? Unbewusst befürchten etliche Menschen, dass Unglück abfärbt. Ihnen geht es gut, nichts soll das gefährden. Deshalb meiden sie jede Berührung mit dem Virus Unglück. Es stellt sich angesichts des

Leids eines anderen auch die Frage: ›Darf ich noch glücklich sein? Darf ich mich in der Gegenwart eines vom Schicksal geschlagenen noch freuen?‹« Falls Betroffene nur noch um ihr eigenes Los kreisen, gehe jedoch selbst treuen Freunden irgendwann die Puste aus.

Auch wenn Menschen ihrer Verletzbarkeit und Endlichkeit nicht entrinnen können und wir machtlos gegenüber Schicksalswenden sind, haben wir die wirksamsten Heilkräfte in uns selbst. Die 40-Jährige, die erblindet, der querschnittsgelähmte 35-jährige Steffen Köhn, die junge, kleinwüchsige Frau: Es sind glückliche Menschen, von denen Annemarie Kühnen-Hurlin erzählt. Alle drei seien kontaktfreudig, humorvoll, zielstrebig, gepaart mit einer Portion Pragmatismus. Am hilfreichsten aber sei, dass sie den Zeiten ihrer Nicht-Behinderung nicht mehr nachtrauern: »Sie übertragen den Satz ›Jedes Ding hat zwei Seiten‹ auf ihre Situation. Sie können vieles nicht mehr, aber sie können dafür anderes. Und bei allen gibt es in der Kindheit eine Person, von der sie so akzeptiert und geliebt wurden, wie sie sind.« Für die Widerstandskraft gegen Unglück ist das die wichtigste Ressource.

Malte B.: »Vielleicht schenkt einem Unglück das Glück, bewusster zu leben.«

Hofreite nennt sich das kleine hessische Gehöft, vor dem wir nach einer kurzen Autofahrt von Gießen nach Kleinlinden halten. Als wir die Tür zum Innenhof öffnen, werden wir freudig von einem schwarzen Labrador begrüßt. Wir setzen uns in die Wohnstube, die Verwandlung des alten Hauses von der Entkernung bis zum derzeitigen Sanierungsstand wird der 31-jährige Malte B. mir später auf dem Laptop zeigen. Ein gewaltiges Projekt, das er und seine Lebenspartnerin Charlotte L. seit zwei Jahren eigenhändig stemmen, parallel zu ihrer Berufstätigkeit.

Die Tüchtigkeit des jungen Paares imponiert mir, ihre nunmehr 14-jährige stabile Beziehung hebt sie von Gleichaltrigen ab, ihr beruflicher Seiteneinstieg scheint mir für ihre Generation nicht untypisch zu sein. Beide, Charlotte und Malte, schlossen ihr naturwissenschaftliches Studium nicht ab und bauten Paralleljobs zur Berufsbasis aus. Malte, ein großer, schlanker Mann mit ernstem Gesicht, arbeitet selbständig im EDV-Bereich. Charlotte, eine 30-Jährige mit rundlicher Figur und fröhlichen Augen, beendete kürzlich ihre Probezeit in der Werbeabteilung eines großen Möbelhauses.

Als wir abends in der Sitzecke des noch spärlich begrünten Hofes Nudeln mit selbstgemachtem Pesto essen, bietet sich die Gelegenheit zu einem Gespräch zu dritt. Malte ist mir durch die einst enge Freundschaft mit seinen Eltern vertraut. Der tragische Verlust seiner Mutter, die psychische Erkrankung seines Bruders sind Hypotheken, an denen der vormals so behütete Junge hätte zerbrechen können. Als ich Malte später wiedersehe, freue ich mich über seinen spürbaren inneren Halt und seine warmherzige Natürlichkeit, auch wenn sein ausgeprägtes Verantwortungsgefühl ahnen lässt, wie sehr sein Spielraum geschrumpft ist, das Leben auch mal leichtsinnig und übermütig herauszufordern.

Mit der Krebsdiagnose und dem Sterben von Charlottes Mutter erfolgte seither ein weiterer schmerzlicher Lebenseinschnitt. Vielleicht schweiße geteiltes Unglück noch mehr zusammen als geteiltes Glück, begründet Charlotte die enge Bindung des auffällig ungleichen Paares, die auch die sprichwörtliche Krise im siebten Jahr überstand. Kritisch gegenüber traditionellen Rollenmustern in ihrer rumänisch-ungarischen Familie, gleichwohl froh über das Netz enger Verwandtschaftsbeziehungen, lässt Charlotte offen, wie dringend für sie die eigene Familiengründung ist. Mehr als früher kollidiere ihr grundsätzlicher Kinderwunsch mit beruflichen Chancen; ihr Traum von einer Hochzeit in Weiß sei längst abgelöst von der Überlegung, welchen Aufwand ein großes Fest bedeuten würde, erläutert die gebürtige Siebenbürgerin. Falls sich andernorts bessere Berufsmöglichkeiten böten, schließe sie auch den Wiederverkauf ihres Hauses nicht aus, trotz ihrer Freude über jeden bewohnbaren Quadratmeter.

Für einen Bauherrn ungewöhnlich konzise, erläutert mir Malte vor meiner Abfahrt die Ausbaupläne für die angrenzende Scheune, dem asphaltierten Hof werde bald ein weiteres Hochbeet abgetrotzt, die Erkundung der Nachbarschaft ist auf der Liste von Unerledigtem an oberer Stelle. Als er mich zum Bahnhof fährt, macht er mich auf eine Klinik aufmerksam. Seltsam, dass sein täglicher Arbeitsweg ihn an der Psychiatrie vorbeiführe. Oft sehe er Patienten unter Psychopharmaka mit den typisch ruckartigen Kopfbewegungen, die er von seiner Mutter kenne.

Über mich zu sprechen ist kein Problem für mich. Ich halte nichts davon, Gefühle zu verbergen, die meisten meiner Bekannten haben jedoch nicht den Drang, tiefe Gespräche zu führen. Die Bereitschaft, über mich zu sprechen, habe ich erst entwickelt, seitdem ich von zu Hause weg bin und nach dem Tod meiner Mutter viel über meine Gefühle nachgedacht habe. Dazu hat Charlotte einen großen Beitrag geleistet.

Charlotte und ich haben uns mit 17 in der Schule kennengelernt. Es war nicht die typische Liebe auf den ersten Blick. Die lange gemeinsame Zeit schafft Vertrautheit, Geborgenheit, es entsteht eine emotionale Abhängigkeit voneinander. Wir sind auch durch Leid zusammengewachsen. Wir leben gewiss anders als Paare, die nicht so viel Unglück erlebt haben. Vielleicht schenkt einem das auch mehr Glück, weil man bewusster lebt, dankbarer ist und somit das Glück auch beeinflusst.

Ich hatte eine wunderschöne Kindheit. Am liebsten erinnere ich mich daran, dass unsere Wohnung und später unser Haus ständig voller Menschen war. Geraldine und Wilhelm, meine Eltern, und wir hatten immer Freunde um uns herum, meist sind wir auch mit Freunden oder Verwandten verreist. Wir waren von Leben umgeben. In einem Alter, in dem man sehr viel Bewegungsdrang hat, tollten mein Bruder und ich mit den Nachbarskindern durch die Gärten, bauten Baumhäuser und Dämme, wir haben oft bei Spielkameraden übernachtet, im Sommer haben wir draußen gecampt.

Meine Eltern waren sehr liebevoll und auch ein sehr harmonisches Paar. In unserer Familie gab es nie Streit, was ich heute auch als negativ ansehe. Charlotte fragte mich in den ersten Jahren manchmal: »Warum sagst du deinem Vater nicht, wenn dich etwas irritiert?« Aber es gab bei uns einfach keine Auseinandersetzungen. Im Haushalt haben wir vieles gemeinsam gemacht, wir haben zusammen die Wohnung aufgeräumt, Geschirr gespült, den Hund und die Katzen gefüttert. Es gab keine aufgeteilten Pflichten. Anders als mein Bruder Peter habe ich gern beim Kochen geholfen. Ich möchte, dass auch bei uns die Küche zum räumlichen Mittelpunkt wird.

Als Geraldine noch lebte, war die Beziehung zu ihr die herzlichere, sie war ein Bauchmensch, während Wilhelm immer der Kumpeltyp war. Er war und ist ein unkomplizierter Vater, der auch groben Unfug mitmachte. Ich konnte ihn überallhin mitnehmen, er hatte keine Gewohnheiten, keine Macken, auf die man sich einstellen musste, ich konnte mit ihm so sein wie ich bin. Von ihm habe ich den Spaß an handwerklichen Dingen, den Mut, Neues anzupacken. In seiner Freizeit war er früher Sänger in einer Band, er hat viel Musik gehört: Blues, Jazz, Rock 'n' Roll. Ich habe das Klavierspielen aufgegeben, aber Musik bewegt mich sehr. Wenn ich Musik höre, bin ich glücklicher. Alles, was mit Farben zu tun hatte, hat Geraldine zu Hause übernommen: Sie hat die Wände gestrichen, die Möbel abgebeizt, manche Möbelstücke hat sie bemalt. Wenn wir abends zusammensaßen, stickte oder strickte sie oder sie arbeitete an ihren Bildern. Ich habe ihre Bilder aufgehängt, weil ich sie schön finde. Eines ihrer letzten steht in der Scheune, es ist nicht schön, sondern düster.

Zu Wilhelm habe ich nicht Papa, sondern Wilhelm gesagt, zu Geraldine habe ich auch Mama gesagt. Warum, weiß ich nicht. Für Gespräche war sie immer meine Anlaufstelle. Wilhelm zeigt Emotionen lieber durch Gesten, aber er sagte häufig, dass wir als Familie glücklich und gesegnet sind.

Der Tag, an dem Geraldine starb, begann ganz normal. Es war der erste Schultag nach den Osternferien. Wilhelm, sie und Peter waren abends spät aus dem Urlaub zurückgekehrt. Wir hatten gemeinsam das Wohnmobil ausgeräumt, später aßen wir die mitgebrachte Salami und erzählten. Ich war nicht mitgefahren, weil ich anderthalb Jahre zuvor Charlotte kennengelernt hatte und froh war, zu Hause mal allein zu sein. Morgens verabschiedete mich Geraldine ohne jede Auffälligkeit, doch als ich ins Schulsekretariat gerufen wurde, ahnte ich gleich, dass etwas Fürchterliches passiert war. Zu Hause war bereits die Kripo, alles war in Aufruhr. Es war eine sehr unwirkliche Situation. Eben hatte Geraldine noch Schulbrote geschmiert, und jetzt wurde sie im Sarg aus dem Garten getragen. Man kann es nicht fassen, dass jemand so plötzlich weg ist, aber ich war auch zornig: Wie kann sie uns alleinlassen? Vorwürfe habe ich ihr jedoch nur in kurzen Momenten gemacht, weil ich überzeugt bin: Es war nicht meine Mutter, die sich den Strick um den Hals gelegt und das Leben einfach weggeworfen hat. Die Krankheit hat sie dazu getrieben. Sie war in diesem Moment nicht bei sich, hat den Übergang vom stressfreien Urlaub in den normalen Alltag einfach nicht mehr geschafft.

Wir sind mit Geraldines Freitod sehr offen umgegangen. Jedem, der fragte, haben wir es erzählt. In der ersten Zeit kreisten wir immer wieder um die Fragen: Warum hat sie diesen Weg gewählt? Und weshalb haben wir auf ihre Selbstmordgedanken nicht mehr reagiert? Vielleicht waren wir blind, weil sie unsere Mutter war. Geraldine war in den letzten Jahren immer nachdenklicher geworden. Als wir das Alter hatten, in dem sie mit uns ernsthaft sprechen konnte, hat sie auch oft gesagt: »Ich bin nicht glücklich. Ich habe Angst. Wie machen wir das in Zukunft?« Wir haben sie dann in den Arm genommen, ihr gesagt, wie sehr wir sie lieben, wir sahen, dass es ihr besser ging, je mehr sie unsere Nähe spürte, auf dem Sofa saßen wir Schulter an Schulter. Dass sie anders war als andere Mütter, spürte ich sehr früh, dass sie krank war, habe ich erst mit 16 wahrgenommen. In diesem Alter verstand ich, dass sie nicht nur besonders, sondern oft tief unglücklich und so verzweifelt war, dass sie auch vor uns von Selbstmord sprach. Doch wie kann man das ernst nehmen, wenn jemand so viel Liebe ausstrahlt und nicht mal imstande ist, einen verletzten Vogel einzuschläfern? Sie rang um jedes Lebewesen, hat uns immer vermittelt, dass Leben ein Geschenk ist. Ich wusste zwar, dass Geraldine eine Psychose hat, aber was sie durchgemacht hat, habe ich erst erfasst, als mein jüngerer Bruder vor einigen Jahren ebenfalls an einer Psychose erkrankte. Er beschrieb mir, wie es ist, wenn man nichts empfindet, keine Freude, keinen Sinn, wenn man sich wie eine leere Hülle fühlt. Man fühlt nichts außer der Verzweiflung, dass es nicht besser wird.

Nach ihrem Tod haben Wilhelm, Peter und ich in einem Raum nebeneinander geschlafen, uns nachts auch an der Hand gehalten. Peter war zunächst sehr nüchtern, er hat kaum geweint, ich denke, er stand unter Schock, er war ja dabei, als Wilhelm Geraldine fand, da sein Schulunterricht an diesem Tag später begann. Doch so schlimm und surreal alles war, es war auch eine der schönsten Wochen. Wunderbar war, dass meine Oma und mein Opa und Wilhelms Bruder und Schwägerin sofort kamen, ein Tag nach Geraldines Tod stand ein Onkel aus Washington in der Tür. Es fängt einen sehr auf, wenn viele Menschen die Trauer teilen. Nach der Beerdigung redet man ja auch über andere Themen, man trifft Leute, die man lange nicht gesehen hat, erfährt, was in der Zwischenzeit geschehen ist, man merkt, dass das Leben weitergeht. Fast alle haben gesagt: Es war eine so helle Beerdigung, die Geraldines Wesen entsprach. Das hat mir sehr geholfen.

Nach anderthalb Wochen gingen wir wieder zur Schule. Ich war froh, als unser Leben wieder normaler wurde, ich war froh, dass Charlottes Familie mich mit so viel Wärme aufnahm, ich hatte die Nähe zu Charlotte und dadurch einen Riesenvorteil gegenüber Wilhelm und Peter. Charlottes Mutter ähnelte in vielem Geraldine. Wenn sie einen Raum betrat, war Freude da. Selbst in den letzten Monaten ihrer Krankheit hatte sie Lichtmomente, in denen sie sich mit großer Warmherzigkeit auf Menschen einließ und ihnen zuhörte. So war es auch bei Geraldine gewesen, man konnte in ihrer Gegenwart keine schlechte Laune haben.

Ich will Geraldine so in Erinnerung behalten, wie sie war, wollte ihren Leichnam nicht mehr sehen. Ich glaube nicht an ein Jenseits. Aber ich denke, dass Menschen Spuren in der Natur hinterlassen. Charlotte und ich haben es als ein Zeichen genommen: An Geraldines Todestag ging eine japanische Kirsche, die in unserem Garten in jenem Sommer besonders üppig blühte, binnen eines Tages ein, der Baum warf die Blüten einfach ab. Und am Tag, als Charlottes Mutter starb, flog ein Schmetterling ständig um uns herum, als wir wieder nach Hause kamen. Vielleicht ist es ein Zufall, aber es passt einfach zu den Menschen, die von uns gegangen sind.

Charlotte und ich kennen uns aus der Schule. Nachdem ich im Gymnasium sitzengeblieben war, wechselte ich auf die Gesamtschule, die mir viel mehr lag. Es gab viele Ausländer, die Schüler kamen aus unterschiedlichen Schichten. Der Unterricht war individueller; gleichzeitig hatte jeder die Chance, die ganze Klasse nach vorne zu bringen. Auch meine beiden besten Freunde sind ehemalige Klassenkameraden. Der eine ist Handwerker, der andere Optiker.

Mit Freunden von früher ist es unkomplizierter, man macht sich keine Gedanken, wie man sich gibt, braucht keine Aufwärmphase, wenn man sich mal länger nicht gesehen hat. Es ist nicht so, dass ich Menschen abscanne, ich merke jedoch schnell, ob sich jemand von Gefühlen leiten lassen kann. Nahe sind mir eigentlich nur gefühlsbetonte Menschen, wobei ich es verabscheue, wenn man in Selbstmitleid verfällt statt eine unbefriedigende Situation zu ändern.

Nach Gießen sind Charlotte und ich gegangen, weil wir dort beide einen Studienplatz bekamen, sie für Biologie, ich für Veterinärmedizin. Bezüglich meiner Berufswahl haben meine Eltern nie Erwartungen geäußert. Sie waren höchstens Ideengeber, keine Richtungsweiser. Das einzige, wozu sie uns rieten: »Macht das Abitur, damit ihr, wenn ihr wollt, studieren könnt.« Wilhelm hat mich nie in Richtung Tiermedizin gedrängt, doch ich fand seine Berufssituation immer ideal. Durch die Praxis im Haus war sein Beruf mit dem Familienleben verschmolzen, er war immer greifbar in Momenten, wo es für uns wichtig war. Ich hätte mir gut vorstellen können, in seine Praxis hineinzuwachsen, doch das Studium war mir zu praxisfern, ähnlich wie auf dem Gymnasium konnte ich mich mit dem elitären Denken unserer Professoren nicht anfreunden, die letzten beiden Studienjahre hatte ich mich nur noch gequält. Als ich durch das zweite Staatsexamen fiel, war ich zunächst verzweifelt. Man steht vor den Trümmern eines langen Studiums und weiß nicht, wie es weitergehen soll, hängt völlig in der Luft. Damit ich die Prüfung vielleicht noch einmal wiederholen kann, ließ ich mir bescheinigen, dass ich zu dem Zeitpunkt nicht prüfungsfähig war.

Als ich mich entschieden hatte, das Studium erst einmal ruhen zu lassen, war ich sehr erleichtert. Ich habe mir gesagt, der Beruf hätte mir sehr gelegen, aber ich muss akzeptieren, dass der Weg dahin nichts für mich ist. Ich wollte nicht mehr nur auswendig lernen, die dreijährige Assistenzzeit schreckte mich. Explizit habe ich Wilhelm nie mitgeteilt: »Mit der Tiermedizin klappt es nicht mehr.« Obwohl er oft gesagt hat: »Wenn du nicht willst, lass das Studium sein«, und er natürlich merkte, dass ich meinen Schwerpunkt immer mehr verlagerte. Ich will ihn nicht enttäuschen und lasse ihm und mir eine Hintertür offen. Auch wenn der Studienabschluss mich in seiner Sicht nicht ausmacht, bohrt in mir schon das Gefühl, gescheitert zu sein. Ich war nicht in der Lage, mich nur auf das Studium zu konzentrieren und alles andere auszuklammern, da mir andere Dinge ebenso wichtig waren. Ich habe gearbeitet, um Ausgaben wie mein Auto zu finanzieren, ich wollte etwas mit Freunden unternehmen, mit Charlotte reisen, ich war von Anfang an im Volleyballverein. Ohne Volleyball hätte ich das Studium nicht so lang durchgehalten, es bot die Möglichkeit, Druck abzulassen. Auch heute gehe ich zwei- bis dreimal in der Woche zum Training. Mannschaftssport hat mich immer mehr gereizt als Einzelsport. Man trägt durch Eigenleistung zum Gesamterfolg bei.

Meine jetzige Arbeit macht mir Spaß und erfüllt mich. Ich bin Geschäftsführer und stiller Gesellschafter einer kleinen Firma im EDV-Bereich. Unsere Teamarbeit ist sehr innovativ, ich habe engen Kontakt zu Kunden, wir haben ein angenehmes Betriebsklima. Reingerutscht bin ich in die Branche durch einen Bekannten im Volleyballteam, ich habe in der Firma gejobbt und freundete mich mit dem Inhaber an. Damals machte die Firma Umzüge für große Banken, heute entwickeln wir Software-Module, die zurechtgeschnitten sind auf Kunden in der Logistikbranche. Wir organisieren Speditionen innerhalb Europas. Es gibt in unserem Segment in Deutschland kaum nennenswerte Mitbewerber, wir streben jedoch nicht an, mit voller Power durchzustarten, unsere Firma soll überschaubar bleiben. Bei 30 Angestellten weiß die rechte Hand nicht mehr, was die linke macht, deshalb sind 15 Mitarbeiter das Maximum, knapp doppelt so viel wie jetzt. Allerdings müssen wir dafür einen Markt schaffen, deshalb will ich unsere Firma schon in Richtung Expansion lenken. Ich arbeite 45 bis 50 Stunden in der Woche, derzeit muss ich noch gegen viele Hürden ankämpfen. Die Branche hat ja einen schlechten Ruf, ich habe den Ehrgeiz, das Gegenteil zu beweisen. Wenn ein Geschäftsführer mir sagt: »Es war toll, was Sie gemacht haben«, bin ich stolz und gleichzeitig glücklich. Ich denke, das Stadium des hundertprozentigen Glücks kommt noch. Die Voraussetzung dafür ist, dass man Ruhe und Freiheit hat, so zu agieren wie man möchte.

Reich zu werden ist nicht mein Ziel. Mein Anspruch ist: Ich möchte zweimal im Jahr in den Urlaub fahren, ich möchte wählen können: Kochen wir abends etwas oder gehen wir essen?, unsere monatlichen Fixkosten müssen gedeckt sein, und die schließen ein: Kredite, Haus, Reisen, Auto, Vergnügen. Das heißt aber nicht, ein großes Auto zu fahren; heißt nicht, dass ich sofort das Dach reparieren und das Haus verputzen lassen kann. Der Besuch bei Charlottes Verwandten in Rumänien zeigte mir, wie gut es uns materiell geht.

Ihre Großeltern haben 70 Jahre lang ohne warmes Wasser aus der Leitung gelebt. Obwohl die Menschen so wenig besitzen, sind sie heiter und fröhlich und pflegen eine Gastfreundschaft, die man in Deutschland nicht kennt.

Ohne Charlotte zu leben, kann ich mir nicht mehr vorstellen. Wir hatten drei Schicksalsschläge zu verkraften, wir haben sie gemeistert, lieben uns mehr denn je, persönlich geht es uns sehr gut. Ich schätze Charlottes Offenheit, Warmherzigkeit, Ironie, ihre Unkompliziertheit. Allgemein denke ich optimistischer als sie, kehre die positiven Seiten mehr heraus. Aber welche andere Frau hätte es mitgemacht, in ein Haus ohne sanitäre Einrichtungen einzuziehen? Früher wollte Charlotte, dass wir heiraten. Für mich war das nie wichtig, und in den letzten Jahren ist das für Charlotte auch ferner gerückt. Wenn wir heiraten, werden wir das nicht im großen Kreis feiern, sondern nur für uns.

Wir hatten auch Phasen, in denen wir uns beide fragten, ob wir uns zu früh gebunden haben. Hätte ich allein mehr für das Studium gelernt? Hätten wir uns mehr austoben sollen? Manchmal habe ich mir eine offene Beziehung gewünscht. Aber wir sagen uns jetzt: Wir haben den Vorteil, dass wir unser Zusammenleben nicht mehr erproben müssen. Natürlich gibt es Dinge, die man aneinander nicht mag, doch das andere überwiegt. Verletzungen durch Untreue und Heimlichkeiten wollen wir uns nicht zufügen. Falls man doch einmal in Versuchung gerät, sollte man ehrlich darüber sprechen. Jemandem in die Augen zu gucken und die Unwahrheit zu sagen, ist mir völlig fremd. Irgendwann werden wir sicher Kinder bekommen. Mein bester Freund ist Vater geworden und wir sehen, es ist für ihn das pure Glück. Ich denke, wenn es passiert, ist es auch für uns das größte Glück, aber es ist schwierig, den richtigen Zeitpunkt zu finden. Es gibt für unsere Generation nicht mehr den Job, den man bis zu seinem Lebensende macht. Das erschwert eine gezielte Familienplanung.

Unser Haus ist jetzt ein Projekt für uns, ich kann mir nicht mehr vorstellen, in eine Neubauwohnung zu ziehen. Die Renovierung ist eine Form von Lebensqualität, die ich mehr als alles andere genieße. Zu sehen, was man mit seinen Händen alles machen kann, ist ein Glücksgefühl. Zu erfahren, es ist kein Hexenwerk, man muss nur die Mauern im Kopf einreißen und sagen: »Ich probiere es aus. Im schlimmsten Fall muss ich es nochmals machen.« Wir haben von

Etappe zu Etappe gearbeitet, im Internet habe ich Antworten zu allen Fragen gefunden oder ich habe einen Fachmann konsultiert. Ohne Wilhelms Vorbild hätte ich sicher größere Manschetten vor einem alten Haus gehabt. Mutlos waren wir nur einmal, als wir unsere Umzugskartons gepackt hatten und es im Haus noch keine Heizung, kein warmes Wasser gab. Freizeitunternehmungen bleiben derzeit weitgehend auf der Strecke, aber es ist auch eine Form von Glück, wenn wir gemeinsam Fliesen fürs Bad aussuchen. Und wir haben seit einigen Monaten einen Hund, der unser Leben bereichert.

Vor diesem Gespräch habe ich überlegt, ob ich Glück definieren kann. Ich denke, Glück bedeutet für mich vollkommene innere Zufriedenheit. Und ich kann sagen: Im Großen und Ganzen haben wir dieses Glück. Glück verläuft in Kurven, es gibt Tage, da bin ich unglücklich, aber ich weiß, dass es wieder bergauf geht. Neulich hörte ich einen Satz, der meine Einstellung trifft: »Freiheit ist nicht, zu tun, was man will, sondern nicht zu tun, was man nicht will.« Ich habe mir zum Ziel gesetzt: Ich möchte tun, worauf ich Lust habe und was mich weiterbringt. Das Vermächtnis von Geraldines Tod ist für mich, dass man jeden Tag bewusst leben soll. Und bewusst leben heißt für mich auch, dass man auf neue Gegebenheiten reagieren muss. Gegen Krankheiten ist man nicht gefeit, aber ich kann meinen täglichen Gang und somit meinen Gang an sich beeinflussen. Ich bin rationaler geworden, versuche bewusster, falsche Schritte zu vermeiden.

Manchmal denke ich: Warum trifft es auch noch Peter?, wobei ich die Frage »Warum?« nicht an ein höheres Wesen richte. Nachdem Geraldine so aus dem Leben geschieden ist und dann auch Peter erkrankte, war für mich klar, dass Gott nicht existiert. Peter bringt der Glaube etwas, ihn stützt die Bibel, er ist Mitglied in der Evangelischen Freikirche. Ich respektiere seine Überzeugung und finde es wunderbar, wenn es etwas gibt, woraus er Kraft schöpft, obwohl ich mir wünschte, dass er etwas Handfestes hätte, woran er sich im Leben festhalten kann, dass er Glück leiblich spürt und nicht nur aus Niedergeschriebenem zieht. Es gab Phasen, in denen ich bei jedem nächtlichen Telefonklingeln Angst vor der Nachricht hatte: Peter hat sich umgebracht. Diese Angst ist schwächer geworden. Wir telefonieren ein- bis zweimal in der Woche miteinander, ich versuche, ihm Mut zu machen, aber man kann ja seine Erkrankung nicht einfach beiseiteschieben.

Ich habe keine Sehnsüchte, wünsche mir nichts brennend. Ich wünsche uns, dass wir finanziell keine Sorgen haben, dass wir jeden Abend sagen können: Der Tag war in Ordnung. Ich denke, Sehnsüchte entstehen aus mangelnder Zufriedenheit. Gießen ist nicht schlecht, aber es war nie die Stadt unserer Wahl. Was mich noch mehr als unser Hausprojekt bindet, ist der Volleyballverein, als Trainer habe ich Verantwortung und ich habe Verantwortung als Firmeninhaber. Nach einem Stellenwechsel ist Charlotte mit ihrer Arbeit hier äußerst zufrieden.

Als wir wegzogen, wollten Charlotte und ich unbedingt in die Stadt, jetzt fahren wir beide gern in unser Heimatdorf und könnten uns vorstellen, irgendwann einmal dort wieder zu wohnen. Die Umgebung, mein Elternhaus ist ein Idyll. Ich bin froh, dass Wilhelm wieder eine Partnerin hat, auch wenn seine Frau ein komplett anderer Mensch ist als Geraldine. Für Peter und mich ist sie eine Freundin, sie hat nie eingefordert, ein Muttterersatz zu sein. Wir besuchen uns ungefähr einmal im Monat. Was ich beruflich tue, kann Wilhelm nicht einschätzen, dazu versteht er zu wenig von der Materie. Es würde mich freuen, wenn er mal sagen würde: »Erklär mir genau, was du machst«, doch es genügt mir, wenn er beruhigt ist und sich meinetwegen keine Sorgen macht.

An Geraldines Grab gehe ich selten. Ich verbinde nichts damit. Sie ist jetzt in mir. In allem, was mir Freude bereitet, schwingt ein Teil von ihr mit. Ich denke jeden Tag an sie. Bei jedem größeren Schritt, den ich im Leben mache, wünsche ich mir, dass meine Mutter teilnehmen könnte. Dass ich sie anrufen könnte und ihr sagen: »Wir haben einen Weinstock gepflanzt und der wächst wie verrückt.« Wenn es uns gutgeht, wir glücklich sind, sagen Charlotte und ich oft: »Wie schön wäre es, wenn unsere Mütter hier wären.« Es hätte mir vielleicht geholfen, wenn Geraldine einen Abschiedsbrief hinterlassen hätte, aber ich weiß, dass sie es nicht konnte. Wenn ich nachts von ihr träume, träume ich fast immer davon, wie fröhlich und liebevoll sie war.

Steffen Köhn: »Unabhängigkeit ist das Wichtigste.«

»Ich mag Menschen, die sich was zutrauen. Die trotz eines Schicksalsschlages ihren Weg weitergehen. Ich bewundere Menschen, die das schaffen.« Ganz am Schluss unseres Gesprächs fallen diese Sätze, als ich Steffen Köhn frage, was er bei anderen am meisten schätzt. Seine Antwort ist zweifellos auch eine Selbstbeschreibung. Steffen Köhns Telefonnummer erhalte ich von einer Mitarbeiterin der Fürst-Donnersmarck-Stiftung, eine 1916 gegründete Stiftung mit dem Ziel, die selbstbestimmte Lebensführung von körperlich behinderten Menschen zu unterstützen. Steffen Köhn sei ein engagierter, fröhlicher Kollege, berichtet meine Bekannte. Und: Trotz eines Unfalls strahle der 35-Jährige große Lebenszufriedenheit aus.

Wir verabreden uns in Steffen Köhns Wohnung im Nordwesten Berlins. Neben der Treppe führt eine Rampe zum Hochparterre, surrend schiebt sich die Wohnungstür zur Seite. Ein großer, blonder, sehr schlanker Mann im Rollstuhl mit freundlichem Gesicht und blauen Augen bittet mich ins Wohn- und Arbeitszimmer. Der großzügige Raum ist zweckmäßig möbliert. Vertiko, Regal und Schreibtisch aus fahl lackiertem Holz lassen den Gang frei zur angrenzenden Küche und dem Schlafzimmer nebenan, auf dem Couchtisch vor der gemusterten Polstergarnitur stehen Kaffee und Kekse bereit, das Gemälde mit dem großen Segelschiff, erzählt Steffen Köhn, haben ihm seine Freunde zum Einzug geschenkt. Von einem Foto mit Trauerflor lächelt eine noch junge, freundliche Frau – seine Mutter.

Unser Gespräch ist flüssig. Klar und prägnant geht Steffen Köhn auf meine Fragen ein, wobei er wiederholt auf die Sicht und Erfahrungen anderer zu sprechen kommt.

Wenn mir eine gute Fee eine Stunde zur freien Verfügung schenken würde, würde ich Motorrad fahren. Ich habe es noch im Gefühl, wie es ist, Gas zu geben und den Fahrtwind zu spüren. Natürlich würde ich viel darum geben, die Querschnittslähmung rückgängig zu machen. Doch so ein Unfall passiert anderen auch, und die Folgen sind oft viel schlimmer. Mein erstes großes Glück ist: Ich habe überlebt! Das zweite Glück ist: Ich lebe so gut!

Ich bin an der Ostsee, in der Nähe vom Darß aufgewachsen. Hinter unserem Plattenbau war ein Wald, nachmittags flog die Schultasche in die Ecke, dann spielten wir Fußball, fuhren Fahrrad, oder wir erkundeten die alten Bunkeranlagen, was natürlich verboten war. Wir hatten einen Garten, waren alle sehr naturverbunden. Im Urlaub sind wir mit meinen Eltern Ski gelaufen oder zum Wandern ins Riesengebirge und in die Hohe Tatra gefahren, im Sommer haben wir gezeltet, geangelt, wir sind geschwommen, wir hatten ein Boot. Mit 16 bekam ich ein Motorrad. Da meine Mutter ganztags als Kindergärtnerin arbeitete und mein Vater als Offizier in der NVA oft bis abends Dienst hatte, wuchsen wir drei Geschwister sehr selbständig auf. In schulischen Dingen war mein Vater streng, er ist sehr geprägt von der Armee. Pflichtbewusstsein, Pünktlichkeit, Ordnung, diese Werte habe ich von ihm übernommen, auch wenn ich meine Hemden nicht auf A4-Format zusammenfalte. Er war aber nicht nur ein Vater, sondern auch mein Freund. Er hat mit uns Drachen gebaut, Fahrräder repariert, er half mir bei den Schularbeiten. Bei Problemen war meine Mutter die erste Anlaufstelle. Sie war ein lebenslustiger Mensch, hat viel gelacht. Über Gefühle wurde kaum gesprochen, man hört als Jugendlicher über so etwas ja auch ein bisschen hinweg. Ich spürte jedoch immer, dass meine Eltern uns liebhaben. Vermutlich hätte mein Vater es gern gesehen, wenn ich wie er Elektroingenieur geworden und auch zur Armee gegangen wäre, doch mich interessieren Mechanik und Motoren. Nach der mittleren Reife begann ich eine Lehre zum Autoschlosser.

Den 20. Mai 1989 vergesse ich wohl nie. Manchmal habe ich mich gefragt, ob es so etwas wie Schicksal oder Strafe gibt. An jenem 20. Mai hatte ich eigentlich einen Besuchstermin bei einem Freund, der in der Jugendvollzugsanstalt Halle/Saale wegen »Beschädigung sozialistischen Eigentums« eine Gefängnisstrafe absaß. Die Besuchserlaubnis war eine große Ausnahme, aber meine Eltern waren gegen diese Freundschaft und hätten mir die Fahrkarte nicht bezahlt. Aus irgendeinem Grund hatte ich es nicht geschafft, dem Freund abzusagen.

Es war der erste warme Tag im Jahr. Ich bin mit Freunden mit den Motorrädern baden gefahren. Wir liefen ins Wasser, waren wohl ein bisschen übermütig, ich habe mich ins Wasser gehechtet und bin mit dem Kopf auf den Grund gestoßen. Ich hörte es knacken und merkte, dass ich mich nicht mehr bewegen konnte. Wenn ich allein gewesen wäre, wäre ich ertrunken. Als ich auf der Bahre fixiert wurde, war mein erster Gedanke, dass ich am nächsten Tag eine Hausarbeit abgeben musste, die ich noch nicht mal angefangen hatte. Ich war bei vollem Bewusstsein und dachte, ich lege mich ins Krankenhaus und kann in aller Ruhe die Hausarbeit schreiben, bis ich wieder hergestellt bin.

Die Diagnose lautete: Inkomplette Querschnittslähmung, sechster Halswirbel. Die Ärzte sagten zu meinen Eltern: »Wenn Ihr Sohn wieder einige Stunden am Tag sitzen kann, haben wir viel gewonnen.« Meine Mutter ist schlagartig um zehn Jahre gealtert. Die Ärzte haben die Prognose meinen Eltern mitgeteilt, nicht mir. Für mich wäre der Befund zu diesem Zeitpunkt sicher eine Katastrophe gewesen. Ich hatte in den Beinen ein taubes Gefühl, konnte sie nicht bewegen und vertraute darauf: Das wird schon wieder! Das erste Gewicht, das ich wieder heben konnte, war eine Zeitung. Das war nach etwa vier Wochen. Nach der Arbeit fuhren meine Eltern jeden Abend 20 Kilometer zu mir ins Krankenhaus, um mich zu waschen, mir Obst zu bringen, um jeden Fortschritt mitzuerleben. Meine Geschwister sind damals hoffentlich nicht zu kurz gekommen.

Auch meine Freunde waren sehr stark, haben mich gezogen. Um mein Bett standen ständig zehn Personen, ich musste die Besucher regelrecht einteilen. Sie haben mir von ihrem ganz normalen Leben erzählt: Welche Liebschaften sie hatten, wer ein neues Auto besaß und was sie im Kino gesehen hatten. Ihre Erlebnisse haben mich von meiner Situation abgelenkt. Ich war für sie weiterhin der Steffen, den sie kannten, und nicht in erster Linie ein Schwerstbehinderter. Meine Freunde haben mich im Rollstuhl zu den alten Cliquentreffs mitgenommen, auch Stufen hochgetragen, denn im Osten gab es ja keine Barrierefreiheit. Mitleid bekam ich überhaupt nicht zu spüren. Sie haben mich nie in Watte gepackt. In ihrer Gesellschaft habe ich mich meist stark gefühlt. Ich dachte zu dem Zeitpunkt noch: Ich zeig's euch, ich werde wieder laufen lernen.

Aber es gab auch Momente, in denen ich verzweifelt war. Ich habe oft geweint und gebetet, dass es wird wie vorher. Ich habe gebetet, obwohl ich nicht gläubig bin. Einmal war ich nachts allein im Zimmer, neben mir stand ein Glas. Ich überlegte kurz, ob ich es zerschlage und mir die Pulsadern aufschneide. Es war ein Zeitpunkt, wo ich das Gefühl hatte, es geht nicht weiter. Meine Zukunft schnurrte zusammen auf ein Bild: Ich in diesem schweren Rollstuhl aus Metall – ein Leben lang.

Den Mauerfall im Herbst '89 habe ich ja im Krankenhaus erlebt. Für mich war die Wende damals weit weg. Vielleicht hatte das auch mit meiner Erziehung zu tun. Unsere Familie hatte keine Westkontakte, kein Westfernsehen, Westprodukte gab es bei uns nicht. Ich hatte nicht mal richtige Jeans. Ich war ein Udo-Lindenberg-Fan, doch bei diesem Thema war mit meinem Vater der Streit vorprogrammiert. Wenn die Krankenschwestern von ihren Reisen in den Westen erzählten, dachte ich: Hundert Mark Begrüßungsgeld, na und? Ich will laufen können!

Meine dauerhafte Behinderung wurde für mich erst real im Rehabilitationszentrum in Berlin-Buch. Kurz vor meiner Entlassung aus dem Krankenhaus war eine Ärztin abends in mein Zimmer gekommen und hatte gesagt: »Herrn Köhn, Ihr Leben wird im Rollstuhl weitergehen.« Ich schob das erst einmal fort und tröstete mich: Das sagt sie jedem. Es wurde ja auch noch das Laufen trainiert.

Im Rehazentrum sah ich dann, dass es gar nicht so schlimm ist, im Rollstuhl zu sein. Ich tauschte mich mit anderen aus, konnte mich offen unterhalten über Inkontinenz, Sexualität, Rollstuhltechnik und praktische Dinge: »Wie gehst du einkaufen?« Da die medizinische und berufliche Rehabilitation zusammengeschlossen waren, gab es viele, die Erfahrungen weitergeben konnten. Jeder Fortschritt war Freude, Glück. Spätestens nach zwei Jahren weiß man jedoch, dass die Nervenbahnen nicht wieder zusammenfinden. Die Restfunktionen meiner Beine sind jetzt ganz brauchbar. Ich spüre meine Beine, kann mit Hilfe ein paar Schritte gehen, aber wenn ich mich anstrenge, kommt Spastik rein.

Mein Wunschberuf Autoschlosser war natürlich passé. Mir wurde geraten: Deine Zukunft liegt im kaufmännischen Bereich, am PC. Am Schreibtisch sitzen war überhaupt nichts für mich, aber dann sagte ich mir: Du machst erst einmal das, später kannst du dich immer noch umorientieren. Wichtiger noch als der Beruf war es für mich, nicht mehr auf Hilfe angewiesen zu sein, und dazu gehörte ein eigenes Auto. Meine Familie hat zusammengelegt, ein Verwandter besorgte mir einen alten Opel Kadett, der mit einer Handbedienung umgebaut wurde. Am 1. Juli 1990 stand er vor der Tür meiner Eltern. Ich war stolz und glücklich: Mein Auto! Es war das erste West-Auto im Ort. Mein ehemaliger Lehrmeister bot mir an, dass die Firma mir noch die Fahrstunden bezahlt. Meine erste Fahrt führte ins Krankenhaus, ich habe den Krankenschwestern und Ärzten mein Auto gezeigt. Und mich! Anfangs habe ich jeden Tag getankt. Ich klapperte alle Wege ab, wo ich früher gelaufen oder Motorrad gefahren bin, auch die Stelle, wo ein Teil meines Lebens zu Ende gegangen war. Aber damals hatte ich mir bereits gesagt: Es ist wie es ist. Guck nach vorne! Ich hatte eine Berufsperspektive, ging nicht zurück in die elterliche Obhut. Am 1. September begann ich in Berlin-Buch die Ausbildung zum Wirtschaftskaufmann. Dass ich mein Leben so gut hinkriegen werde, habe ich mir allerdings noch nicht vorstellen können.

Ich wohnte im Internat, lernte nette Leute mit unterschiedlichen Behinderungen kennen, aber schon bald hatte ich ein neues Ziel. Ich wollte meinen Tagesablauf eigenständiger gestalten und ergatterte eine der heißbegehrten Wohnungen im Schwesternwohnheim, in denen man Selbständigkeit trainieren konnte. Das Schwierigste war, mit dem wenigen Geld wirtschaften zu lernen, zumal ich jede zweite Woche mit dem Auto zu meiner Familie an die Ostsee fuhr. Wenn ich zu Hause war, drängte mein Vater, dass ich mitkomme zu Veranstaltungen. Aber ich wollte noch nicht unter Menschen. Manche im Ort kannten mich noch als kühnen Motorradfahrer, es kursierten wilde Gerüchte, ihre Blicke waren wie tausend Messerstiche, ich fühlte mich so nackt. Meine Schwester verstand am besten, dass unsere Wohnung für mich ein Schutzraum war.

In dieser Zeit entstand die Idee, dass meine Eltern ein Haus bauen, mit einer Einliegerwohnung für meine Oma und einer zweiten für mich. Ich mag Familienleben. Man ist nicht allein, man braucht kein Radio oder Fernsehen als Geräuschkulisse, es ist immer jemand da, mit dem man reden kann, der fragt: »Wie war dein Tag? Was hast du gemacht? Geht's dir gut?« Aber aus dem Plan wurde nichts, da meine Mutter vor zehn Jahren an einem Herzinfarkt starb. Sie wusste seit langem von ihrer Niereninsuffizienz, aber sie wollte stark sein für uns und hat es der Familie erst gesagt, als sie zur Dialyse musste. Nach ihrem Tod haben wir das Hausprojekt aufgegeben. Mit ihr fehlte das Zentrum der Familie. Ich habe meinen jüngeren Bruder getröstet: »Mutti geht's jetzt gut. Wir halten als Familie zusammen. Das schaffen wir.« Und wir haben es auch geschafft.

Meine Neffen und Nichte kennen mich ja nur im Rollstuhl. Wenn sie mich besuchen, ist das Erste, was sie sagen: »Steffen, steig aus, lass mich mal fahren.« Mit meinem Vater telefoniere ich einmal die Woche. Er hat noch lange am alten System festgehalten und hadert damit, dass er mit 60 keine Arbeit mehr hat. Er ist zu seiner neuen Partnerin gezogen. Ihre Wohnung ist nicht rollstuhlgerecht, und daher fühle ich mich bei ihnen nicht wohl. Mein Vater lebt sein Leben und ich mein Leben. Ich bin froh, dass ich in Berlin geblieben und nicht nach Mecklenburg gezogen bin. Es wird hier eine Menge getan für Menschen mit Behinderungen. Wenn andere meckern, erwidere ich: »Fahrt mal in die Provinz. Dann wisst ihr, wie toll es hier ist.«

Mir hat Selbständigkeit immer sehr geholfen, mein größter Wunsch ist, nicht auf Hilfe angewiesen zu sein, frei entscheiden zu können und dafür auch die notwendigen finanziellen Mittel zu haben. Nach meiner Ausbildung 1993 habe ich eine Stelle gesucht und nahm es erst einmal als gegeben hin, dass ich mit meiner Rente nur 15 Stunden arbeiten dürfe und deshalb nicht vermittelbar sei. Ich hatte gerade diese barrierefreie Wohnung bekommen und war damit beschäftigt, mich einzurichten und neu zu orientieren. Ich spielte damals viel Basketball, fuhr zu Turnieren und habe mit Freunden den Verein »Ambulante Rehahilfe e. V.« gegründet, aus dem ich wegen interner Probleme bald ausstieg. Irgendwann reichte mir Sport als Lebensinhalt nicht mehr. Ich bewarb mich überall, wo zur Zielgruppe auch behinderte Menschen gehören: Möbelhäuser, soziale Einrichtungen, Arztpraxen, Krankenkassen. Und erhielt nur Absagen. Es kam auch ein Schreiben von der Fürst-Donnersmarck-Stiftung: Zur Zeit würde niemand gebraucht, sie würden aber gern auf meine Bewerbung zurückkommen. Ich dachte: Das kannst du vergessen! Nach einem dreiviertel Jahr wurde ich wirklich zum Vorstellungsgespräch für eine Urlaubsvertretung eingeladen. Meine Festeinstellung nach einem halben Jahr war Glück pur. Ich arbeite dort jetzt sechs Jahre, kann meine Fähigkeiten einbringen, keiner sieht mich als Quotenbehinderten. Die Gewissheit, gleichwertig zu sein und gebraucht zu werden, macht mich glücklich. Ich arbeite genauso wie die anderen, bin nicht auf fremde Hilfe angewiesen. Wenn man selbst in einem Ordner nachschlagen kann und nicht einen Kollegen bitten muss, ihn aus dem Regal zu holen, setzt einen das in Freiheit. Die Unabhängigkeit ist das Wichtigste.

Ich liebe meinen Beruf, habe da lange alles reingeworfen. Ich mache ehrenamtlich Überstunden, aber seitdem ich meine Freundin habe, ist Arbeit nicht mehr das Wichtigste. Das Größte ist, eine gute Beziehung zu führen.

Als der Unfall passierte, hatte ich mich gerade von meiner Freundin getrennt. Ich hatte danach das Gefühl: Du bist kein Mann mehr.

Was will eine Frau mit einem Rollstuhlfahrer? Ich war zwar aufgeschlossen für eine Beziehung, aber es ist ja schwierig, jemanden zu treffen, wenn man mit sich selbst nicht im Reinen ist und nicht weiß: Was erwartet eine Frau von dir? Ich habe auch nicht gezielt nach einer Partnerin mit einer Behinderung gesucht, ich wollte ein möglichst normales Leben. Vor sechs Jahren hatte ich eine einjährige Beziehung mit einer Bekannten meines Nachbarn. Es ging auseinander, weil meine Freundin letztlich nicht zu mir gestanden hat. Unsere Wochenendbeziehung spielte sich nur bei mir und an öffentlichen Orten ab. Wenn ich verliebt bin, will ich das doch herausschreien, allen zeigen: Hier ist jemand, mit dem ich glücklich bin! Aber sie hat meine Behinderung von ihrem Kind und ihrer Familie ferngehalten.

Meine jetzige Freundin habe ich vor zwei Jahren im Eiscafé kennengelernt. Sie saß mit einer Freundin im Café, in einem Rollstuhlstandardmodell, und sprach mich an, was für einen schicken Rollstuhl ich hätte und wo es den gäbe. Ich schrieb die Adresse auf und habe ihr Interesse an mir gar nicht registriert. Meine Begleiterin, die Mutter eines Praktikanten, sagte zu mir: »Hast du keine Augen im Kopf? Sie will dich kennenlernen.« Da nahm ich allen Mut zusammen und gab ihr meine Telefonnummer, falls sie wegen des Rollstuhls Fragen hätte. Ich legte da keine Hoffnungen rein, aber zwei Tage später rief sie an, und es war ein richtig tiefes Gespräch. Wir haben gleich über viel Persönliches geredet, bei mir hat es schon gekribbelt. Die Abstände zwischen unseren Anrufen wurden immer kürzer, alles Weitere hat sich dann entwickelt.

Mein größtes Glück ist, meine Freundin zu sehen, mit ihr Zeit zu verbringen. Jeden Tag freue ich mich auf sie. Ich liebe sie und fühle mich geliebt, doch es ist gut, dass jeder noch einen Rückzugsbereich hat, da sie sehr mit ihrem Schicksal hadert. Meine Freundin ist 37, sie kann mit zwei Gehstützen laufen, sie lebt mit ihrer Mutter in einem Haus, die ihr viel abnimmt. Ihre depressive Seite habe ich erst nach und nach erkannt.

Ich mache Probleme erst einmal mit mir ab. Wenn sich viel aufstaut, reicht allerdings oft eine Kleinigkeit aus, damit ich sauer werde. Zum Beispiel, wenn ich für meine Freundin ein schönes Frühstück vorbereitet habe und sie nicht aus dem Bett kommt. Ich beschäftige mich dann eine Weile am Laptop, lese ein Buch, aber wenn ich dann noch immer warten muss, explodiere ich. Ich bin nicht ihr Animateur und nicht ihr Pfleger, muss mich auch gegen ihre Depression schützen, indem ich sage: »Stopp, nicht weiter!« Sie orientiert sich zu sehr an anderen, sieht immer das Leben, das sie nicht mehr führen kann. Wenn ich mehr finanzielle Mittel hätte und meine Freundin seelisch stabiler wäre, könnte ich mir ein, zwei Kinder vorstellen. Körperlich wäre es möglich, aber aufgrund ihrer Gefühlsschwankungen und des knappen Budgets haben wir keinen Kinderwunsch. Ich hoffe, dass ich meiner Freundin etwas abgeben kann von meiner positiven Energie und sehe unsere Zukunft schon in einer gemeinsamen Wohnung.

Bin ich glücklich? Richtig glücklich wäre ich, wenn meine Freundin froher wäre. Das wäre die Krönung. Aber daran kann ich ja nichts ändern. Es ist wie es ist. Ich bin zufrieden mit dem, wer ich bin, was ich habe und geschafft habe und was ich schaffen werde. Ich bin dankbar für meine Arbeit, meine Selbständigkeit, mein Auto. Ich gehe jeden Samstag schwimmen. Ich freue mich über die Natur, über meinen Segel- und Motorbootschein. Letztes Jahr war ich mit meiner Schwester und ihrer Familie in Norwegen. Wenn mein Schwager mit meinen Neffen Bergtouren machte, ging ich mit meiner Schwester ins Museum, oder ich setzte mich an einen Fjord und guckte aufs Wasser.

Generell fühle ich mich nicht ausgeschlossen, habe nur einmal erlebt, als Rollstuhlfahrer unerwünscht zu sein. In einer Disco in Pankow schüttete ein junger Mann mir ein Glas Bier über den Kopf, niemand am Tisch hat für mich Partei ergriffen.

Für mich ist Glück, angekommen zu sein. Oft rufen Kleinigkeiten dieses Gefühl hervor: Gemeinsames Kochen, ein schönes Essen, ein tolles Gespräch, ein Treffen mit Freunden. Einmal im Monat fahre ich zum Rollstuhlstammtisch. Wenn ich meine, etwas muss weitergehen, habe ich die Kraft, das zu verfolgen. Aber ich kann auch zur Ruhe kommen und genießen. Angst habe ich vor Armut, dass ich mir einmal nicht mehr ein Auto leisten kann. Alles wird teurer, und ich habe weniger Möglichkeiten als Gesunde, zu Geld zu kommen. Aber wer kann schon von sich sagen, dass er jeden Tag beim Aufstehen ruft: »Hurra, hier bin ich!«

Im Traum kann ich laufen, ich fahre Motorrad, der Anblick meines Rollstuhls morgens macht mich jedoch nicht depressiv, ich habe mich daran gewöhnt. Schön ist, dass Rollstühle so leicht geworden sind. Ich kann meinen Rollstuhl und den meiner Freundin in nullkomma nichts ins Auto laden. Im Sommer fahre ich manchmal zum Biker-Treffen und schaue mir die Motorräder an. Man kommt ins Gespräch; ich freue mich, wenn ich die Jungs davonbrausen sehe. Wenn ich das Geld hätte oder die Aussicht auf einen Job, würde ich vermutlich auswandern, denn im Süden, bei warmen Temperaturen, ist es viel besser mit den Beinen, aber ich bin dankbar, in einer Großstadt zu wohnen.

Der Weg zum Glück ist ausgeschildert

»Wenn ich jemanden frage: ›Bist du glücklich?‹, dann holen die meisten Menschen tief Luft, werden nachdenklich, im Allgemeinen beginnen sie erst nach fünf Minuten zu reden. Es ist eine Frage, die dazu einlädt, das eigene Leben zu überprüfen. Wenn ich jemanden frage: ›Bist du zufrieden?‹, antworten Menschen relativ schnell. Im Begriff Zufriedenheit kann man auch Ambivalenzen unterbringen, also was gut und was weniger gut ist. Bei Glück wird die Meßlatte sehr hoch gelegt. Bei Glück assoziieren viele einen Glücksrausch, und solchen Ausnahmezustand haben die meisten Menschen allenfalls drei- oder vier Mal im Leben gehabt.«

Die Beobachtung des Berliner Psychotherapeuten Wolfgang Krüger lässt sich im eigenen Umfeld leicht überprüfen. Obgleich mit keinem anderen Wort mehr Etikettenschwindel betrieben wird, verbinden Menschen mit Glück oft ein fast unerreichbar hohes Gut, eine von aller Unbill bereinigte Seligkeit, die den Normalsterblichen nur in homöopathischen Dosen vergönnt ist. Zwar hadern in diversen Umfragen erstaunlich wenig (deutsche) Erwachsene mit ihren Lebensbedingungen. Nur wenige glauben jedoch, zum Schlaraffenland der Glücklichen Zugang zu haben. Bei meiner Suche nach Interviewpartnern reagierten viele bedauernd. Ein spannendes Thema. Doch weder kenne man Leute, die das Leben überwiegend zum Jubeln finden, noch sei man selbst an der Goldküste sesshaft. Natürlich, es gäbe Glücksmomente, aber wann laufe alles schon so rund und perfekt, um wunschlos glücklich zu sein?

In der Tat, die Phasen, wo alles im Lot ist, alles erledigt, alle gesund sind und kein Wölkchen den eitel Sonnenschein trübt, sind rar. Aber entgegen unseren trügerischen Wunschvorstellungen ist ständiges Wohlbefinden ohnehin nicht die Eintrittskarte zum Glück, denn dieses ist weder das Sahnehäubchen des Daseins, noch versteckt es sich in paradiesischen Gefilden. Angelehnt an die Maximen in der

Antike, beweist auch die zeitgenössische Glücksforschung, dass Glück kein Ankommen in einem vollkommenen Zustand ist, sondern ein lebendiges Unterwegssein.

Glück dringt nicht von außen in uns ein, der Schlüssel zum Glück liegt in uns selbst. Und Glück ist kein Mysterium. Man kann es trainieren. Obwohl einige Hirnforscher davon ausgehen, dass wir subjektiver Realitätsverzerrung aufsitzen und deshalb unser Schicksal nur bedingt steuern können, beherzigen überwiegend glückliche Menschen bewusst oder unbewusst gewisse Maximen. Auch wenn die Grundregeln nicht immer in Reinform und nicht immer komplett umgesetzt werden, zeigt die Lebenshaltung positiver Menschen folgende Parallelen:

Glückliche Menschen sind aktiv, entscheidungsfroh, finden Erfüllung im Tun, aber sie überschätzen sich nicht. Sie haben eine Lebensvision, setzen sich immer wieder langfristige Ziele, die sie in kleinen Schritten erreichen. Sie sind bereit, sich neuen Herausforderungen zu stellen, lernen aus Fehlern und Irrtümern, vermeiden aber Risiken, die unnötig Enttäuschungen provozieren. Sie wissen, dass das Leben sich nicht exakt planen lässt und bleiben offen für neue Möglichkeiten. Ihre Lebensbalance beschreibt Stefan Klein in »Die Glücksformel«: »Wenn eine Aufgabe den richtigen Schwierigkeitsgrad hat, schwingt die hedonistische Wippe zwischen Begehren und Belohnung ständig hin und her, und diese beiden Gefühle sind mit der Ausschüttung von Dopamin und Opioiden verbunden. Ist dagegen die Tätigkeit zu einfach, fehlt es an Herausforderung und damit an Erregung, ist sie zu schwer, kommt es nicht zur Belohnung.«[74]

Sie leben in der Gegenwart, gehen auf in dem, was sie hier und jetzt tun. Aber sie können auf kleine Vergnügen zugunsten lohnender Vorhaben verzichten und schöpfen gern ihre Vorfreude aus. Anstatt spontanen Einfällen und Gelüsten blindlings nachzugeben, wägen sie vorausdenkend ab. Dazu gehört, dass sie sich nicht bis zur Erschöpfung verausgaben, sondern sich Ruhephasen einräumen und mittels schöner Erlebnisse immer wieder auftanken.

Sie vermeiden überflüssigen Ballast. Um beweglich, offen für neue Lebensmöglichkeiten zu bleiben, zementieren sie sich nicht mit Besitz ein und verausgaben sich nicht in kleinen Münzen.

Sie investieren in Erlebnisse und nicht in Dinge. Ein Lebensmotor ist ihre Neugier. Damit sie Neues entdecken, ihren Horizont erweitern, richten sie sich nicht ein in den Komfortzonen des Lebens. Sie sind keine Dünnbrettbohrer, handeln nicht nach dem Vermeidungsprinzip »Wer auf dem Boden schläft, kann nicht aus dem Bett fallen«, sondern fordern sich heraus und machen immer wieder die Erfahrung: Glück ist eine »Überwindungsprämie«[75]. Manchmal, erzählt der Berliner Psychotherapeut Wolfgang Krüger, setze er sich aufs Rad und powere sich aus. Und er zweige neben seiner Praxistätigkeit stets Zeit ab, um Bücher zu schreiben, beides mit dem gleichen Ziel: »Ich brauche ab und zu Grenzerfahrungen. Wenn ich immer nur in der Mittellage bin, ist es irgendwann wie eingeschlafene Füße. Ich muss manchmal Extreme spüren.«

Sie sorgen für ein stabiles soziales Umfeld, pflegen Freundschaften, Beziehungen, die Sichtweise und das Erleben anderer interessiert sie, sie sind aufmerksame Zuhörer. Ihr Altruismus und ihre Liebe fußen auf einem stabilen Selbstgefühl, nicht auf Selbstverleugnung oder auf Gegenforderungen. Sie sehen das Gute in anderen, lassen sich jedoch nicht blenden. Sie wissen: In Beziehungen gibt es auch Enttäuschungen, Missverständnisse, Kränkungen. Da sie sich selbst annehmen, mit allen Fehlern, entwickeln sie auch Verständnis für die Schwächen anderer und gehen damit nachsichtig um. Verzeihen bedeutet für sie nicht: *anything goes.* Wohlwollen sei »ein Zeichen inneren Heilseins« sagt die Hamburger Logotherapeutin Hannelore Unruh[76], Jahrgang 1929. Versöhnung ist ein Schritt, um Falsches zu korrigieren.

Auch von ihrer Partnerschaft erwarten glückliche Menschen nicht, dass diese sich von Höhepunkt zu Höhepunkt schwingt. Jede gute Beziehung beruht zwar auf Nehmen und Geben, doch sie sind sich bewusst: Für ihr Glück sind sie selbst verantwortlich.

Vergleiche rufen keinen Neid hervor. Je stärker ein Mensch ist, desto weniger fühlt er sich durch die Überlegenheit eines anderen bedroht. Glückliche Menschen sind durchaus ehrgeizig, aber ihr Selbstbild ist nicht abhängig von Erfolg. Sie sind nicht erst glücklich, wenn sie ein Ziel erreicht haben, sondern bereits auf dem Weg dahin, wie Gesine Schwan, Präsidentin der Viadrina Universität, in einem Interview beispielhaft beschreibt: »Wenn ich Entscheidungen vor mir habe, denke ich nie in Risiken, sondern nur in Chancen. Das ging mir so, als ich die Leitung dieser Universität übernommen habe und als ich mich der Bundespräsidentenwahl stellte. Noch am Vorabend der Wahl habe ich gesagt, es ist alles drin … Letztlich war ich innerlich immun, auch gegen die schlechteste Lösung. Weil ich mir gesagt habe, ich habe mein Bestes versucht.«[77]

Sie haben einen geringen Medienkonsum, tauchen nicht in ein Ersatzleben ein. Sie liefern sich Katastrophen nicht passiv konsumierend aus. Die Sozialforscherin Elisabeth Noelle-Neumann warnt in einem Interview dringend vor dem durchschnittlichen Fernsehkonsum von täglich dreieinhalb Stunden: »Die Frage heißt: Lebe ich so, dass meine Kräfte wachsen? Beim Fernsehen wachsen garantiert keine Kräfte. Vielleicht fühlt man sich wohl dabei, aber Vorsicht! Fernsehen ist außerordentlich gefährlich. Denn wenn die Kräfte nicht wachsen, zerfallen sie.«[78]

Sie sind dankbar, nehmen Schönes bewusst wahr. Sie sind nicht dankbar, weil sie glücklich sind, sondern glücklich, weil sie dankbar sind. Wie der Psychologe Martin Seligman erläutert, unterscheiden sich Optimisten von Pessimisten dadurch, dass sie unterschiedliche Erklärungen haben. Pessimisten halten die Ursachen unangenehmer Ereignisse für dauerhaft, Optimisten hingegen für vorübergehend. Pessimisten generalisieren Fehlschläge, übertragen sie auf andere Bereiche, während Optimisten sie auf eine bestimmte Situation eingrenzen. Bei angenehmen Ereignissen ist es umgekehrt. Optimisten gehen von der Langlebigkeit aus, wohingegen Pessimisten den Zustand befristen.[79]

Sie jagen nicht dem Glück nach, sondern suchen Lebensfülle. Glück, das ist zum einen: Genuss, Lust, höchstes Wohlbefinden. Dieses Glück bezeichnet der Philosoph Wilhelm Schmid als Wohlfühlglück. Es ist machbar, aber es nutzt sich ab. Ohne Kontrast wird jeder Genuss irgendwann schal. Vom exquisiten Essen bis zur Sexualität muss die Dosis permanent gesteigert werden, damit sie die gleiche Wirkung erzielt. Die Faustregel: *Fit for fun* impliziert im Grunde ein defensives Leben. Wer vor allem »gut drauf« sein will, ist ständig auf der Hut und auf der Flucht vor dem, was den Spaß trübt. Dauernd glücklich sein zu wollen kann unglücklich machen, da man aus Berührungsangst vor Misslichem die Facetten des Lebens ausblendet und dadurch auch Möglichkeiten zum Glück versäumt.

Ein tieferes Glück erschließt sich durch die grundsätzliche Bejahung des Lebens mit all seinen Licht- und Schattenseiten. Menschen, die Lebensfülle anstreben, möchten Glück erfahren und nicht partout Leid vermeiden. Ihr Leben ist offensiv, nicht defensiv. Sie nehmen Unvorhersehbares an. Sie denken lösungsorientiert, nicht problemorientiert. Alle Untersuchungen belegen: Die Bewältigung von Krisen und Niederlagen lässt uns reifen und menschlicher werden. Glück braucht nicht nur den Wechsel, es beinhaltet ihn geradezu.

Sie haben einen Lebenssinn, haben das Gefühl, gebraucht zu werden. Wie Wilhelm Schmid betont, ist das Gegenteil von Glück nicht Unglück, sondern Sinnlosigkeit. Sinn erschließt sich, indem man sich als Teil der Welt begreift. Werte vermitteln Orientierung und Halt. Der Respekt vor den Überzeugungen anderer unterbindet dogmatische Engstirnigkeit und missionarischen Eifer.

Sinnvolle Erfüllung stiftet zum einen das Tun. »Meine Idee vom Glück ist, seinen Anlagen gemäß verbraucht zu werden«, beschreibt der Schriftsteller Frank Wedekind die konzentrierte Hingabe an eine Tätigkeit, das von Glücksforschern vielbeschworene *Flow.* Wir versinken in einer Tätigkeit, vergessen Zeit und Raum, sogar uns selbst. Dabei geht es nicht um große Lebensentwürfe. Die gute Nutzung kleiner Einheiten verleiht das Gefühl von Wirkungsmächtigkeit.

Die Nähe zu Menschen schenkt Lebensfülle. In erwiderter Liebe, in gegenseitiger Zuneigung, in erfüllter Erotik und wechselseitiger Unterstützung und Fürsorge stellt sich die Sinnfrage nicht. Im engen Verhältnis zwischen Eltern und Kindern werden keine Kosten-Nutzen-Rechnungen aufgestellt. Wie die Liebe zu unserem Kind uns sensibilisiert für den Zauber von Kindern an sich, so entwickeln wir in Freundschaften und unserer Partnerbeziehung auch ein Modell für den Umgang mit Menschen überhaupt.

Dass der Takt des Lebens zwischen Höhen und Tiefen wechselt, ist eine schlichte Einsicht. Darin Sinn zu sehen, ist eine ständige Herausforderung. Wie die Forschung zeigt, sind wir kein Spielball im Schleuderkurs zwischen Auf und Ab, gleichwohl bleibt unser Lebenssinn in ein Geheimnis gehüllt. Manchmal ein bedrohlicher Zustand. Doch nicht alles ergründen, erklären, lenken zu können bewahrt uns die Fähigkeit zu staunen. »Ich mag Menschen, die das Unmögliche erwarten, wenn die Tür aufgeht.« Dieser Satz fällt mir oft ein, wenn ich Menschen treffe, die eben diese Gabe ausstrahlen: Sie sind offen für Wunder.

Emily N.: »Manchmal habe ich das Gefühl zu schweben.«

Etwa 30 Namen stehen auf dem Klingelschild, unter den Briefkästen überfluten Werbesendungen den Hauseingang, Schuhe und ausrangierter Hausrat verstellen die Treppenabsätze. Wer hier wohnt, ist jung oder zu arm, um in den herausgeputzten Teil von Friedrichshain zu ziehen. Binnen weniger Tage habe sie im Ostteil Berlins ihre Bleibe gefunden, nachdem sie kurz vor Semesterbeginn von ihrer Studienzulassung an der Humboldt-Uni erfuhr. Für Emily ist die befristet gemietete Wohnung, die sie bis zur Reiserückkehr eines Paares mit einer Mitbewohnerin teilt, eine Zwischenlösung. Seit zwei Monaten lebt die 22-Jährige aus Hamburg in der schlecht beleuchteten Gärtnerstraße. Obwohl sie in vier Monaten wieder ausziehen muss, hat sie die vorgefundenen Möbel weitgehend in den Flur verbannt und ihr Zimmer zum Hinterhof mit eigenen Möbeln gemütlich bestückt.

Überraschend schnell hat sie im Kiez Fuß gefasst. Als ich Emily nach neu gewonnenen Bekanntschaften frage, zählt sie über ein Dutzend Personen auf. Allenthalben liefen ihr nette Menschen über den Weg: In der Uni, in einer WG, in der sie sich vorgestellt hatte, auf Partys, kürzlich lernte sie an der Supermarktkasse eine junge Frau kennen, der wöchentliche Kontakt mit ihrer Kusine, die um die Ecke wohnt, schließe auch deren Wohngemeinschaft mit ein.

Blond, schlank, mit dunkel umfasster Brille, kuschelt sich Emily während unserer beiden Gespräche entspannt in eine Wolldecke, während ich die Uhr im Blick behalte, da ich um ihre Zeitnot weiß und es fast als Zumutung empfinde, sie trotzdem als Interviewpartnerin einzuspannen. Da sie zum Freundeskreis meiner Nichte gehört, profitiere ich von einem Vertrauensvorschuss, aber ich achte auch mit einer gewissen Befangenheit darauf, dass ich ihre Intimsphäre nicht verletze. Wie immer im Austausch mit Emily fällt mir auf, dass sie selbst eine gute Zuhörerin ist. So gern und lebendig sie von sich erzählt, mehrmals flicht sie die Frage ein: »Und du?«

Beim letzten Geburtstag war ich ganz unglücklich. Ich dachte: Jetzt werde ich schon 22. Manchmal kriege ich Torschlusspanik, weil ich nach vier Semestern immer noch unsicher bin, ob mein Psychologiestudium das Richtige ist. Ich denke ständig über ein Zweitstudium nach, damit ich nur auf einen der Bereiche, die mich sonst noch interessieren, nämlich Medizin und Dokumentarfilm, verzichten muss. Ich habe Schiss, eine Fehlentscheidung zu treffen, das bringt viel Schwere in mein Leben. Im Grunde müsste ich mich ja gar nicht so drängen lassen, das ist wohl eine Charaktereigenschaft. Viele fragen mich: »Was sagt denn dein Bauch?« Aber in diesem Punkt habe ich kein Bauchgefühl, ich schreibe Pro-und-Contra-Listen und versuche, alles logisch abzuwägen. Dadurch geht Spontaneität verloren und auch Mut. Damit ich mich nicht entscheiden muss, packe ich meine Tage randvoll. Neben meinen Psychologieseminaren besuche ich eine Vorlesung in Medizin, in der Universität der Künste nehme ich an Filmschnittkursen teil. Nach meinem Vordiplom wäre es praktisch gewesen, etwas anderes auszuprobieren. Als ich mich letztes Jahr an der Filmhochschule in Babelsberg bewarb und in der Endrunde abgelehnt wurde, war ich erst sehr enttäuscht. Doch meine Enttäuschung hielt nicht lange an. Die Bewerbung hat viel Spaß gemacht, ich lernte einen Haufen netter Leute kennen. Außerdem finde ich die Begründung der Prüfungskommission, ich sei noch sehr theoriegeleitet, nicht verkehrt. Vielleicht bewerbe ich mich wieder, wenn ich die Ursachen meines Scheiterns behoben habe. Gerade mache ich an der UdK einen Experimentalfilm, das trainiert.

Ich bin in Hamburg aufgewachsen, mein Vater ist selbständiger Lithograph, meine Mutter macht freiberuflich Pressearbeit. In meiner Grundschulzeit genoss ich es, Freundinnen zu besuchen, deren Mutter Hausfrau war. Man aß gemeinsam Mittag, nachmittags brachte uns die Mama Kekse und Apfelsaft ins Zimmer, ich war auf die Umsorgung oft richtig neidisch. Heute finde ich es besser, dass meine Mutter immer berufstätig war, auch wenn dadurch wenig Zeit für gemeinsame Unternehmungen blieb. Meine Eltern führen eine gleichberechtigte Partnerschaft, ich erlebe sie als glückliches Paar, sie ergänzen sich. Meine Mutter ist impulsiv, mein Vater ist ruhig und ausgeglichen, er fängt meine Mutter auf, wenn sie sich zu viel vornimmt. Man merkt auch, dass sie eine erotische Beziehung haben, sie knutschen und umarmen sich, das Körperliche haben sie nie versteckt. Wenn meine Eltern sich stritten, hatte ich früher Verlustängste. Ich dachte: Jetzt lassen sie sich scheiden, und ich habe mich eingemischt, um alles wiedergutzumachen.

In meiner Pubertät drehten sich ihre Dispute häufig um mich, auch ich hatte mit meinen Eltern heftige Auseinandersetzungen. Es ging meist darum, ob etwas ihre oder meine Entscheidung sei: Wie mein Zimmer aussieht, wann ich abends heimkomme, und ob ich eine schmutzige Tasse gleich in den Geschirrspüler stelle. Seit ich in einer WG wohne, verstehe ich besser, was sie nervte. Es stimmt ja: Wenn man alles sofort wegräumt, häuft sich nicht so viel an. Anstrengend ist es trotzdem.

Jetzt hätte ich manchmal gern einen Rat meiner Eltern, aber seit meinem Auszug mischen sie sich wenig in meine Entscheidungen ein. Ich habe ihnen mal vorgeworfen, dass sie mich so selten anrufen. Ich glaube, sie brauchen den regelmäßigen Kontakt nicht. Sie gehen davon aus, dass ich mich melde, wenn es mir nicht gut geht. Wenn wir uns sehen, nehmen wir uns oft in den Arm, wir können über alles reden, es gibt kein Tabu, auch wenn ich mir manchmal wünsche, dass sie aufmerksamer zuhören würden.

Insgesamt hatte ich eine schöne Kindheit. Toll war, wenn im Sommer meine Kusinen zu Besuch kamen und ich Gleichaltrige zum Spielen hatte. Dass meine Mutter schon einmal verheiratet war, habe ich erst mit etwa elf realisiert. Meine zehn Jahre ältere Halbschwester war mit mir sehr mütterlich. Ich denke, sie blieb zu Beginn ihres Studiums meinetwegen in Hamburg, damit sie mein Aufwachsen miterleben konnte. Es war immer ein Highlight, wenn ich am Wochenende bei ihr übernachten durfte, und sie als Brotbelag Eszet-Schokolade kaufte. Gefreut habe ich mich auf Weihnachten. Die Vorbereitungen sind zwar immer stressreich, meine Mutter hat einen hohen Anspruch, aber das Fest verläuft immer schön nach einem festen Ritual. Da der 24. Dezember der Hochzeitstag meiner Eltern ist, gibt es zum Frühstück Lachs, meine Mutter bekommt einen Riesenstrauß Rosen, nachmittags treffen die Gäste ein. Unsere Familienrunde besteht aus mindestens 13 Personen, oft kommen noch Freunde mit. Zuerst singen wir bis das Glöckchen zum dritten Mal klingelt, dann endlich ist Bescherung und hinterher essen wir ausführlich. Für mich hat das enge Familienleben nur positive Seiten, der ständige Austausch mit Verwandten hat mich wahrscheinlich sehr geprägt. Ich wohne lieber in WGs, fühle mich allein schnell einsam. Ich will gar nicht dauernd mit meinen Mitbewohnern reden, aber ich mag es gern, wenn jemand da ist.

Unglücklich war ich früher über Veränderungen. Ich fand es schrecklich, als ich den Kindergarten und meine Tagesmütter wechselte, als ich eingeschult wurde und ins Gymnasium kam. Wegen unserer mehrmaligen Umzüge war ich jedes Mal allein die Neue. Ich war sehr schüchtern, habe mich oft untergeordnet, auch jetzt verstumme ich in Gruppen. Bergauf ging es, als ich in der siebten Klasse zwei Freundinnen fand. Mein Lieblingsaufenthaltsort war die Schule nie, aber ich bin schon ehrgeizig, die zehnte Klasse habe ich übersprungen, wobei meine Eltern Allgemeinbildung viel höher bewerten als ich. Man kann ein Allroundwissen gar nicht mehr erreichen. Dennoch, ich bin leistungsorientiert, brauche Anerkennung von außen, Lob verstärkt meine Motivation. Meine Eltern lesen immer abends vor dem Einschlafen, und ich tue das auch, am liebsten Belletristik. Man wird entführt in eine andere Welt, hat viel zum Nachdenken, man erlebt Dinge aus anderer Perspektive. Lesen macht glücklich, auch wenn viele Romane nicht fröhlich sind. Krimis lese ich nicht, sie färben auf meine Stimmung ab. Bei düsteren Romanhandlungen lese ich vor dem Einschlafen so lange, bis eine Passage kommt, die nicht mehr gruselig ist.

Als ich nach dem Abi von der ZVS (Zentrale Vergabestelle von Studienplätzen) Trier als Studienort zugewiesen bekam, war ich zunächst kreuzunglücklich. Weil mein Freund in Hamburg studierte, wollte ich lieber in den Norden, nach meiner Ankunft in dem hässlichen Bahnhof von Trier habe ich geheult. Aber der Umzug in eine völlig fremde Stadt hat mich viel weiter gebracht. In Hamburg hatte ich einen kleinen, feinen Freundeskreis, in Trier kannte ich bald ganz viele Leute, weil ich darauf angewiesen war, auf Kommilitonen zuzugehen. Meine WG mit vier anderen Frauen fand ich durchs Internet und machte die Erfahrung, dass es keine schlechte Basis ist, wenn man sich vorher nicht kennt. Man interpretiert und beurteilt Verhaltensweisen nicht so stark.

Zwei Jahre in einer Kleinstadt waren jedoch genug. Über meine Zulassung an die Humboldt-Uni habe ich mich gefreut. Der Wechsel nach Berlin war davon überschattet, dass eine Freundin, die sich ebenfalls für Berlin beworben hatte, eine Absage erhielt. Wir bekamen gleichzeitig Bescheid: Ihr Briefumschlag war klein, meiner war groß. Und ich hatte Bedenken, dass ich keinen Anschluss finde. In einer Vorlesung gefielen mir zwei Frauen auf Abhieb, aber ich dachte: Die haben bestimmt genug Leute. Ich dränge mich lieber nicht auf. Und dann setzte sich eine neben mich und fragte: »Woll'n wir mal ins Kino gehen?« Später erzählte sie: »Meine Freundin und ich haben dich gesehen und dachten: Die sieht nett aus, die reißen wir uns auf.«

Meinen Freund Till habe ich mit 17 kennengelernt. Wir sind auf einer Party ins Gespräch gekommen, es entwickelte sich ganz schnell.

Meine erste Beziehung hatte ich mit 14, mein Freund war zwei Jahre älter, ein ruhiger, ausgeglichener, lieber Typ. Weil wir keine Interessen teilten und fast nur bei ihm zu Hause waren, habe ich Schluss gemacht. Hart ausgedrückt, wurde es mir langweilig. Damals hatte ich Angst, dass ich nie wieder jemanden finde, der einen so liebt.

Till und ich sind ebenfalls extrem gegensätzlich, doch es gefällt mir gerade, dass er so anders ist. Er lebt in den Tag hinein, ist spontan und dabei sehr bodenständig, in der Kleidung hat er viel Stil. Dass wir eine Fernbeziehung führen, stört ihn mehr als mich. Für Ausstellungen, Kino, Theater, all das, was Till weniger interessiert, habe ich in Berlin inzwischen Freunde. Mit Till kann ich mich entspannen. Wir besuchen Leute oder meine Eltern, wir schlendern durch die Stadt, kochen gemeinsam, wenn ich ihn bitte, liest er mir vor. Manchmal empfinde ich unsere gemeinsamen Wochenenden auch als Einschränkung, weil dann kaum Zeit für Eigenes bleibt. Aber ich neige dazu, mir zu viel aufzuhalsen. Wenn ich an Sonntagen einmal gar nichts vorhabe, merke ich, wie schlecht ich den Tag gestalte. Oft bin ich einfach so k. o., dass ich mit offenen Augen reglos wie ein Stein auf dem Bett liege. In Tills Nähe erhole ich mich von den Wochen davor; es ist, als ob ich meinen Tank wieder auffülle, wobei es den Partner natürlich nervt, wenn er hauptsächlich die Kaputte, Erholungsbedürftige serviert bekommt.

Wenn wir uns streiten, ist es leider nicht die beste Form des Streits. Mein Freund weiß, wie er mich zur Weißglut treiben kann, ich bin überhaupt nicht strategisch. Oft ist mir bewusst, es lohnt sich nicht, wegen irgendwelcher Kleinigkeiten zu kämpfen, aber dann geht es doch mit mir durch, Lappalien schaukeln sich zur Riesensache hoch, ich werde viel zu laut. Generell halte ich Streit in Freundschaften nicht lange aus. Ich kriege dann Verlustängste und muss den Zwist klären, damit meine Gedanken nicht unaufhörlich darum kreisen. Oft spreche ich das Thema direkt an, ich bemühe mich, meine Wut zu kontrollieren und trotzdem meinen Standpunkt zu vertreten. Entweder knallt es dann nochmals oder man nähert sich an, wobei meine Harmoniesucht häufig siegt. Ich bin erleichtert, wenn ich wieder jemandem nahe bin, der sich kurzzeitig entzogen hat. Auch Till und ich decken häufig Konflikte zu, um unsere Beziehung nicht zu gefährden. Dass wir jetzt offener und ehrlicher miteinander reden, ist ein großer Entwicklungsschritt. Es wird klarer, wo wir uns Kompromisse zugestehen und wo nicht.

Verliebt habe ich mich nicht, seitdem wir uns kennen. Meine Neugier auf Menschen kann ich befriedigen durch Freundschaften. Ich glaube, ich wirke auf viele Männer gar nicht, dadurch werde ich selten dumm angemacht. Wenn mich jemand mag, dann auch richtig. Die Vorstellung von einem Traumprinzen habe ich nicht, ein Idealpartner ist für mich gekennzeichnet durch seine unerschütterliche Liebe, dass er mich so mag wie ich bin. Aber ich weiß, hundertprozentiges Verstehen ist unmöglich, niemand denkt und fühlt genau wie ich. Und Beziehungsprobleme ergeben sich oft dadurch, dass man selbst meint: Irgendwie genüge ich nicht.

Meine Freunde und Freundinnen sind alle ein bestimmter Typ. Ich mag Menschen, die selbstbewusst, kreativ, intelligent, witzig sind, auf keinen Fall brave Personen. Eine Freundin von mir strahlt viel Glück aus: Sie ist gelassen, ruht in sich, ihr ist es egal, was andere Leute denken, wohingegen ich von Stimmungen leicht angesteckt werde. Wenn jemand schlechte Laune hat, beziehe ich das schnell auf mich. Aber ich merke auch, dass meine Begeisterung sich auf andere überträgt. Wenn es so aus einem raussprudelt, Ideen, Eindrücke, dies und das, reißt das andere mit. Ich erlebe allerdings auch, dass anderen meine Begeisterung nicht geheuer ist, sie finden sie übertrieben und mich überdreht.

Glücklich zu sein ist ein Ziel von mir. Ich bin's schon, aber ich möchte gern noch glücklicher werden. Es gibt ein Erfüllungsglück, wenn man etwas tut oder ein Hobby hat. Und es gibt ein kurzzeitiges Glück, Momente, in denen man von innen leuchtet, man schwebt ein bisschen, ist wahnsinnig gut gelaunt und genießt ganz stark den Augenblick. Man strahlt dann alle Leute an, einige lachen zurück, andere gucken weg. Aber die Reaktion ist eigentlich unwichtig, weil einen das Gefühl trägt.

Das Gefühl zu schweben habe ich oft durch Alltagssachen: Wenn ich morgens jogge oder durch die Stadt gehe und etwas beobachte, bin ich oft total glücklich, häufig höre ich dabei Musik. Ich gehe gern allein ins Café oder auf den Flohmarkt, ich habe selbst keinen Fernseher, aber ab und zu davor rumzugammeln finde ich herrlich. Es ist ein Luxus, in einer vollen heißen Badewanne zu liegen. Essen spielt eine große Rolle. Meine Eltern kochen sehr gut, ich habe mir einige Tricks abgeschaut und jobbe auch deshalb nebenher, weil ich nicht nur bei Aldi einkaufen will. Lange habe ich gekellnert, aber ich bin darin einfach nicht gut und wollte unbedingt im sozialen Bereich arbeiten. Als ich noch in Trier studierte, betreute ich einen behinderten jungen Mann, er hat Sklerose und Muskelatrophie, manchmal hatte ich am Stück 72 Stunden Dienst. Drei Nächte hintereinander wach zu bleiben brachte mich an meine Grenzen, aber es war eine sinnvolle Aufgabe. Und ich mochte ihn gern.

Große Freude macht es mir, wenn ich neue Leute kennenlerne, in der Berliner U- und S-Bahn werde ich oft in Gespräche verwickelt. Neulich setzte sich ein Mann neben mich, der war ganz schwarz gekleidet und komplett tätowiert, seine Nasenscheidewand war völlig gepierct. Ich konnte nicht weiter lesen, weil ich immerfort hingucken musste, und habe ihn angesprochen: »Entschuldige, stört dich das, wenn ich dir ein paar Fragen stelle?« Unser Gespräch war total interessant und er sehr nett. Das ist eine Form von Glück, weil man so rauskommt aus dem Schubladendenken, ich bedauere, dass unsere Gesellschaft sich so wenig durchmischt.

Dass Menschen Grüppchen bilden beobachte ich überall, auch auf Partys. Viele unterhalten sich nur mit denen, die sie schon kennen, geben sich cool-reserviert. Deshalb mag ich volle Räume Wenn sich alle aneinander vorbeischlängeln müssen, kommt man schneller ins Gespräch. Privat gelingen oft Partys, auf denen improvisiert wird. Wenn zu wenig zu essen da ist und nicht alles perfekt vorbereitet ist, ist es oft am fröhlichsten. Nachts wird der Kühlschrank geplündert, man kocht Spaghetti, der Gastgeber ist nicht gestresst.

Insgesamt ist unsere Generation sicher konservativer als die meiner Eltern, im privaten Bereich, denn Politik spielt eigentlich für viele junge Leute keine große Rolle. Es wird nach meinem Eindruck zunehmend individualistischer. Was mich richtig aufregt ist die Einführung von Studiengebühren, sie vergrößern die Ungleichheit der Bildungschancen. Um bei politischen Themen durchzusteigen und zu durchschauen, was für wirtschaftliche Interessen hinter Abkommen stehen, müsste ich viel häufiger Zeitung lesen. Ich weiß einfach nicht, wo ich das in meinem Alltag noch unterbringen kann. Richtig Angst macht mir die Arbeitslosigkeit, auch mein Vater musste Mitarbeiter entlassen. Meine Eltern involvieren mich nicht in Berufliches, aber ich kriege ihre finanziellen Sorgen natürlich mit. Ohne meine Eltern, meinen Freund würde ich wahrscheinlich gar nicht mehr so oft nach Hamburg fahren. Aber wo meine Eltern wohnen, da bin ich auch zu Hause.

Vor einem halben Jahr erfuhr meine Mutter, dass sie einen Knoten in der Brust hat. Ich war gerade mitten in den Klausurvorbereitungen, an manchen Tagen habe ich nur geweint. Als feststand, dass es Krebs ist, war es eigentlich leichter als vorher. Obwohl das Schlimme eingetreten ist, fand ich das Warten auf den Befund am quälendsten. Nun, mit der Gewissheit, kann man beginnen zu kämpfen, es ist kein Stillstand mehr. Natürlich habe ich Angst, aber ich spreche mit meiner Mutter nicht darüber, es soll jetzt primär um sie gehen und nicht um meine Gefühle. Auch mit Freundinnen, mit meinem Freund rede ich selten darüber. Ich bin sonst jemand, der viel erzählt, sich gern Rat holt, aber ich denke, dass ich andere überfordern würde. Meine Mutter meint oft, dass alles so kommt, wie es kommen soll. Ich glaube jedoch nicht an eine höhere Kraft, ich bin nicht religiös. Die Frage, ob es Gott gibt oder nicht, beschäftigt mich nicht. Ich bin Agnostikerin.

Was mich selbst betrifft, wünsche ich mir, dass ich endlich herausfinde, welches Studium zu mir passt. Ich würde zur Ruhe kommen, ausgeglichener sein, müsste nicht mehr drei Fächer parallel belegen. Später möchte ich einmal Kinder haben und einen Beruf, der mich erfüllt, also die klassischen Ziele. Und ich möchte mehr reisen, dadurch ändert sich die Einstellung zu vielem. Wahrscheinlich würden auch meine Glücksvorstellungen durch einen anderen Erfahrungshorizont beeinflusst werden.

Mein nächstes Projekt ist die Wohnungssuche. Am liebsten wäre mir eine größere WG in Kreuzberg, wo das Stadtbild viel gemischter und dadurch anregender ist als in Friedrichshain.

Amadeus Flößner: »Die Würde ist das A und O.«

Drei Stunden Arbeit haben Spuren hinterlassen. Doch trotz der Schweißperlen auf der Stirn füllt Amadeus Flößner noch weitere zwei Stunden die Sektgläser, ohne sich zwischendurch auch nur einmal hinzusetzen. Mit Frack, schwarzer Fliege, über dem Hemd eine weiße Weste, macht der Mann, der in kerzengerader Haltung für das leibliche Wohl der Gäste einer privaten Geburtstagsfeier sorgt, seinem Berufsstand alle Ehre. Ein Kellner mit jener formvollendeten Dienstbereitschaft, die man vor allem aus alten Filmen kennt. Und tatsächlich war der 57-jährige Berliner schon mehrmals auf der Leinwand in der Rolle des Butlers oder Kellners zu sehen, zum ersten Mal in »Die Spaziergängerin von Sanssouci«; zuletzt spielte er den Butler des ostpreußischen Grafen v. Mahlenberg im Fernseh-Zweiteiler »Die Flucht«. Doch es sind vor allem seine 35 realen Dienstjahre, die mich neugierig auf einen Menschen machen, der in der gehobenen Berliner Gastronomie fast eine Institution ist. Sein Blick auf die »happy hours« seiner Branche interessiert mich ebenso wie die beruflich unabdingbare Fähigkeit, den Bedürfnissen anderer Vorrang einzuräumen und dabei als Person selbst völlig zurückzutreten. Vor allem möchte ich wissen: Was für eine Lebenshaltung steht hinter der hundertprozentigen Berufsidentifikation, die er von Kopf bis Fuß ausstrahlt?

Amadeus Flößer ist auf die Minute pünktlich, als er in meine Wohnung zum Interview kommt, dem noch ein zweites Gespräch folgt. Über Hemd, Weste, Fliege trägt er nun ein kleingemustertes Sakko im Saxion Check. Die Jakobsmuschel am Revers sei ein Souvenir der Pilgerwanderung mit seiner Frau, erzählt Amadeus Flößner und schaut prüfend auf das Etikett der Weinflasche auf dem Tisch. Während diese sich zügig leert, holt der eher kleine, fast schlanke Mann mit brünetten Haaren und braun-graumeliertem Oberlippenbart immer wieder zu Exkursen aus, die seine Beschäftigung mit marxistischer Dialektik und Entfremdungstheorie offenbaren.

Wie so häufig bedauere ich, dass manche persönliche Erinnerung das narrative Interview sprengen würde. Bildlich sehe ich die angereisten Tanten, Onkel, Kusinen, Vettern und den Trompete blasenden »Onkel Erwin« auf der Empore vor mir, als Amadeus Flößner von seiner kirchlichen Trauung vor 27 Jahren erzählt und den drei Hochzeitsfeiern an drei verschiedenen Orten, damit auch die Verwandten in der DDR mitfeiern konnten.

Großes Glück hatte ich im Leben drei Mal: Als meine Mutter und ich 1955 durch die Grenze in den Westen geschleust wurden, als ich in meinen Beruf hineinrutschte und als ich meine Frau kennenlernte. Ich denke, Glück ist nicht planbar. Man kann es beeinflussen, aber es ist wie beim Zocken: Ein Spieler, der immer höher rangeht, hat zum Schluss schlechte Karten. Wie heißt es in Brechts Dreigroschenoper: »Ja, mach nur einen Plan / Sei nur ein großes Licht! / Und mach dann noch 'nen zweiten Plan. / Geh'n tun sie beide nicht.« Am besten ist die Einstellung: Lass dich überraschen! Öffne dich für das, was kommt! Aber sei nicht zu anspruchsvoll.

Eigentlich heiße ich: Georg Siegfried Amadeus. Ich habe die Namen 1972 umgestellt, als ich zum ersten Mal im »Exil« war. Amadeus hieß die Hauptfigur des Erziehungsromans, den mein Vater als junger Mann geschrieben und den meine Mutter abgetippt hatte. Ich glaube, Glück war für meine Eltern nicht das Lebensziel. Sie hatten die Einstellung: Man muss das Leben nehmen, wie es ist, und wenn es glücklich ist, hat man Glück gehabt.

Meine Eltern waren beide Lehrer, sie haben sich in Sachsen kennengelernt. Da mein Vater wegen seiner bürgerlichen Herkunft in der DDR kein vollwertiges Studium machen durfte, ging er Anfang der 50er Jahre nach West-Berlin, wohin wir ihm 1955 folgten. Jahrelang wohnten wir zu dritt in einem Untermietszimmer. In einem Erker stand hinter einem Verdunkelungsrollo mein Bett, so bekam ich alles mit, wenn meine Eltern Besuch hatten. Ich war immer ein ruhiger Kantonist, konnte mich gut allein beschäftigen. Meine Eltern standen ja damals unter einem wahnsinnigen Druck, da mein Vater noch studierte und die Ausbildung meiner Mutter als Neulehrerin im Westen nicht anerkannt wurde. Dass beide Pädagogen waren, schlug natürlich auf meine Erziehung durch. Zu sagen »Ich will aber ...« oder »Ich habe keine Lust darauf« wurde nicht akzeptiert, alles musste vernünftig begründet werden. Strafen für Uneinsichtigkeit, Nachlässigkeit, Unpünktlichkeit umfassten die ganze Palette. Ich fand Bestrafungen immer sinnlos. Meinen Eltern taten sie weh, und an mir prallten sie ab.

Glücklich habe ich meine Eltern erlebt, als mein Vater sämtliche Prüfungen bestanden hatte. Als er Schuldirektor wurde, wir allmählich zu Wohlstand kamen und eine große Wohnung in Tempelhof bezogen, in der meine Mutter heute noch wohnt, entdeckte mein Vater seine Liebe für schönes Porzellan und fing in unseren Sommerurlauben in Dänemark an, Antiquitäten und königliches Kopenhagen zu kaufen. Es wurde ein Esszimmer eingerichtet im nachgemachten Stil *directoire*, also schlicht und gediegen, irgendwann wurde dänisches Silber angeschafft. Mittags gab es meist Stulle, das warme Abendessen wurde jedoch immer stärker ritualisiert. Ich wurde nie gezwungen, etwas zu essen, doch ich musste wenigstens kosten. Gutes Essen trägt zum Glück bei. Genuss und Aufwand müssen jedoch im vernünftigen Verhältnis stehen. Heute befriedigen ja viele Männer ihr Ego, indem sie anderthalb Tage die Küche in ein Schlachtfeld verwandeln, doch dass das Essen täglich pünktlich auf den Tisch kommt, bleibt Frauen überlassen. Und wer kann sich schon die Zutaten in Kerners Kochshow leisten? Meine Großmutter sagte immer: »Das wichtigste Gewürz ist Liebe.«

Glücklich war ich, als ich als Elfjähriger in den Ferien auf einem Bauernhof bei der Ernte mithalf. Der Bauer hat mich auf sehr nette Art ernst genommen, wie bei allen anderen wurden meine Arbeitsstunden, inklusive Pausen, ordentlich abgerechnet. Als Schüler habe ich jahrelang auf dem Kreuzberger Bildermarkt Silberschmuck verkauft, doch wann immer ich handwerkliche oder künstlerische Ambitionen zeigte, wurde ich von meiner Mutter in Richtung Studium gedrängt. Sie ist heute noch enttäuscht, dass mein jüngerer Bruder und ich keine Akademiker sind; sie findet, ich lebe in unsicheren Verhältnissen. Meinem Vater verdanke ich die Entspanntheit, was Karriere anbelangt. Als ich nach 18 Semestern mein Geologiestudium an den Nagel hängte, sah er das eher sportlich. Er sagte: »Na, ja, dem geht es gut, er braucht von uns kein Geld.« Wichtig für ihn war, dass ein Mensch, egal, ob Professor oder Bauer, in sich ruht, nett, freundlich und zuverlässig ist. Außerdem gefiel ihm das »Exil«.

Ich bin seit 37 Jahren Kellner. Mit Unterbrechungen habe ich 12 Jahre im »Exil« gearbeitet, außerdem im »Wirtshaus Schildhorn«, im »Café Einstein«, im »Landhaus Alt Mariendorf«, im »Schweizer Hof«, im »Axbax«, aus dem »Storch« bin ich zuletzt in Unfrieden geschieden. Teilweise hatte ich zwei Stellen, eine Sechs-Tage-Woche in einem Laden kriegt man psychisch kaum hin. Zwischendurch war ich selbständig, 14 Monate gehörte mir das »Exil«. Seither habe ich mehr Respekt vor denen, die ins Gastgewerbe Geld stecken und mit ihrem letzten Taschentuch haften.

Ich denke wie meine Eltern: Glück kann man nicht beanspruchen, es passiert einem. Mit dem Kellnern habe ich parallel zum Studium begonnen. Ich legte von jeher Wert auf vernünftige Kleidung und gutes Leben, also ausgehen können und Bücher kaufen, und wollte flüssig sein. Da ich bis heute keinen Führerschein habe, fiel Taxifahren aus. Mitte der 70er Jahre landete ich eines Abends im »Exil«, als ich nach einer Sitzung bei den Jungsozialisten, wo ich Funktionär war, am Paul-Lincke-Ufer entlangspazierte. Die umfangreiche Schnapsgalerie hinter der Theke beeindruckte mich sehr, es spielte eine Jazzplatte, die mein Vater auch besaß, hinter dem Tresen stand ein älterer Mann mit Hosenträgern, Dreitagebart und einer Havanna-Zigarre und zapfte Bier. Es war Oswald Wiener. Ich hatte von ihm »Die Verbesserung von Mitteleuropa« gelesen und war verblüfft, als er mich gleich duzte. Erst wurde ich Stammgast im »Exil« und dann aus wirtschaftlicher Not Kellner.

Zunächst habe ich es als Nebenerwerb betrachtet, bis ich mit 29 Jahren um die Hand meiner Frau anhielt und mir klarmachte, dass ich als Geologe kaum eine Stelle finden würde. Meine Frau war mit meinem Beruf zwar nicht völlig einverstanden, aber die Liebe war stärker. Meine Schwiegermutter sagt anderen immer noch nicht, dass ihr Schwiegersohn Kellner ist. Sie sagte, ich arbeite in der Gastronomie. Mir war die Meinung anderer immer egal. Ich war beruflich lange Autodidakt, meine Facharbeiterprüfung habe ich erst im zarten Alter von 50 Jahren gemacht, weil ich keinen Ehrgeiz hatte, einen Dienstrang zu erreichen. Wichtig war mir, dass ich genug verdiente und mich wohl fühlte. Aber ich möchte respektiert werden und habe meine eigenen Ansprüche an mich kontinuierlich hochgeschraubt.

Ich sage: »Ich bin Kellner.« Und nicht: »Ich arbeite als Kellner.« Es ist meine Profession und damit ein Hauptteil meines Lebens. Es ist ein Glück, zu sehen, wie man Leuten eine Freude machen kann, indem man ein wenig über die selbstverständliche Aufmerksamkeit hinausgeht. Die Rollen sind dabei klar verteilt: Ich bin nicht Gastgeber, als Kellner stehe ich zu Diensten. Meine Würde ziehe ich daraus, dass ich mich zurücknehme im Bewusstsein: Ich kann mein Handwerk und habe die entsprechenden Kenntnisse. Ich muss nicht darauf bestehen, im Zweifelsfall hat der Gast immer recht, ich habe das Wissen. Zu Kollegen sage ich oft: Wir verkaufen unsere Fähigkeiten und Fertigkeiten, vielleicht noch unseren Charme und keinen Jota mehr. Man muss von sich selber absehen, man muss dienen, ohne sich zu unterwerfen. Manche Kollegen kennen nicht den feinen

Unterschied. Wenn ein Gast glaubt, dass er uns mit Haut und Haaren hat, desavouiert er sich selbst. Dabei ist es egal, ob jemand sturztrunken ist oder ob einer meint, er könne mit seinem Geldbeutel die Puppen tanzen lassen. Zu viel Trinkgeld kann auch entwürdigend sein.

Schlechtes Benehmen ist für mich Ungeduld. Wenn ein Gast den Kellner heranbefiehlt, ohne Rücksicht darauf, wie so ein Räderweg im Restaurant funktioniert. Dieser Typus, der die eingebaute Vorfahrt hat, nimmt zu. Solo sind es oft sehr umgängliche Menschen, aber in der Gruppe positionieren sie sich als Alpha-Männchen, nach dem Motto: Meine Frau, mein Haus, mein Auto, meine Yacht. Ich beobachte diesen herrischen Ton auch bei jüngeren Frauen, die Emanzipation und Selbständigkeit missverstanden haben. Menschen, die glauben, dass das Glück ausbricht, wenn sie alle Erfolgsklischees erfüllen. Solche Gäste kann man relativ leicht auflaufen lassen. Ich gucke sie lange an, so als habe ich sie nicht verstanden, ich sage: »Entschuldigen Sie bitte, was fehlt?« Man arbeitet etwas formeller und umständlicher, lässt sie ins Leere laufen. Unter Umständen spreche ich Gäste dann auch in der dritten Person an: »Welchen Wunsch haben der Herr? Was darf ich für die gnädige Frau tun?« Aggressiv machen mich Leute, die ans Buffet stürmen und sich besinnungslos den Teller vollpacken: Vorspeise, Hauptspeise, Dessert, alles durcheinander. Man redet heute zwar mehr über das Kochen, der Anspruch ist, dass es so chic angerichtet wird wie in den Kochsendungen, aber der Respekt vor dem Gericht ist weniger vorhanden. Wenn Gäste dann feststellen, das schmeckt nicht zusammen, lassen sie den Teller stehen und drücken vielleicht noch eine Zigarette darauf aus, damit der dienstbare Geist merkt, das ist zu entsorgen. Am liebsten sind mir neugierige Gäste, die Fragen stellen zur Speisekarte, zu Getränken, zu Gepflogenheiten. Im Mittagsgeschäft gibt es zeitlich immer Druck. Deshalb arbeite ich gern abends. Glücklich bin ich, wenn ein Abend richtig gut läuft: Alle sind zufrieden, der Umsatz ist gut, Empfehlungen fallen auf fruchtbaren Boden, Gäste machen Komplimente, die Küche klingelt nicht wild, weil die Zusammenarbeit mit Kollegen reibungslos klappt.

Katastrophen passieren, wenn man keinen Arbeitsrhythmus findet, keinen Tritt fasst, wenn man mit allem zu spät ist. Unerlässlich für einen Kellner sind Zeitgefühl und Teamfähigkeit. Man muss eigentlich schon mit dem Hinterkopf sehen, was gerade dran ist. Aber es gibt diese verteufelten Tage, da passiert einem ein Fehler nach dem andern. Mein schlimmster Fauxpas: Silvester habe ich einmal einer Freundin einen Champagnerkorken aufs Auge geschossen. Und einmal war ich so betrunken, dass ich eine Abrechnung am Tisch nicht mehr zustande gebracht habe. Die Gäste sagten: »Sie sind so ein guter Kellner. Es ist ein Jammer, Sie so zu sehen.« Das ist 20 Jahre her, aber es fuchst mich bis heute. Mein Anspruch ist: Wenn ich etwas mache, will ich es richtig machen.

Als ich für eine kurze Periode 1982 das »Exil« übernahm, war das leider von Anfang an eine Krisenzeit, weil ich mich mit dem Geschäftspartner vergriffen hatte. Ich habe versucht, das Ruder rumzureißen, und bin leider auch heftig in den Alkohol abgetaucht. Nach 14 Monaten warf ich das Handtuch. Das war eine Niederlage, gescheitert fühlte ich mich nicht, weil ja zumindest einer mitschuldig war. Für mich reichte das als Ausrede, um mir nicht gleich einzugestehen: Eigentlich hast du es richtig vergeigt, du hättest es ahnen müssen. Meine Frau war von Beginn an skeptisch gewesen, sie hat mich trotzdem machen lassen, und ich wollte ja auch ein bisschen für ihre Familie selbständiger Unternehmer werden. Natürlich ist es Anlass zur Selbstkritik, wenn man mit einem Projekt auf die Schnauze fällt, aber Fehler, Irrtümer sind ja nicht prinzipiell verwerflich, sondern dazu da, aus ihnen zu lernen. Meine kurze Selbständigkeit war in meinem Bekanntenkreis eigentlich kein Thema. Der Tenor war: »Na, ist schiefgegangen, das passiert. Und einigermaßen glatt rausgekommen?« Die meisten hatten die Einstellung: Neuer Versuch, neues Glück. Wie gut, dass er sich traut! Das Ganze hat meine Detailfreude wesentlich gesteigert.

Generell gab es in unserem Beruf nach der Wende einen drastischen Einbruch. In der DDR wurden Kellner wesentlich besser technisch ausgebildet, sie hatten ein Training auf Weltniveau, während im Westen der Kellnerberuf vom Anrichten und Anfertigen zum reinen Transport verkommen ist. Zwar werden in der Prüfung noch englischer und französischer Service gefordert, das heißt, es wird eine Tafel für ein Fünf-Gänge-Menü eingedeckt, der *guerridon,* der Beistelltisch wird vorbereitet, als Arbeitsprobe wird ein Hasenrücken zerlegt, eine Forelle filetiert oder ein Dessert flambiert, aber es war für jeden Bankett-Oberkellner ein Lichtblick, mit Kollegen aus dem Osten zu arbeiten. Sie waren wie eine Militäreinheit gedrillt. Auch die ostdeutschen Gäste ließen sich damals viel bieten. Manche Leute legen ja mehr Wert auf das Ambiente als auf das, was auf dem Teller liegt. Das Niveau der Berliner Gastronomie sank, und die Löhne fielen mit. Ich kann mich materiell einschränken, doch es gibt eine Grenze, wo ich etwas aggressiver werde.

Ich bin ein Gleichheitsfanatiker und seit Jahren ehrenamtlicher Gewerkschaftsfunktionär. Ob jemand in Geld schwimmt, interessiert mich nicht. Ich werde jedoch wütend, wenn sich Menschen an prekären sozialen Verhältnissen bereichern und Zimmermädchen mit einem Stundenlohn von vier Euro brutto abgespeist werden. Armut entwürdigt. Und Interessenvertretung heißt eben nicht, sich den Kopf des Gegners zu zerbrechen, sondern zu fordern: »Wir wollen das. Und wir müssen das auch wollen dürfen.« Wenn jemand einwendet: »Damit bringt ihr die Wirtschaft in Gefahr«, ist meine Antwort: »Wenn die Wirtschaft an vernünftigen Arbeitsbedingungen scheitert, dann taugt eben das ganze System nicht.« Die Frage, ob persönliches Glück gesellschaftliche Missstände aufwiegt, würde ich verneinen. Es liegt ja deshalb so vieles im Argen, weil Menschen die Haltung einnehmen: Lass die Welt da draußen treiben; wir schaffen uns unseren eigenen kleinen Kosmos. Ich finde den Konsumterror in unserer Gesellschaft pervers. Viele Menschen vergeuden sinnlos Lebenszeit, um sich ein Fähnchen mit einem Markennamen drauf zu leisten. Ich frage mich: Was bringt sie dazu, gratis für jemanden Reklame zu laufen? Aber ich bin optimistisch, was den menschlichen Selbsterhaltungstrieb betrifft, auch wenn ich gelernt habe, dass Einsichten nur sehr langsam erfolgen.

Glück im Beruf findet man nur, wenn die Familie mitspielt. Und Glück in der Familie setzt voraus, dass sie mitspielt mit dem Beruf. Meine Frau war als Fremdsprachenkorrespondentin immer berufstätig, in der Kindererziehung und im Haushalt haben wir mit der Partnerschaft ernst gemacht. Als wir heirateten, habe ich mich meiner Schwiegerfamilie zuliebe katholisch taufen lassen. Was mir an meiner Frau gefällt? Ihre Warmherzigkeit, Offenheit, ihr Charme. Zu einer guten Ehe gehört alles: romantische Gefühle, wilder Sex, sich aufeinander verlassen können, mit allen Überraschungen, denn es ist ja ein Trugschluss, zu glauben, dass man seinen Partner durch und durch kennt. Nahezu magisch finde ich die mitunter telepathische Verbindung zwischen uns. Ich bin jedoch realistisch. Liebe ist für mich nicht nur eine Himmelsmacht, es ist auch eine ökonomische Beziehung. Eine gute Ehe ist das Verhältnis von zwei Personen, deren Einstellung in entscheidenden Punkten und in der Alltagsorganisation harmonieren. Beide wissen, dass es mit dem einen oder anderen vermutlich genauso gut ginge, es jedoch mit niemandem wesentlich besser wäre.

Für unsere Kinder wünsche ich mir, dass sie aktive Mitglieder der Gesellschaft und nette, zuverlässige, aufrechte Menschen werden. Nach vielen Schleifen macht unser 25-jähriger Sohn eine Lehre als Garten- und Landschaftsbauer, unsere 21-jährige Tochter studiert Biologie. Meine Frau ist da ehrgeiziger, aber für mich müssen unsere Kinder einmal keine bedeutenden Positionen einnehmen, wichtig ist mir ihr persönliches Glück.

Ich denke, viele Paare leben sich auseinander, weil jeder sich selbst zu wichtig nimmt, wobei wir nie etwas aus gegenseitiger Rücksicht aufgegeben haben. Unser Konsens ist: Jeder macht, was er will, aber jeder ist auch aktiv Mitglied der ganzen Familie und gibt sich Mühe, anderen nicht mutwillig auf die Zehen zu treten. Auch wenn wir wenig Zeit füreinander hatten, waren wir uns immer sicher, dass wir dadurch nicht auseinanderdriften. An unserer Silberhochzeit sind meine Frau und ich die letzten 250 Kilometer vom Jakobsweg gewandert, das war ein absolutes Highlight. Wir gehen manchmal ins Konzert, ins Theater, in die Oper, aber wir hocken auch zu Hause und reden miteinander. Freundschaften dünnte mein Beruf eher aus. Die häusliche Gastfreundschaft hält meine Frau aufrecht, ich pflege meine Kneipenkontakte, nach dem Dienst trinke ich gern noch irgendwo ein Bier. Ich mag die unverbindlichen Gespräche, die ins Verbindliche gehen können, wenn man Lust hat; es gibt immer wechselnde Gesprächspartner und damit ein neues Gesprächsthema bei einer konstanten Grundversorgung.

Natürlich ist eine Partnerschaft nicht immer Friede, Freude, Eierkuchen, aber meine Frau hat immer mitgespielt. Wir sind beide nicht darauf erpicht, Konflikte unnötig auszuweiten. Ob sie glücklich ist, frage ich sie alle paar Tage, wobei ich davon ausgehe, dass sie nur glücklich sein kann, wenn sie mich noch liebt, und ich nur glücklich bin, wenn ich sie weiter lieben darf. Ich frage sie allerdings nicht danach, was sie unter Glück versteht. Wir würden uns an unseren verschiedenen Definitionen reiben und die knappe gemeinsame Zeit weniger genießen können. Wenn ich mich danach richte, ihr Glück zu steigern, werde ich unglücklich, und davon hätte dann auch sie nichts. Treue ist für uns selbstverständlich. Wenn mir Schönes präsentiert wird, gucke ich schon genau hin. Ein ausgeschnittenes Dekolleté ist für mich das Signal: Erfreue dich! Aber ich war sehr schockiert, als mein Vater sich mit Mitte 50 in Richtung jüngere Frau verabschiedet hat und damit genau das tat, worüber er sich stets mokiert hatte.

Nach dem Katastrophenjahr davor, in dem ich mir die Schulter brach und arbeitslos wurde, war das letzte Jahr ein glückliches. Zu meiner jetzigen Stelle kam ich wie die Jungfrau zum Kind. Auf der Arbeitssuche habe ich ein privates Institut für Weiterbildung und Arbeitsvermittlung aufgetan, was vom Gesetzgeber zwar strikt getrennt ist, aber Weiterbildung muss sich auch daran messen lassen, wie viel Menschen sie in Lohn und Brot bringt. Da ich schon lange ehrenamtlicher Prüfer für Restaurantfachleute und Fachkräfte im Gastgewerbe bin, wurde ich während des Vorstellungsgespräches gefragt, ob ich in diesem Institut Dozent für Kellner, Köche, Büffettiers, Barkeeper werden möchten. Mit der konkreten Gastronomie habe ich seither nur noch wenig zu tun, aber ich helfe gern bei privaten Festen. Egal, ob im Viersternerestaurant oder im kleinen privaten Kreis, wenn ich im Dienst bin, setze ich mich erst hin, wenn die Gäste gegangen sind. Das steife Hemd hilft dabei, sechs, sieben Stunden aufrecht zu bleiben, für gute Schuhe und Socken gebe ich viel Geld aus. Nach meiner Erfahrung misslingen Feste dann, wenn nichts strukturiert ist. Wie bei einem Bankett sollte man eine klassische Speise- und Getränkefolge einhalten und Gästen Orientierung geben, wenn man merkt, es könnte ins Leere laufen. Man kann Musik anstellen, ein Tablett mit Cocktails rumreichen oder irgendetwas anbieten, das den Abend gliedert und im einfachen Sinn für ein Protokoll sorgt. Wenn man nur sagt: »Herzlich willkommen, jeder nimmt, worauf er Lust hat«, schütten die Haltlosen sich gleich voll.

Als Prüfer und Dozent gehe ich jetzt in die letzte Stufe meines Berufes. Seitdem ich morgens mit einer Aktentasche aus dem Haus gehe und unterrichte, ist meine Schwiegermutter versöhnt. Für mich ist der Seitenwechsel ein bisschen mit Wehmut verbunden. Mir fehlt die Bewegung, der Kontakt zu Gästen. Aber ich bin auch froh, dass ich nicht mehr jeden Abend eine halbe Tonne Porzellan stemmen muss.

Der Wandel des Glücks im Lebenslauf

Was ist Glück für einen 18-Jährigen? Was für einen 81-Jährigen? Füllen wir im Laufe des Lebens Glück mit neuen Inhalten? Und wandelt sich das Gefühl selbst? Verbindet eine 30-Jährige mit dem Wort Glück etwas anderes als eine 65-Jährige?

Um es vorwegzunehmen: Die Antwort bleibt die Glückforschung weitgehend schuldig. Erstaunlicherweise wird die Frage nach der Metamorphose des Glücks im fortschreitenden Alter von vielen Experten gar nicht gestellt. Mehrheitlich männlich, schenken Forscher weder den unterschiedlichen Glücksvorstellungen von Männern und Frauen Aufmerksamkeit, noch erhellen Studien, ob das Erleben von Glück und Unglück beeinflusst wird vom jeweiligen Lebensstadium. Ein klarer Befund zeichnet sich jedoch ab: Als junge Erwachsene und als alte Menschen sind wir am glücklichsten. Am schlechtesten bestellt ist es um das Glück in den sogenannten besten Jahren.

Im Zenit ihrer Leistungskraft, werden die 30-bis 50-Jährigen im Genussmittelkonsum erfolgreich umworben. Gestützt auf seine Glücksdatenbank, testiert Ruut Veenhoven ihrem Glück jedoch ein Mauerblümchendasein. Eingeklemmt zwischen »Kindern, Krediten, Karriere«, lastet auf ihnen ein Dauerdruck.[80] Zugunsten großer Ziele werden kleine Freuden oft vertagt. Die Kluft zwischen dem, was man erreichen will, und dem, was man erreicht hat, zerrt nicht nur an den Nerven, die Belastung bringt auch die Liebe in Atemnot. »Es ist lange unterschätzt worden, wie stark die Beziehung beeinflusst wird durch Stress, den die Partner mit nach Hause tragen«, warnt der Braunschweiger Paartherapeut Kurt Hahlweg. Während existentielle Bedrohungen und Schicksalsschläge Paare meist zusammenschweißen, fehle es im aufreibenden Klein-Klein oft an gegenseitiger Unterstützung. Gefährlich sei, wie gestresste Partner miteinander reden, erläutert der Paartherapeut und Familienforscher Guy Bodemann in einem Artikel im *stern*: »Die Kommunikation wird nicht nur oberflächlicher, sondern auch negativer. Die Partner können sich unter Stress schlechter in den anderen hineinversetzen, sie sind gereizter, sarkastischer, intoleranter.« Es nähmen Verhaltensweisen zu, die als »apokalyptische Reiter«, als Vorboten der Trennung, das Glück Zug um Zug zerstörten: Immer häufiger werde Kritik abgeschmettert, Verachtung schleiche sich ein, Partner zögen sich zurück oder verhedderten sich im Machtkampf.[81]

Auch vor diesem Hintergrund lassen demographische Erhebungen Alarmglocken schrillen. Von 25 auf 46 Prozent erhöhte sich zwischen 1991 bis 1999 die Prozentzahl der Menschen, die unter der Beschleunigung und Zerstückelung ihrer Zeit leiden, am Arbeitsplatz wie in der Freizeit.[82] »Leben ist das, was geschieht, wenn wir gerade mit anderen Plänen beschäftigt sind«, brachte John Lennon die chronische Vertagung des Glücks auf den Punkt.

Doch nicht nur berufliche Rahmenbedingungen benachteiligen die mittlere Generation. Wie Psychologen erläutern, schöpfen wir Glück in den Lebenszyklen unterschiedlich aus: erst mehr, dann weniger, dann wieder mehr. Ob wir uns morgens griesgrämig aus dem Bett quälen oder beim ersten Sonnenstrahl freudig die Bettdecke zurückschlagen, hängt in erster Linie von unserer Lebenseinstellung ab. Tendenziell aber beeinflusst auch unser Alter unsere Lebenshaltung. In einer gesunden Entwicklung durchlaufen wir verschiedene Stufen, die Auswirkung auf unser Glücksempfinden haben.

Als Kinder und Jugendliche saugen wir Äußeres förmlich auf. In Reaktion auf unsere Umwelt festigen wir unsere Identität und bauen Ich-Stärke auf, indem wir uns permanent in anderen spiegeln und uns ausprobieren. Was wir fühlen, denken, tun verklären wir als neu und einzigartig. Jugend ist Aufbruchstimmung, die Gegenwart ist eine Etappe auf dem endlosen Weg in die Zukunft. Als junge Frau dachte sie oft: »Lauf los und sieh, was passiert«, beschreibt eine Interviewpartnerin das draufgängerische Was-kostet-die-Welt-Lebensgefühl junger Menschen. Einerseits wird in den ersten Lebensjahrzehnten die eigene Potenz überschätzt, andererseits fließt viel Kraft darein, sich von den Erwartungen der Eltern abzugrenzen. Die verlockend vielfältigen Wahlmöglichkeiten werden überschattet von der Frage, welche Option die richtige ist. Die narzisstische Fokussierung auf sich selbst, auch in der Sexualität, ist häufig gepaart mit Selbstzweifeln. Anpassung und Überanpassung sollen Zuneigung und Zustimmung sichern, wie meine Gesprächspartnerin Lieselotte

Thoma erinnert: »Sobald jemand mich angenommen hat, habe ich ihn auch angenommen. Ich hatte nicht das Gefühl, überhaupt wählen zu dürfen. Wenn jemand mich abwies, empfand ich das als Untergang.«

In sukzessiver Weichenstellung verengen sich Freiräume, die Biographie bekommt schärfere Konturen. Wir etablieren uns beruflich (wenn auch zunehmend mit Unsicherheitsfaktoren) und privat, ordnen uns gesellschaftlich (und politisch) ein, erwerben Kompetenz, entwickeln Lebensstil, Partner teilen Zuständigkeiten auf. Wir sind auf Expansionskurs, meist auch in der Anschaffung materieller Dinge. Es ist eine Lebensphase, in der man viel Echo bekommt. Das stachelt an, fördert aber auch Opportunismus. Utopien weichen dem Machbaren. »Die Jugendträume und Hoffnungen bekommen meist mit 30 die ersten Dellen. Die Ziele, für die man brannte, gehen oft schon mit 40 unter«, charakterisiert der Psychotherapeut Wolfgang Krüger den häufigen Abschied von Idealen. Sehnsüchte verblassen über konkreten Vorhaben. Beispielhaft schildert die 31-jährige Charlotte L., seit 14 Jahren liiert mit meinem Interviewpartner Malte B., das Welken einstiger Blütenträume: »Lange wünschte ich mir, dass wir heiraten, mit einer Trauung ganz in Weiß. Aber mittlerweile ist das für mich unwichtig. Der ganze Zauber ist vorbei, ich überlege heute, was für einen Aufwand ein großes Fest bedeuten würde.« Das eigene Glück ist ablesbar: am Wohlergehen der Kinder, an der Qualität der Partnerschaft, an beruflichen Erfolgen, am Lebensstandard. Defizite werden aufgefüllt durch die Hoffnung auf Künftiges. Das Glück in Wartestellung entschädigt für aktuelle Verzichte.

Mit zunehmendem Alter konzentrieren wir uns wieder mehr auf Gegenwärtiges. »Zur zweiten Hälfte gehört die Entwicklung vom Ich zum Selbst, indem man die Innenwelt mit einbezieht«, erläutert die Hamburger Logotherapeutin Hannelore Unruh, Jahrgang 1929.[83] Angesichts des sich verkürzenden Zeitraumes für Ungelebtes besinnen wir uns auf aufgeschobene Wünsche, das Gewicht verschiebt sich wieder mehr vom Tun auf Gefühle, häufig melden sich alte Wunden, Paare ziehen eine Zwischenbilanz: Ist man eigentlich glücklich miteinander? »Je älter die Kinder wurden, desto mehr bezweifelte ich dieses *»Così fan tutte«* (»So machen's alle«), desto dringender stellten sich für mich nochmals die Fragen: »Was will ich? Und wo will ich hin?«, schilderte mein Gesprächspartner Axel Braig die kritische Überprüfung des Status quo.

Während einige Menschen in ruhigen Gewässern dahingleiten, setzen sich andere nochmals Stürmen aus. »Wann, wenn nicht jetzt?« ist das Startsignal für radikale Umbrüche. Die berüchtigte Midlifecrisis mobilisiert Mut, Tatkraft, sexuelles Begehren. Der Wunsch nach Veränderungen verleitet aber auch zu kurzsichtigen Fehlentscheidungen. Der Glaube, sich nochmals neu erfinden zu können, entpuppt sich häufig als Illusion. Die Begrenzung dessen, was *noch* möglich ist, wird schmerzlich bewusst, nach einer Phase des Aufbäumens werden manche Träume endgültig begraben. Es sind die Wechseljahre, in denen sich Glücksvorstellungen wandeln. Frauen verankern ihr Glück (oder Unglück) stärker als Männer in Beziehungen. Nach Erfüllung der Familienaufgaben aber nutzen sie den gewonnenen Handlungsspielraum, um eigene Prioritäten zu setzen. Egal, ob sie ihr Abitur nachholen oder zu schneidern beginnen, nochmals in sich zu investieren, empfinden Frauen oft als solche Belebung, dass es für sie kein Zurück mehr gibt. Fünf meiner acht Interviewpartnerinnen leben allein, bei den befragten Männern ist es nur einer von sieben. Obwohl Männer weniger in Familienaufgaben investieren, binden sie sich nach einer Trennung oder als Witwer sehr viel schneller als Frauen es tun. Als Single glücklich zu werden, ist für Männer offenbar kaum vorstellbar, etliche wiederholen das klassische Familienmodell. Eine bedeutend jüngere Partnerin soll die Freuden des Jungseins zurückbringen. Frauen hingegen genießen oft die größere Selbstbestimmung, die auch für eine neue Liebe nicht völlig aufgegeben wird.

In der Interviewsammlung »Fünfundfünfzig plus. Die Kunst des Älterwerdens« befragt Regine Schneider prominente Frauen, wie das fortschreitende Alter sie verändert. Nicht vom weiblichen Armutsrisiko im Alter bedroht, doch gnadenlos dem öffentlichen Blick ausgesetzt, der den Schwund körperlicher Attraktivität registriert, betonen viele den Zuwachs an Selbstbewusstsein. »Je älter ich werde, desto mehr öffnet sich. Ich werde immer freier. Weil ich einfach besser weiß, was ich will«, antwortet die Schauspielerin Ursula Monn, Jahrgang 1950.

Heide Keller, Jahrgang 1941 und als Chefstewardess Beatrice Dienstälteste in der »Traumschiff«-Crew, führt ihre zunehmende Ausgeglichenheit auch darauf zurück, dass sie das ekstatische Glück nicht mehr zu erzwingen versuche: »In jungen Jahren war ich sehr abhängig von Gefühlen, von Zuneigung und Zuwendung. Nur wenn ein Mann mir dreimal am Tag gesagt hat, dass er mich liebt und dass er mich wunderbar findet, war ich einigermaßen sicher. Ich habe alles getan, um diesen Zustand des Glücks möglichst zu halten. Dann stellte ich fest, Glück ist kein Dauerzustand ... Heute weiß ich, dass man permanentes Glück gar nicht aushalten könnte. Vergnügt, fröhlich, positiv und zufrieden, das ist schon sehr viel. Im Einklang mit dem zu sein, was man lebt. Und wenn dann manchmal ein paar Zuckerstreusel darüber kommen, dann ist das fantastisch.«[84]

In dieser Lebensphase wird Glück meist nicht mehr als Paukenschlag erwartet. Leiser geworden, addiert es sich aus kleinen schönen Ereignissen, die bewusster und aufmerksamer als früher ausgelotet werden. Das Naheliegende, das Auskosten von Vertrautem ist oft reizvoller als Exotisches, auch da man weiß, dass dieses meist gar nicht so sensationell ist. Statt irgendeiner Berühmtheit begegnen zu wollen, trifft man lieber einen Freund. Man wird nicht mehr den Großglockner besteigen und wandert stattdessen vergnügt durch den Schwarzwald. Für viele ist Gartenarbeit Seelenbalsam. Die Einsicht in Begrenzungen wird oft durch intensiveres Erleben wettgemacht. »Im fortschreitenden Alter lassen Ehrgeiz und das Streben nach Selbstverwirklichung oft nach. Der Stellenwert von Karriere verschiebt sich zugunsten der Familie, zugunsten sozialer Ziele. Im guten Sinne werden Ältere meist realistischer, bescheidener, sie legen ihren ›Größenflitz‹ ab«, skizziert Wolfgang Krüger, Jahrgang 1948, die typische Lebenskurve.

Die Versuchung, immer kleinere Brötchen zu backen, ist freilich groß. Man nimmt kaum noch Unbequemlichkeiten in Kauf, schlafft ab und schmort im eigenen Saft. Wie sich bei vielen älteren Menschen beobachten lässt, nimmt die Egozentrik, die flinke Kurve zu eigenen Belangen und Interessen, deutlich zu. Oft schleiche sich Resignation ein, beobachtet Wolfgang Krüger auch in seinem Bekanntenkreis: »Wenn ich vergleiche, mit welcher glühenden Begeisterung wir uns früher die Köpfe heißgeredet und unbekümmert rumgealbert haben, geht es heute viel gedämpfter zu. Auf Feten setze ich mich oft an den Rand und gucke: Wer glüht noch? Wem sieht man in den Augen an, dass noch ein Feuer da ist? Bei Festen mit 30 oder 40 Leuten sind es in der Regel ein bis zwei Personen. Die Luft ist oft relativ früh raus. Simpel ausgedrückt werden viele vom Leben plattgemacht: Menschen gehen in die Knie vor Enttäuschungen, Trennungen, Krankheiten; sie konzentrieren sich auf die Lebensbewältigung und haben nicht mehr die Kraft, die Fahne für große

Ziele hochzuhalten. Mit Sicherheit ändert sich die Einstellung in puncto Gesundheit. Ich vermute, dass man sich bis zum 35sten Lebensjahr für unsterblich hält. Glück besteht ja auch darin, dass man Vergangenes und Künftiges ab und zu verdrängen kann. Diese jugendliche Glücksfähigkeit ist bei vielen Älteren kaum noch da. Inzwischen lese ich in der Zeitung oft zuerst die Todesanzeigen. Die Einschläge kommen immer näher. Es ist fast wie ein Krieg.«

Dass wir dazu neigen, Unwiederbringliches zu vergolden und Nöte aus dem Gedächtnis zu löschen, mag ein Trost sein, wenn uns jenseits der 50 Wehmut überfällt. Die Überhöhung von Krankheit als Chance für den weiteren Lebensweg wird indes in der Tat hinfällig, wenn wir unaufhaltsam physisch zu bröckeln beginnen und Schmerzen sich nicht mehr kurieren lassen. »Ich konnte mich immer auf meinen Körper verlassen, jetzt nicht mehr«, beschreibt eine 72-jährige Bekannte den Einschnitt, den viele Ältere mit Verweis auf den medizinischen Fortschritt nicht mehr einfach akzeptieren wollen. Selbst jenseits der 80, zieht Wolf Schneider eine Parallele zwischen der sinkenden »Unlustbereitschaft« und dem blinden Vertrauen in die Technik, die auch den Alterungsprozess besiegen soll: »Körperliche und seelische Widrigkeiten, die unsere Großväter zehn Jahre lang schweigend hinnahmen, treiben uns binnen zehn Minuten zur Tablette oder auf die Barrikade. Die Allgegenwart von Tasten, Knöpfen, Hebeln und Sensoren, mit deren Hilfe wir die erwünschte Reaktion (des Autos, der Waschmaschine, des Fernsehapparats) in Sekundenschnelle erzwingen können, züchtet Ungeduld in allen Lebenslagen.«[85]

Im Reifeprozess erleben jedoch auch viele Menschen das Glück, loszulassen und sich von Überflüssigem zu befreien. Man braucht nicht zwölf Tischtücher, sondern nur vier. Man fühlt sich nicht vernachlässigt, falls der Sonntagsanruf der Kinder mal ausbleibt, man verrenkt sich nicht mehr für flüchtige Erfolge. Selbstsicher nimmt man sich selbst nicht mehr so wichtig und unterscheidet schärfer zwischen bereichernden Traditionen und leeren Konventionen. Der Wert von Partnerschaft und Freundschaften wird durch die lange gemeinsame Wegstrecke erhöht, die Treue zueinander, auch in Krisen, federt Störendes ab. Für die optischen Spuren der Zeit hat die Schauspielerin Christiane Hörbiger (geboren 1938) ein Rezept: »Ich werde immer alles tun, um möglichst gut auszusehen. Aber nicht, um möglichst jung auszusehen.«[86]

»Weisheit ist der souveräne Umgang mit Ambivalenz«[87], definiert der Autor Heiko Ernst die höchste Stufe menschlicher Entwicklung. Im Begreifen von Zusammenhängen lösen sich Schwarz-weiß-Raster auf. Rückblickend fügen sich die Wechselbäder des Lebens zu einem Ganzen zusammen. Ob es glücklich war, zeigt sich nicht zuletzt in unserer Toleranz, Wärme, Güte, Großherzigkeit. Den Kompass für ein erfülltes Leben formuliert eine oft zitierte Fürbitte: »Herr, gib mir die Kraft, Dinge zu ändern, die ich ändern kann, die Geduld, Dinge zu ertragen, die ich nicht ändern kann, und die Weisheit, das eine von dem andern zu unterscheiden.«

Marianne K.: »Wir nennen es unser Liebesnest.«

Sie hole mich am Parkplatz ab, denn allein würde ich ihre Adresse schlecht finden. Schnurgerade führt die Hermannstraße durch Berlin-Neukölln, mehr und mehr weichen Gründerzeithäuser im Stadtteil Britz gesichtslosen Neubauten. Am dichtbefahrenen Buckower Damm wirkt die alte Mühle, als habe sie sich verlaufen, doch schon nach fünf Minuten Fußweg tut sich eine Idylle auf. »Heimaterde«, »Goldregen«, »Friedland«, »Kolonie zur Windmühle« heißen die Gartenkolonien neben dem Erholungspark Britzer Garten, jede von ihnen mit mehreren Hundert Parzellen.

Leider sei noch alles kahl. Eingepackt in einen Anorak, begrüßt mich Marianne K. mit festem Händedruck und lotst mich durch die Schrebergärten, in denen sich Krokusse durch die nassgraue Erde kämpfen. Das Glück im Winkel. Zwei Katzen, ein Taubenschlag, im Garten überwintert eine Igelfamilie. Jeder Raum des kleinen Häuschens, halb Bungalow, halb Laube, zeugt von der Liebe zum Detail, Ordnungssinn und handwerklichem Geschick. Marianne K. überlässt es mir, ob wir uns ins Wohnzimmer mit schwarzen Ledermöbeln oder in die kleine Stube neben der Küche setzen, die mit kunstvoll verzierter Holzvertäfelung die Behaglichkeit einer Almhütte ausstrahlt.

Flüchtig hatten wir schon ein paar Mal Kontakt. Seit langem managt die 60-Jährige, eine hübsche, schwarzhaarige Frau in Jeans und Pullover, deren mütterliches Gesicht und straffe, rundliche Figur aus der Nähe an Sinnlichkeit gewinnen, den Haushalt einer befreundeten Großfamilie. »Sie ist einer der glücklichsten Menschen, die wir kennen.« Ob sie von dieser Empfehlung weiß, frage ich nicht, als ich Marianne K. um ein Gespräch bitte. Wir verabreden uns zweimal, ihr gleichaltriger Mann hat offensichtlich das Feld geräumt.

Seit 20 Jahren wohnt das Ehepaar in der Gartenkolonie, etliche Jahre gemeinsam mit zwei Töchtern, nun zu zweit. »Wir möchten im Grünen leben«, erklärt Marianne K. die Dauernutzung ihres Häuschens, das mit einer Veranda auf insgesamt 70 Quadratmeter erweitert wurde. Meine Fragen beantwortet Marianne K. offen; häufig vervollständigt sie Sätze jedoch erst, wenn ich sie darum bitte, so als wolle sie mir überlassen, das passende Verb auszusuchen. Ihre Feststellung »Es ist halt so« durchzieht unser Gespräch, aber es klingt niemals resigniert, sondern bringt die Ausgeglichenheit auf den Punkt, die Marianne K. von Kopf bis Fuß ausstrahlt: die Gabe, mit sich und der Welt im Lot zu sein.

Als ich ihr das Gesprächsprotokoll zuschicke, antwortet sie: »Ich glaube, dass Sie den Eindruck haben, dass ich eine Ja-Sagerin bin. Aber ich kann mich auch zur Wehr setzen und gehöre in unserem Freundeskreis zu den wenigen, die das Essen im Restaurant zurückgehen lassen, wenn es nicht schmeckt.«

Nach der neuen Statistik sind zwei Drittel der Deutschen glücklich. Aber ich glaube das nicht, man hört so viele rummeckern, manche kommen vor lauter Ansprüchen gar nicht dazu, zu schätzen, was sie haben. Glück hat viel mit dem Naturell zu tun.

Aber man kann natürlich etwas dafür tun, gerade in der Partnerschaft. Wichtig ist Vertrauen, und dass man sich auch sagt, dass man glücklich ist. Wir sagen uns das zwei-, dreimal in der Woche. Als mein Mann noch als Polier arbeiten ging, habe ich ihm in die Stullenbüchse manchmal ein Zettelchen reingelegt, darauf stand, dass ich ihn liebe und brauche. Oder ich habe die Stullen in Herzform ausgestochen. Und Klaus sagt häufig zu den Kindern: »Eure Mutter musste ich einfach heiraten. Was hab' ich doch für ein tolles Weib.«

Es ist für uns beide unsere zweite Ehe. Wir machen fast alles gemeinsam, ich möchte keinen Tag ohne meinen Mann sein. Wir haben 1991 geheiratet. An unserem Hochzeitstag backe ich eine Torte, es werden Kerzen angezündet, wir trinken eine Flasche Sekt und reden darüber, wie wir zusammengekommen sind. Klaus sagt, er habe sich schon vor 30 Jahren in mich verliebt. Wir kennen uns seit langem, seine geschiedene Frau ist eine Kinderfreundin von mir; sie und Klaus haben uns mehrmals in der DDR zur Jugendweihe meiner vier Kinder besucht. Unsere Liebesbeziehung begann 1986, als mich meine Kinderfreundin zu ihrem 40sten Geburtstag nach West-Berlin einlud. Sie hatte zu diesem Zeitpunkt einen Geliebten, lebte schon von Klaus getrennt und bat ihn, sich um mich zu kümmern. Verkuppeln wollte sie uns nicht. Nachher war das Geschrei groß.

Ich war damals seit drei Jahren geschieden und bekam in der DDR eine Invalidenrente, weil ich mir bei einem Sturz die halbe Hand weggeschnitten hatte. Trotz fünf Operationen konnte ich lange die rechte Hand kaum benutzen, als Rentenempfängerin durfte ich 30 Tage im Jahr in den Westen reisen. Ich habe mich gleich in meinen jetzigen Mann verliebt. 1987 zog ich nach West-Berlin. Bei meiner endgültigen Ausreise musste ich unterschreiben, dass ich auf unser Haus und unser Grundstück in Thüringen verzichte, sonst hätte ich die zwei jüngeren Kinder nicht mitnehmen können, die beiden Großen standen schon auf eigenen Füßen. Wir sind mit zwei Fahrrädern und einer Tasche über die Grenze gegangen, ohne einen Pfennig Geld. Klaus hatte keine Ersparnisse, nur sein Auto und dieses Grundstück, aber wir haben nichts vermisst, weil es gleich mit uns stimmte, ohne dass wir uns dafür anstrengen mussten. Wie manche Menschen nur unglücklich sein können, kann ich nicht begreifen. Ein bisschen Glück ist doch überall. Ich bin glücklich, wenn meine Kinder anrufen, wenn ich meinen kleinen Enkel spazieren fahre, ich freue mich, dass ich jeden Tag eine Banane essen kann. Es ist nicht so, dass ich das in der DDR ständig vermisst habe, aber die Freude darüber nutzt sich nicht ab.

Ich glaube, ich bin von Natur aus ein fröhlicher Mensch. Ich bin die Jüngste von sechs Schwestern und war der Liebling meines Vaters. Nach dem Krieg hat es meine Eltern von Westpreußen nach Thüringen verschlagen. Bis zu meinem zehnten Lebensjahr schliefen wir zu zweit in einem Bett, weil es räumlich nicht anders möglich war, aber meine Eltern waren immer zufrieden. Mein Vater war Arbeiter in den Schiefergruben und wurde dann Verwalter in einem Stadtgut nahe Saalfeld, wo wir zunächst zwei Zimmer und Küche hatten. Die beiden Ältesten waren schon aus dem Haus, meine Eltern und wir vier Jüngeren schliefen in einem Zimmer. Wir durften privat Viehzeug halten: Kühe, Schweine, Hühner, Hasen und ein Pferd für uns Kinder. Wir sind gut satt geworden, die Hausschlachtungen waren für mich jedoch schlimm, ich konnte nichts Selbstgeschlachtetes essen. Wenn irgendwo ein Hasenfell hing, wurde mir schlecht.

Ich hatte eine behütete Kindheit, musste daheim wenig helfen, erinnere mich nicht, jemals bestraft worden zu sein. Nach der Schule machte ich meine Hausaufgaben, danach haben wir Kinder uns am Scheunentor getroffen. Abends saßen wir meist mit unseren Eltern zusammen, wir haben gesungen oder Gesellschaftsspiele gespielt, mein Lieblingsplatz war auf Papas Schoß. Wenn meine Eltern sich mit Freunden trafen, war ich immer dabei. Meine glücklichste Kindheitserinnerung ist, dass meine ältere Schwester mir als Zwölfjährige ein Jahr lang heimlich Klavierunterricht bezahlte, damit ich meinem Vater zum Geburtstag etwas vorspielen konnte. Er fiel aus allen Wolken und verkaufte danach seine beste Kuh für ein Klavier. Leider hatten wir nie gemeinsame Familienfrühstücke. Sonntag wäre der einzige Tag dafür gewesen, aber meine Mutter war eine Erzkatholikin und bestand darauf, dass wir Kinder mit ihr zur Frühmesse gingen. Ich habe mir zur Beichte immer irgendwelche Vergehen ausgedacht. Es war ja auch schon eine Sünde, wenn man in der Messe nicht aufmerksam war, wenn man geflucht oder genascht hatte.

Ich hatte damals das Gefühl, meine Mutter ist mit Gott verheiratet, weil mein Vater lieber etwas mit mir als mit ihr unternahm. Er starb an einer Virusgrippe, als ich in der zehnten Klasse der Oberschule war. Die Trauer überlagerte alles andere, auch, dass ich nach der mittleren Reife abgehen musste. Eigentlich wollte ich Sport und Englisch studieren, aber zum Abitur hätte ich auf ein Internat gehen müssen. Meine Mutter meinte: »So ein Zigeunerleben gibt's nicht.« Es war auch finanziell schwierig. Ich habe nicht gehadert, es war halt so. Heute bedauere ich, dass meine Mutter nie davon sprach, was sie auf der Flucht durchgemacht hatte. Ich hätte ihre Sprödigkeit besser verstanden und wäre wahrscheinlich mehr auf sie zugegangen.

Ich habe dann Industriekauffrau gelernt in einer Schokoladenfabrik, in der auch meine Schwestern arbeiteten. Mit 18 lernte ich meinen ersten Mann im Jugendklubhaus kennen. Mir gefiel sein Aussehen, er war lieb, verabredete sich immer öfter mit mir. Mit 19 heiratete ich, mit 21 kam unser erstes Kind. Im Haus meiner Schwiegereltern bauten wir uns eine Wohnung aus, anderthalb Jahre nach unserer Tochter wurde unser Sohn geboren. Zu meiner Arbeitsstelle lief ich über eine Stunde, aber mir gefiel es, frühmorgens mit dem Kinderwagen loszuziehen, auch wenn es regnete oder schneite, und ich freute mich, wenn ich abends die Kinder vom Betriebskindergarten wieder abholen konnte. Mein Mann war von Montag bis Freitag auf Montage. Er war vier Jahre älter, hatte wie seine Eltern Kürschner gelernt. Als das Gesetz kam, dass Kinder das elterliche Geschäft nicht übernehmen dürfen, wurde er Ingenieur.

Vier Kinder wollte ich eigentlich nicht, die beiden Nachzügler kamen hinzu, als wir unser großes Haus bauten. Als kinderreiche Familie hatten wir in der DDR viele Vorteile. Wir erhielten günstige Kredite, wurden bevorzugt, als die ersten Farbfernseher in den Handel kamen, das Schulessen war frei, und ich brauchte nur acht statt achtdreiviertel Stunden zu arbeiten. Beruflich wurden Frauen sehr gefördert. Während unseres Hausbaus hatte ich in einen Baubetrieb gewechselt, dadurch saß ich an der Quelle von Materialien. Die Firma bot mir ein Frauensonderstudium in Finanzwirtschaft an, doch mein

Mann hat mir das vermasselt. Ich hätte samstags in die Bezirksstadt fahren müssen, er weigerte sich, auf die Kinder aufzupassen. Er half auch wenig im Haushalt. Ich weiß noch: Wir bekamen im Jahr fünf Tonnen Kohle geliefert, die auf den Hof geschüttet wurden. Er schaufelte die Hälfte rein und sagte: »Die andere Hälfte gehört dir.«

Mein erster Mann ist der einzige Mensch, der mich jemals auf die Palme gebracht hat. Vor meiner dritten Schwangerschaft war ich schon einmal beim Scheidungsanwalt gewesen. Mein Mann war Quartalssäufer und ging fremd, er war sexuell sehr rege. Ich hatte nach den ersten beiden Kindern nicht die Pille genommen, damit ich an den kritischen Tagen mal meine Ruhe hatte, aber ihm war das egal. Manchmal grenzte es schon an Vergewaltigung. Nach dem Motto »Angriff ist die beste Verteidigung« beschuldigte er mich, untreu gewesen zu sein, wenn er am Wochenende nach Hause kam. Einmal warf ich eine Vase nach ihm, weil ich so wütend war über seine aus der Luft gegriffenen Behauptungen. Die Phasen, in denen er nüchtern war, wurden immer kürzer, im Rausch hatte er oft Tobsuchtsanfälle. Trotzdem war ich oft glücklich. Ich hatte die Kinder, ich freute mich auf die nächste Familienfeier, auf ein Treffen mit meinen Geschwistern. Ich war manchmal glücklich, obwohl ich nicht glücklich sein sollte und himmelhoch jauchzend, wenn in unserer Ehe vorübergehend alles in Ordnung war. Weil ich immer wieder verzieh, entwickelte mein Mann die Einstellung: Die kommt sowieso auf mich zu. In der Bauphase verhielt sich mein Mann so anständig, dass ich dachte: Gott sei Dank, jetzt haben wir es geschafft. Kaum waren wir eingezogen, kam wieder der Hammer.

Nach unserer Scheidung wohnten wir noch drei Jahre gemeinsam in unserem Haus, weil es keine Wohnung gab. Heute haben wir keinen Kontakt mehr. Mein Exmann rief ein paar Mal an, um sich mit mir zu treffen, aber ich will das nicht. Nachdem er mir üble Postkarten schrieb, haben auch die Kinder die Verbindung abgebrochen. Er hat inzwischen unser Haus verkauft, die Kinder haben nie eine müde Mark gesehen. Für mich ist das Kapitel abgeschlossen.

Meine Heimat ist jetzt hier. Den Spruch draußen über unserem Hauseingang haben uns die Kinder geschenkt: »Es ist keine Villa, es ist nur ein Haus. Ich bin zufrieden. Und das macht es aus.« Das ist genau das, was ich denke. Morgens, wenn ich die Zeitung hole, mache ich einen Rundgang durch den Garten. Wenn ich nachmittags aus dem Bus steige, freue ich mich auf zu Hause. Auf dem Handy haben mein Mann und ich unsere Telefonnummer unter »Liebesnest« gespeichert.

Geheiratet haben wir 1991. Unbewusst war ich der treibende Keil. Die Exfrau meines Mannes suchte fast täglich nach einem Grund, um bei uns anzurufen. Klaus glaubte, dass ich befürchtete, er würde zurückgehen zu ihr, und schlug vor, dass wir heiraten.

Meine Haushaltsstelle fand ich vor 15 Jahren durch eine Zeitungsanzeige. Ich wollte eigenes Geld verdienen, hatte vorher einen Computerkurs belegt und bei einem Immobilienmakler gearbeitet. Als er verstarb, sah ich mich nach anderem um. Ich arbeite etwa 30 Wochenstunden, bin Mädchen für alles. Ich koche, putze, passe auf die Kinder auf und übernehme Büroarbeiten. Jemand anders würde bei dem turbulenten Lebensstil der Familie vermutlich schnell wieder weg sein, aber ich kann mich gut auf andere einstellen. Mir gefällt die Familie. Egal, ob ich bügele, aufräume oder einkaufen gehe, es macht mir Spaß, wenn ich was geschafft habe und Häkchen machen kann: Das und das habe ich erledigt. Ich bin sehr anpassungsfähig. Ich lebe auf diese Weise ruhiger, harmonischer, man erspart sich Diskussionen und Konflikte. Ich bin tolerant, aber nicht grundsätzlich nachgiebig. Mindestens einmal am Tag setze ich mich aber auch durch. Wenn ich irgendwo Ungerechtigkeiten beobachte, gehe ich auch dazwischen.

Das Wichtigste in meinem Leben sind mein Mann und die Kinder. Es freut mein Herz, wenn sie glücklich sind. Mein Mann gibt mir Sicherheit, Verständnis, viel Liebe, all das, was ich von meinem Exmann nicht bekam. In unserem Haushalt sorgt er jetzt für Ordnung und Sauberkeit, nur Kochen und Wäsche liegen ihm nicht. Wir haben schon mal eine Meinungsverschiedenheit, aber wir sind noch nie im Bösen ins Bett gegangen. Getrennte Schlafzimmer kann ich mir nicht vorstellen. Ich könnte morgens auch nicht aus dem Haus gehen, ohne mich von ihm zu verabschieden. Die größte Umstellung war seine Pensionierung. Wenn ich heimkam, wollte er meine Aufmerksamkeit, wollte hören, was am Tag so alles passiert ist. Inzwischen zieht er sich zurück, damit ich erst mal eine halbe Stunde Zeitung lesen kann.

Einige unserer Bekannten können nicht begreifen, dass bei uns die Familie Vorrang hat vor Freundschaften, aber mir lag immer daran, den Kindern viel Liebe und Zuwendung zu geben. Alles andere kam von allein, ich brauchte mir um sie nie Sorgen zu machen. Ehrgeizig war ich nicht für meine Kinder, aber der Beruf beeinflusst schon sehr das eigene Glück. Wenn man mit seiner Arbeit nicht zufrieden ist, überträgt sich das auch auf die Familie. Meine älteste Tochter hat sich als Physiotherapeutin in Weimar selbständig gemacht. Mein Sohn hat eine kleine Firma als Installateur, eine Tochter ist Bauingenieurin, die Jüngste ist Fachreferentin bei Mercedes. Als die beiden Jüngsten im Abstand von zwei Jahren auszogen, war da erst mal eine Lücke. Mir fehlte die tägliche Nähe, der Morgenkuss, das Streicheln, die Gespräche. Wir telefonieren mehrmals in der Woche, können über alles reden, wir lesen alle gern, leihen uns gegenseitig Bücher aus, meine jüngste Tochter schenkt mir häufig einen Blumenstrauß. Unsere zwei Katzen waren unser aller Wunsch. Wenn ich von der Arbeit komme, sitzen sie schon da, warten auf mich, kommen auf den Schoß. Mir gefällt das Liebesbedürfnis, das Anschmiegsame von Katzen, und sie brauchen nicht täglich versorgt zu werden, wenn wir verreisen.

An unserem Hochzeitstag und am Valentinstag bin ich lieber allein mit meinem Mann, doch sämtliche Geburtstage werden immer mit der gesamten Familie gefeiert. Wir sitzen dann zu sechzehn um den Tisch und musizieren gemeinsam. Jeder schnappt sich ein Instrument, Flöte, Triangel, Gitarre, Banjo, Trommeln, und dann spielen wir nach Gehör. Es klingt vielleicht nicht sehr schön, doch es macht uns Spaß, dass wir wie eine Band sind. Jeder gibt sein Bestes, zur Unterstützung legen wir meist eine CD mit Volksmusik auf.

Mein Mann meint manchmal, ich würde die Kinder zu sehr in Schutz nehmen. Aber ich habe die Devise, mich nicht in deren Entscheidungen reinzudrängen, auch wenn ich anderer Meinung bin. In unserer Ehe ist das der einzige Reibungspunkt. Mein Mann kommt ja vom Bau, er repariert und renoviert alles selbst. Wenn wir die Kinder besuchen, stellt er oft als Erstes fest, was handwerklich nicht in Ordnung ist. Ich sage ihm: »Sie sind so stolz und du listest gleich die Mängel auf.« Klaus sagt, ich kriege dann immer meinen Silberblick. Zur einzigen Tochter meines Mannes haben wir beide leider wenig Kontakt. Sie ist sehr materiell eingestellt und hat uns ihre Kinder noch nicht einmal überlassen. Aber wir hoffen, dass die von allein kommen, wenn sie größer sind.

Ich bin glücklich, auch mein Mann ist glücklicher als früher. Er sagt immer, seitdem wir uns zusammengeschmissen haben, habe er durch mich ein ganz anderes Leben. Wir machen viel Sport, genießen den Garten, zu den Nachbarn haben wir guten Kontakt. Wir laden uns selten ein, aber wir haben zu beiden Seiten am Zaun einen Stehtisch, und dann wird geplauscht. Viele unserer Freunde sind im Läuferverein, uns liegt das regelmäßige Training nicht so, deshalb mischen wir nur ehrenamtlich mit. Viermal im Jahr gehen wir mit der Vereinsgruppe am Wochenende wandern, dann findet auch immer ein Tanzabend statt, wir fahren gern Fahrrad, laufen Ski. Bis vor kurzem verbrachten wir im Herbst eine Woche auf einem Reiterhof, wir sind im Theaterclub, waren in Hongkong und Nepal. Unsere sechswöchige Traumreise nach Australien hat mich für all die Reisen entschädigt, die ich in der DDR nicht machen konnte. Wir unternehmen alles gemeinsam, nur einmal im Jahr mache ich eine Frauenfahrradtour. Bei Sportübertragungen läuft manchmal der Fernseher den ganzen Tag. Sonst sehen wir Nachrichten, Magazine. Krimis und Filme, in denen Blut fließt, tun wir uns beide nicht an.

Älter zu werden macht mir nichts aus. Wenn ich mal im Ruhestand bin, möchte ich mehr lesen, ohne dabei ein schlechtes Gewissen zu haben. Deshalb mag ich auch den Winter. Im Sommer denke ich: Du müsstest dich um den Garten kümmern. Man merkt schon, dass es im Kreuz zwickt und zwackt, seit einem Eingriff muss mein Mann für sein Herz Medikamente schlucken. Vor zwei Jahren ging es mir sehr schlecht. Als der Arzt im Krankenhaus herausfand, dass es nur ein Virus ist, weinte mein Mann vor Erleichterung. Wir gehen beide davon aus, dass wir alt werden, machen uns nicht schon im Vorfeld wegen eventueller Krankheiten verrückt, sondern freuen uns über jeden Tag, den wir gemeinsam haben. Diese tiefe Verbundenheit habe ich als junge Frau nicht gekannt. Ich sage auch meinen Kindern, dass ich sie liebe, und sie sagen es uns auch. Mein Mann nimmt häufig meine Hand und küsst sie. Neulich waren wir mit dem Fahrrad unterwegs. Da sagte er: »Männer sind nun mal so, sie gucken hin. So einen schönen Jeanshintern wie du hat keine.«

Martha H.: »Im Alter festigt sich Glück noch mehr.«

»Das war auch wieder so ein Wunder.« Martha H. sagt es oft. Die Adjektive »wunderschön, herrlich, wunderbar« durchziehen ihre Schilderungen, doch die Fröhlichkeit der 85-jährigen großen, schlanken Frau wirkt nicht aufgesetzt Als ich die gebürtige Hamburgerin in dem kleinen Reihenhaus am Stadtrand Hamburgs besuche, habe ich ihre Erinnerungen gelesen, die sie für ihre große Familie aufgeschrieben hat. Ihr Lebensbericht ist in vielem typisch für ihre Frauengeneration und beinhaltet trotz ihrer liebevollen Kindheit viel Leid: Der Verzicht aufs Gymnasium aufgrund der langen Arbeitslosigkeit des Vaters, Krieg und Flucht, 1945 fiel ihr Bruder, eines ihrer sechs Kinder starb.

Familiär seit Generationen verankert in der Neuapostolischen Kirche, führt Martha H. ihre Gabe, auch im Schrecken immer wieder Schönes zu entdecken und Schicksalsschlägen einen tiefen Sinn abzuringen, auf ihren Glauben und die Geborgenheit in der Kirchengemeinde zurück.

Die Zweieinhalbzimmerwohnung zeugt von einem erfüllten Leben. Überall hängen Fotos ihrer Enkel und Kinder; offene, frohe Gesichter blicken aus gerahmten Familienporträts. Zwischen Verwandten, Freunden steht auch das Foto einer Studentin, an die sie die obere Etage vermietet hat; in der Schrankwand neben der Couchgarnitur reihen sich beschriftete Fotoalben aneinander. Begeistert führt Martha H. vor, wie sie auf ihrem Computer Aufnahmen einscannt und bearbeitet. Als Hobbyfotografin trat sie in die Fußstapfen ihres Vaters, der daraus schließlich einen Broterwerb machte.

Unser Gespräch verteilen wir auf zwei Tage. So jung Martha H. wird, wenn sie erzählt und dabei hell auflacht, nach zwei Stunden lässt ihre Konzentration nach. Nach dem Mittagessen, das sie schon vorgekocht hat, machen wir einen Spaziergang zur nahe gelegenen modernen Kirche. Im Schaukasten ist die Silhouette eines Bergsteigers. Darunter steht die Monatslosung: »Glaube gibt Sicherheit und Halt.«

Im September haben wir in einem Gasthof meinen 85sten Geburtstag gefeiert. Es war herrliches Wetter, wir waren 40 Personen. Meine 15 Enkel saßen an einem langen Tisch, meine Kinder mit ihren Partnern an einem anderen, am dritten saßen Schwiegereltern, Freunde und Verwandte und ich in der Mitte. Ich habe alle begrüßt, mich bedankt, dass sie gekommen sind und dass ich 85 Jahre erreichen durfte. Es war ein wunderbares Fest. Schön war es, weil so viel vorgetragen wurde: Gedichte, meine Enkel sangen und musizierten, mein Sohn verteilte an die Gäste Buchstaben, zusammen ergaben sie »Herzlichen Glückwunsch«, bei jedem Buchstaben sagte er etwas über mich. Bei H »voller Hoffnung«, bei Z »zufrieden«, bei W »wunschlos glücklich«, beim zweiten C fiel ihm nichts mehr ein, da sagte er: »Immer chic angezogen«. Eine andere Idee war: Während Musik spielte, wurde ein Schirm herumgereicht, mit zwölf Herzen, für jeden Monat des Jahres eines. Diejenigen, bei denen die Musik aufhörte, nahmen ein Herz herunter und verpflichteten sich, mir in diesem Monat etwas Gutes zu tun. Einer hat mir die Hecke geschnitten, eine hat mich ausgeführt, eine hat das Beet neu bepflanzt.

Ich glaube, Glück festigt sich im Alter noch mehr. Man hat mehr Zeit dafür, ist nicht mehr so belastet mit allem, was das Glück stören könnte. Viele Alte sind so krank, dass sie Glück nicht mehr empfinden. Ich habe auch meine Schwierigkeiten, zwei neue Hüften, ein neues Knie und jetzt soll mein Auge operiert werden, aber es kommt darauf an, wie man damit umgeht. Menschen möchten ihre Jugend oft möglichst lange hinausziehen. Ich bin auch dankbar für jeden Tag, aber ich denke, dass das Leben mit dem Tod nicht zu Ende ist.

Mein Mann starb vor 20 Jahren mit 68. Sein plötzlicher Tod war ein Schock, aber die Gebete vieler Freunde haben mich durch das Trauertal getragen, ich bekam viel Besuch und Beistand. Bürokratisches wie z. B. die Steuererklärung hatte ich ohnehin schon immer erledigt, deshalb stand ich nicht hilflos da. Ich übernahm damals den Seniorenkreis unserer Kirche, den ich 15 Jahre lang leitete. Und ich habe das getan, was ich Trauernden jetzt auch rate: Sie sollen sich freireden. Ich habe nur Schönes von meinem Mann erzählt, aus den Erinnerungen habe ich neue Kraft geholt. Wir waren 40 Jahre verheiratet. Nach dem Krieg waren wir beide Jugendleiter in der Neuapostolischen Kirche, bei der Vorbereitung eines großen Festgottesdienstes durch unseren Stammapostel lernten wir uns 1947 kennen. Manche fragen, wie konntet ihr euch nach zwei Wochen verloben? Da sagten wir: »Wir hatten den gleichen Glauben, gleiche Aufgaben und gleiche Ansichten.«

Unser erstes Kind wurde 1949 geboren, das sechste 1961. Von 1948 bis 1954 wohnten wir in einer Einzimmerwohnung von 38 Quadratmetern in Altona, zuletzt zu fünft. Trotzdem hatten wir oft Gäste. Das sechste Kind ist in diesem Haus geboren. Mein Mann verkaufte Häuser für eine Baugenossenschaft. Wir hatten oft wenig

Geld, aber ich empfand das nicht als Armut, weil wir immer gut gekleidet waren und satt wurden. Mein Schwiegervater hatte einen großen Garten, und wir waren mit wenig zufrieden. Mein Sohn sagte einmal: »Mutti, eine Eisenbahn brauchst du mir nicht zu schenken. Ich gehe zu meinem Freund.« Wenn eines der Kinder von oben bis unten eingekleidet wurde, machten wir daraus ein Fest. Zu Hause wurden die neuen Sachen wie auf dem Laufsteg vorgeführt.

Ein Leben ohne eigene Familie kann ich mir schlecht vorstellen, ich hätte mich wahrscheinlich um andere Kinder gekümmert. Ich habe ja jetzt auch noch viele zusätzliche Enkel, Kinder von Freunden und Menschen, die bei mir gewohnt haben. Früher wurde ich oft gefragt: Wie schafft man es mit so einer großen Familie? Es klappte, weil jeder eine Aufgabe hatte. Heute wird Kindern viel abgenommen, sie werden überall hingefahren, dadurch können sie zu wenig leisten. Andererseits sind sie völlig verplant. Ich denke, die Kindheit meiner Kinder war unbeschwerter, sie hatten mehr Freiraum. Weil es kaum Verkehr gab, konnten sie auf der Straße spielen. Wir hatten lange Zeit kein Auto, sind weite Weg zu Fuß gegangen und haben dabei intensive Gespräche geführt, besonders, wenn ich mal mit einem Kind allein war. Ich versuche auch jetzt, mich ab und zu mit jedem Enkel einzeln zu unterhalten. Man kann Enkel mehr genießen, hat mehr Zeit und Abstand. Auch durch meine Untermieter habe ich Kontakt zur jungen Generation.

Das Wichtigste, was ich meinen Kindern mitgeben wollte, ist der Glaube. Dann die Fähigkeit, mit anderen Menschen freundlich umzugehen, Herzlichkeit. Wichtig ist, dass sie Frieden halten, nicht nachtragend sind und vergeben können. Harmonie ist für mich sehr wichtig. Vielleicht schlucke ich deshalb manchmal zu viel. Wenn mich jemand runtermacht, kann ich mich schlecht wehren. Nur in Träumen sage ich manchen Leuten ordentlich Bescheid. Manchmal werfe ich mir vor, dass ich mit meinen Kindern über einige Themen zu wenig geredet habe, zum Beispiel über Partnerwahl. Und Sexualität war ja früher ein Tabu. Heute sind Filme voller Liebesszenen. Das stört mich nicht grundsätzlich. Aber vieles Gezeigte ist primitiv, gemein und hässlich. Es heißt oft: Man muss Jugendliche realistisch erziehen, sie sollen die Welt sehen wie sie ist. Aber Jugend soll doch Vorbilder mitbekommen, Schönes in sich aufnehmen.

Für meinen Mann und mich war Sex etwas Heiliges. Diese innigste Vereinigung war ein Himmel auf Erden, weil die Seele mitschwang, weil wir uns liebten. Ich habe es förmlich gespürt, wenn ein Kind entstand. Aber wir hatten nicht den Vorsatz: Wir zeugen jetzt ein Kind. Sexualität selbst war Glück. Mein Mann war sehr zurückhaltend, er hatte Scheu, vor anderen Leuten Zärtlichkeit zu zeigen. Ich erinnere noch: Einmal saß die Familie um den Tisch, ich kam aus der Küche und habe ihn von hinten umschlungen und geküsst. Da rief unser Sohn: »Die küssen sich, die küssen sich.« Mein Mann liebte seine Familie sehr und setzte seine ganze Kraft für andere ein.

Natürlich hatten wir auch Meinungsverschiedenheiten. Aber wenn wir in die Kirche gingen, mitunter noch maulend, erlebten wir im Gottesdienst so viel Schönes, bekamen oft sogar die Antwort auf unsere Fragen, dass wir hinterher über unseren Streit lachen konnten. Abends sind wir oft gemeinsam zur Gesangsstunde gegangen. Der einzige ernsthafte Konflikt war, als mein Mann entdeckte, dass ich ihm einmal etwas verheimlicht hatte.

Eine Berufstätigkeit habe ich nicht vermisst, obwohl ich gerne Germanistik studiert hätte. Die Kinder waren meine Erfüllung. Und ich unterstützte meinen Mann, der 30 Jahre lang ehrenamtlich Vorsteher der Gemeinde war. Als die Kinder größer wurden, wollte ich im Büro ein bisschen jobben, um unsere Urlaubskasse aufzubessern. Aus der einmaligen Vertretung wurden zehn Jahre, in denen ich sporadisch als Schreibkraft arbeitete. Meine Töchter sind Lehrerin, Ergotherapeutin, Sekretärin, meine Söhne sind Lehrer und Versicherungskaufmann. Sie fragten mich mal, welches meine glücklichste Lebensphase war. Das kann ich schwer sagen, besonders schön war, als unsere Kirche am Ende der Straße gebaut wurde. Sie hatten auf der Baustelle kein Telefon, alle Anrufe landeten bei mir, ich lief dauernd rüber und habe so an der Bauplanung teilgenommen. Herrlich waren unsere Urlaube in der Schweiz. Mein Mann hatte von einer Kriegsverletzung einen steifen Fuß, aber er liebte die Berge. Glücklich waren wir, wenn wir auf der Bergspitze standen. Es ist Glück, den Gipfel zu erreichen. Du musst ja auch kämpfen, um das zu schaffen.

Es gibt das Glück über materielle Dinge. Dass man alles hat, was man braucht. In unserer Gesellschaft ist ja die Gefahr, dass jeder immer mehr erreichen will. Die Zeitschriften sind voll davon: Wie kann ich der Klügste, der Beste, der Schönste sein, wie kann ich noch gesünder werden! Es bezieht sich alles auf das hiesige Leben. Wie kann ich es mir am bequemsten machen, am meisten Geld verdienen, am weitesten reisen? Dadurch gehen oft auch die Ehen kaputt.

Und es gibt das seelische Glück. Meine Tante sagte immer auf die Frage, wie es ihr geht: »Ich bin zufrieden und meine Seele ist gesund.« Die Seele, das Gemüt freut sich. An der Liebe, an der Harmonie, über die schöne Welt. Der Glaube trägt mein ganzes Leben und gibt dem Leben eine Richtung. Glück hat viel mit Dankbarkeit zu tun. Ich habe in meinem Leben so viele hilfreiche Fügungen erfahren, aber wenn man nur immer im Glück schwebte, würde man Glück nicht so tief empfinden. Die Höhen und Tiefen machen die Seele erst reif. Es gibt ja Menschen, die sehen alles negativ. Ein Freund sagte neulich: »Ein jeder ist seines Glückes Schmied. Und seines Kreuzes Zimmerer.« Manche sind einfach chronisch unzufrieden, andere werden mit Schicksalsschlägen nicht fertig. Unser viertes Kind starb als Neunjährige binnen drei Tagen an Gehirnbluten. Ich erinnere, wie unsere sechs Kinder einmal um den Tisch saßen und es mich durchfuhr: »Lieber Gott, die nicht.« Warum mir der Gedanke kam, weiß ich nicht. Und dann wurde gerade sie uns genommen.

Unsere Gemeinde ist wie eine große Familie, wir helfen uns gegenseitig, beten füreinander. Wir sind alle sehr unterschiedlich, aber das macht ja eine Gemeinschaft aus. Dass eine meiner Schwiegertöchter nicht gläubig ist, akzeptiere ich. Bei der Taufe unseres Enkels fragte der Prediger meinen Sohn, ob er meinen Enkel im neuapostolischen Sinne erziehen will, meine Schwiegertochter fragte er, ob sie ihm dafür Zeit geben wolle. Das macht sie wunderbar. Sie bringt den Kleinen ins Bett, dann sagt sie zu ihrem Mann: »Nun bist du dran.« Er spricht mit ihm das Abendgebet. Zwei meiner Enkel besuchen nicht mehr den Gottesdienst. Das ändert nichts an unserer herzlichen Verbindung. Der Verstand ist ja oft im Wege. Aber man kann doch glauben und dennoch Realist sein!

Ich denke, man kann Glück lernen durch Erfahrung, durch Erleben. Im Alter kommt zum Glück die Weisheit hinzu. Glücklich machen mich gute Gespräche, dafür habe ich jetzt mehr Zeit. Samstags rufe ich immer alle meine Kinder an. Und dann erzähle ich jedem von jedem. Dreimal im Jahr lade ich die großen Enkel ein, ohne Eltern. Ich habe viele Freunde, mit denen ich korrespondiere, telefoniere, und ich mache häufig Krankenbesuche. Nach dem Tod meines Mannes war ich in Holland, Estland, Südafrika. Durch unsere Kirche haben wir ja weltweit »Geschwister«, man kommt sofort in Kontakt. Nach Kapstadt zog es mich, weil ich CDs von den hervorragenden Kirchenchören dort habe und die Stimmen einmal live hören wollte. Musik, eine schöne Sprache sind auch Glück für mich. Zur Zeit habe ich mich in meinem Computer vergraben. Meinen ersten PC bekam ich vor fünf Jahren, er wurde unserer Gemeinde geschenkt für einen sozialen Zweck. Weil ich manchmal für das Gemeindeblättchen Berichte schreibe, war ich der soziale Zweck! Bei den Spendern bedankte ich mich mit einem Blumenstrauß. Daraus ist eine schöne Freundschaft entstanden.

Ich gehe auf Menschen zu. Anderen eine Freude zu bereiten, macht glücklich. Wer gern gibt, kriegt auch viel zurück. Natürlich bin ich enttäuscht, wenn gar keine Resonanz kommt. Ich gab mal einer Bekannten ein Gedicht von mir zum Lesen. Ihr einziger Kommentar war: Da fehlt ein i-Punkt. Ich will nicht gelobt werden, aber ich möchte wissen, was andere empfinden. Seit einem halben Jahr habe ich eine wunderschöne Telefonfreundschaft mit einem Witwer. Wir waren als Ehepaare schon befreundet, nun telefonieren wir regelmäßig. Manchmal sehen wir uns in Gottesdiensten, aber wir besuchen uns nicht. Es wächst auch so eine tiefe Vertrautheit. Wir lachen oft. Unsere Gespräche geben mir viel. Seit einem halben Jahr habe ich keinen Fernseher mehr. Meine Mieterin wollte einen anderen Anbieter, es ist technisch kompliziert, jetzt versuche ich, so auszukommen, aber ich habe eine große Sammlung DVDs.

Eine Frau weissagte neulich, dass ich 100 Jahre alt werde. Das will ich gar nicht. Mit dem Gedanken ans Altersheim kann ich mich nicht befreunden, ich schiebe die Zukunft noch vor mir her. Vor dem Sterben habe ich keine Angst. Für uns ist der Tod nur ein Übergang ins ewige Leben. Meine Mutter starb mit 97. Alle meine erwachsenen Kinder mit ihren Partnern waren da, wir standen um ihr Bett und fragten: »Mutti, was für ein Lied wünscht du dir?« Da sagte sie: »Komm lieber Mai und mache die Bäume wieder grün.« Wir haben es mehrstimmig gesungen. Dabei wurde aus der Trauer Freude.

Anhang

Anmerkungen

1 http://www.gluecksnetz.de/a.508.html
2 Emilie du Châtelet: Rede vom Glück, Berlin 1999, S. 20
3 Doppelherz, Stern 24/2005, S. 86
4 Wolf Schneider: Glück!, Reinbek bei Hamburg 2007, S. 38
5 Barbara Dobrick: Immer Probleme mit den Eltern, Stuttgart 1991, S. 140 u. S. 96
6 Erschütternd dokumentiert Franz Kafkas Brief an seinen Vater sein Leiden an dessen liebloser Übermacht. In dem 1919 verfassten, jedoch nie abgeschickten Brief schreibt der 36-Jährige: »Manchmal stelle ich mir die Erdkarte ausgespannt und Dich quer über sie ausgestreckt vor. Es ist mir dann, als kämen für mein Leben nur die Gegenden in Betracht, die Du entweder nicht bedeckst oder die nicht in Deiner Reichweite liegen.«
7 Johanna Haarers Erziehungsratgeber waren richtungsweisend für die Erziehung im Nationalsozialismus, erschienen aber auch nach dem Krieg in hoher Auflage und wurden noch bis 1987 publiziert. Die körperfeindlichen Erziehungsideale der fünffachen Mutter waren Zucht, Unterwerfung, Reinlichkeit. Vgl. http://de.wikipedia.org/wiki/Johanna_Haarer
8 Stefan Klein: Die Glücksformel, Reinbek bei Hamburg 2003, S. 293
9 Stern 24/2005, S. 86
10 Michael Lukas Moeller: Die Wahrheit beginnt zu zweit, Hamburg 1988, S. 43
11 http://www.gluecksarchiv.de/inhalt/interviews.htm
12 Heiko Ernst: Herz plus Hirn, in: Psychologie Heute 2/2005, S. 25
13 http://www.gluecksarchiv.de/inhalt/interviews.htm
14 Nathaniel Branden: Die sechs Säulen des Selbstbewusstseins, Hamburg 1995, S. 23
15 Ebenda, S. 25
16 http://emagazine.credit-suisse.com/article/index.cfm?
17 Schneider: Glück, S. 18
18 Eckart Voland: Das eine Drittel Glück, in: Frankfurter Allgemeine Zeitung, 16. 1. 2007
19 In diesem Zeitraum bezeichnete sich jeder dritte oder vierte (West-)Deutsche als überwiegend glücklich. Vgl. Alfred Bellebaum: Glücksforschung, Konstanz 2002, darin: Heinrich Fisch: Glück – politische und ökonomische Einflüsse, S. 214
20 Klein: Glücksformel, S. 265
21 Mathias Binswanger: Die Tretmühlen des Glücks, Freiburg im Breisgau 2006, S. 56–57

22 Ebenda, S. 93–104
23 http://www.gluecksarchiv.de/inhalt/geld.htm
24 Als beglückend wurden in dieser Reihenfolge genannt: Das Zusammensein mit den eigenen Kindern; Gemeinsamkeit mit dem Lebenspartner/der Lebenspartnerin, Urlaub, Sexualität, Freundschaften, selber Auto fahren, Hobby betreiben, Musik hören, in Ruhe nachdenken, Lesen. Vgl. Annemarie Pieper: Glückssache, München 2003, S. 24
25 Interview mit Alfred Bellebaum, vgl.: http://www.gluecksarchiv.de/inhalt/interviews.htm
26 Daniel Gilbert: Ins Glück stolpern, München 2006, S. 73–74 und Pieper: Glückssache, S. 181–187
27 Pieper: Glückssache, S. 42–51
28 Ebenda, S. 194
29 Ebenda, S. 214
30 Klein: Glücksformel, S. 14
31 Die Konkordanz der Bibel listet »Glück« und »glücklich« 18 Mal auf, vorwiegend im Alten Testament, der Begriff »glückselig« taucht 22 Mal auf, fast nur im Neuen Testament.
32 http://www.gluecksarchiv.de/inhalt/interviews.htm
33 Châtelet: Rede vom Glück, S. 19
34 Die blaue Blume versinnbildlicht in der Romantik die Sehnsucht nach der Einheit von Realität und Traumwelt, Möglichem und Mystik, Verstand und Empfindung.
35 Schopenhauer, Arthur: Parerga IV, S. 485, zit. nach: Pieper: Glückssache, S. 234
36 Tom Butler-Bowdon: 50 Lebenshilfe Klassiker, Frankfurt am Main 2003, S. 21–23
37 Sigmund Freud: Das Unbehagen an der Kultur, zit. nach: Pieper: Glückssache, S. 300
38 Zit. nach: Heiko Ernst: Das gute Leben, Berlin 2005, S. 39
39 Vgl. Britta Gürke: Was macht glücklich?, General-Anzeiger, Journal, 2./3. Februar 2008
40 Klein: Glücksformel, S. 13
41 http://www.gluecksarchiv.de/inhalt/optimismus.htm
42 Aristoteles: Nikomachische Ethik, zit. nach: Pieper: Glückssache, S. 194
43 Butler-Bowdon: Lebenshilfe Klassiker, S. 148–152
44 http://www.waz-online.de/newsroom/weltimspiegel (17. 12. 2007)
45 Amerikanischer Schriftsteller (1817–1862), radikaler Nonkonformist, lebte 1845–47 unter einfachsten Verhältnissen in einer selbstgebauten Blockhütte, Schilderung dieser Zeit in »Walden« (1854)
46 www.focus.de/gesundheit/psychologie/sucht/mechanismen
47 Ernst: Leben, S. 40–41
48 http://www.gluecksarchiv.de/inhalt/interviews.htm
49 Chrismon 11/2007, S. 4
50 Ebenda, S. 38–39
51 Ernst: Leben, S. 43
52 Hans-Joachim Maaz: Der Gefühlsstau, Berlin 1990, S. 71

53 Hannelore Schlaffer: Die Gegenwart des Glücks, in: Kursbuch Heft 95, 1989, S. 95

54 Esoterische Heilmethode durch universale Energien

55 NLP (Neurolinguistisches Programmieren) ist von drei Begriffen abgeleitet: Neuro (Nerven), Linguistik (Sprache) und Programmierung (zielgerichtete Anordnung von Abläufen) und verweist damit auf die starke Wechselbeziehung von sinnlicher Wahrnehmung, Sprache und Erleben. NLP setzt auf zielgerichtete Problemlösungen, ohne tiefgründige Ursachenforschung. Davon überzeugt, dass wir selbstschädigende Verhaltensweisen nur dann ändern, wenn die positive Resonanz der Umwelt uns dafür belohnt, stellt NLP die Ressourcen von Menschen, nicht ihre Defizite in den Mittelpunkt einer Wahrnehmungs- und Kommunikationsschulung. Kritiker stoßen sich an der Vermischung wissenschaftlicher Erkenntnisse mit pseudowissenschaftlichen Methoden. Vgl. http://de.wikipedia.org/wiki/Neurolinguistische_Programmierung.

56 Kinesiologie (übersetzt: Lehre von der Bewegung) wurde in den 60er und 70er Jahren als Diagnoseinstrument und Therapieform entwickelt, um körperliche, energetische und geistige Beweglichkeit zu fördern. Kinesiologie knüpft an die traditionelle chinesische Medizin an, der zufolge die Lebensenergie durch bestimmte Leitbahnen (Meridiane) fließt, und basiert auf der Grundannahme: Stress führt zu körperlichen Blockierungen und der Schwächung entsprechender Muskeln. Da Muskeln über die Meridiane mit inneren Organen verbunden sind, können über den »Muskeltest« innere Erkrankungen und psychische Störungen erkannt und behandelt werden. Vgl. http://de.wikipedia.org/wiki/Kinesiologie

57 Anlehnend an die Naturheilkunde geht Bioenergetik davon aus, dass unsere Lebensenergie (Bioenergie) körperlich gespeichert ist und die Störung des ursprünglichen Einklangs von Körper, Geist und Seele zu seelischen und somatischen Beschwerden führt. Als Therapie gegen psychosomatische Leiden setzt Bioenergetik bei Körperhaltung, Körpersprache und der Atmung des Patienten an. Vgl. http://www.therapeuten.de/therapien/bioenergetik.htm

58 Die sinnliche Erfahrung von Berührung und Bewegung, das organische Lernen am eigenen Leib steht im Zentrum der Feldenkrais-Methode, die von dem israelischen Physiker Moshe Feldenkrais entwickelt wurde. Ihr zufolge werden Denken, Fühlen, Wahrnehmung stark beeinflusst von körperlichen Bewegungsabläufen, wie umgekehrt diese die Persönlichkeit eines Menschen ausdrücken und formen. Im Zentrum der renommierten Feldenkrais-Methode, die auch zur Rehabilitation Verletzter eingesetzt wird, steht die bewusste Wahrnehmung unbewusster Bewegungsmuster. Indem physische und psychische Beschwerden zurückverfolgt werden, erhalten Menschen die Möglichkeit, Schmerzen zu überwinden und Bewegungsabläufe zu optimieren. Vgl. http://www.gesundheitpro.de/Feldenkrais-Therapien-A050829ANONI013538.html

59 BodyTalk-System (Gespräch mit dem Körper) wurde 1995 entwickelt. Für BodyTalk-Anwender beruhen Erkrankungen auf Fehlschaltungen im Ganzheitssystem Mensch; fühlt sich ein Mensch nicht mehr wohl, haben einige seiner Selbstregulationsmechanismen versagt. BodyTalk-Anwender verstehen sich als Unterstützer natürlicher Selbstheilungskräfte. Die Technik der BodyTalk-Anwendung besteht darin, durch systematische Fragen, Muskeltests, vertiefte Atmung und Berührung und Beklopfen von Kopf und Brustbein den unterbro-

chenen körperlichen Energiefluss zu reaktivieren. Krankmachende Umwelteinflüsse weitgehend ausklammernd, erhebt BodyTalk-System nicht den Anspruch, medizinische Behandlung zu ersetzen. Vgl. http://www.bodytalksystem.de/de/index.php?Einführung

60 Weiße Bruderschaft der aufgestiegenen Meister beschreibt die Gemeinschaft der großen spirituellen Lehrer, die als die unsichtbare höchste geistige Hierarchie die »innere Herrschaft« über die Welt ausüben und im Sinne des »Weltenplans« die gesamte Menschheit zu ihrer geistigen Vollendung führen werden. Seit der ersten systematischen Zusammenfassung durch den Theosophen C. W. Leadbeater (1847–1934) hat sich die Vorstellung einer Weißen Bruderschaft, der insbesondere auch die verschiedenen Religionsstifter zugerechnet werden, in unterschiedlichen Varianten in der esoterischen Literatur des 20. Jahrhunderts ausgebreitet und bildet die Grundlage eines religiösen Synkretismus (Verschmelzung verschiedener Religionen – B. v. K.) auf der Basis der Annahme, dass es ein angeblich allen Religionen zugrunde liegendes (esoterisches) Urwissen gibt, das von der Bruderschaft großer geistiger Lehrer gehütet wird. (vgl. http://lexikon.meyers.de/meyers/Wei %C3 %9Fe_Bruderschaft)

61 Zit. nach: Kursbuch Das Glück, S. 30

62 Zit. nach Schneider: Glück, S. 198

63 Klein: Glücksformel, S. 15

64 Christian Schüle: In den Fängen der Angst, Die Zeit, 17/2007, Dossier

65 Paul Watzlawick: Anleitung zum Unglücklichsein, München/Zürich 2007, S. 37

66 Blaise Pascal, www.gluecksarchiv.de/inhalt/glueck.htm

67 www.gluecksarchiv.de/inhalt.zitate.htm

68 Schneider: Glück, S. 103

69 Wolfgang Büscher, Hanns-Bruno Kammertöns: Insel der Seligen, in: Die Zeit, 35/2006, Dossier

70 General-Anzeiger, a. a. O.

71 Branden: Säulen, S. 25

72 http://www.gluecksarchiv.de/inhalt/interviews.htm

73 Resilienz, lat: resilire = zurückspringen, abprallen

74 Klein: Glücksformel, S. 248

75 Ernst: Leben, S. 9

76 Regine Schneider: Fünfundfünfzig plus, Frankfurt am Main 2005, S. 64

77 Ebenda, S. 143

78 http://www.gluecksarchiv.de/inhalt/interviews.htm

79 Heiko Ernst: Gute Gefühle, gutes Leben, in: Psychologie Heute compact, 17/2007, S. 18

80 www.stern.de/wissenschaft/index.html?eid

81 www.stern.de/wissenschaft/mensch/609365.html?

82 Binswanger: Tretmühlen, S. 45/46

83 Schneider: Fünfundfünfzig, S. 56

84 Ebenda, S. 209

85 Schneider: Glück, S. 279

86 Ebenda, S. 31

87 Ernst: Leben, S. 113

Literaturverzeichnis

Bellebaum, Alfred: Glücksforschung, Konstanz 2002

Binswanger, Mathias: Die Tretmühlen des Glücks, Freiburg im Breisgau 2006

Branden, Nathaniel: Die sechs Säulen des Selbstwertgefühls. Erfolgreich und zufrieden durch ein starkes Selbst, Hamburg 1995

Butler-Bowdon, Tom: 50 Lebenshilfe Klassiker, Frankfurt am Main 2003

du Châtelet, Emilie: Rede vom Glück (Discours sur le bonheur), Berlin 1999

Csikszentmihalyi, Mihaly: Flow: Das Geheimnis des Glücks, Stuttgart 2007

Dobrick, Barbara: Immer Probleme mit den Eltern, Stuttgart 1991

Dowling, Colette: Perfekte Frauen, Frankfurt am Main 1989

Ernst, Heiko: Das gute Leben. Der ehrliche Weg zum Glück, Berlin 2005

Gilbert, Daniel: Ins Glück stolpern. Über die Unvorhersehbarkeit dessen, was wir am meisten wünschen, München 2006

Horney, Karen: Unsere inneren Konflikte. Neurosen in unserer Zeit, Frankfurt am Main 1991

Klein, Stefan: Die Glücksformel oder Wie die guten Gefühle entstehen, Reinbek bei Hamburg 2003

Kursbuch Heft 95: Das Glück, Berlin 1989

Maaz, Hans-Joachim: Der Gefühlsstau. Ein Psychogramm der DDR, Berlin 1990

Möller, Michael Lukas: Die Wahrheit beginnt zu zweit, Hamburg 1988

Pieper, Annemarie: Glückssache. Die Kunst gut zu leben, München 2003

Schenk, Herrad: Glück und Schicksal. Wie planbar ist unser Leben? München 2000

Schneider, Regine: Fünfundfünfzig plus. Die Kunst des Älterwerdens. Prominente Frauen erzählen, Frankfurt am Main 2005

Schneider, Wolf: Glück! Eine etwas andere Gebrauchsanweisung, Reinbek bei Hamburg 2007

Schmid, Wilhelm: Glück. Alles, was Sie darüber wissen müssen, und warum es nicht das Wichtigste im Leben ist, Frankfurt am Main 2007

Seligman, Martin: Pessimisten küsst man nicht, München 2001

Seligman, Martin: Warum Optimisten länger leben, München 2005

Watzlawick, Paul: Anleitung zum Unglücklichsein, München / Zürich 2007

Willi, Jürg: Was hält Paare zusammen? Reinbek bei Hamburg 1991

Zur Autorin

© Arno Kiermeir

Bettina von Kleist
Jahrgang 1949, Studium der Theaterwissenschaften, Psychologie und Amerikanistik, freie Journalistin und Mitarbeiterin überregionaler Zeitungen, schreibt vorrangig über psychologische Themen. Sie hat zwei erwachsene Söhne und lebt in Berlin.
Bücher im Ch. Links Verlag: »Mein Mann liebt einen Mann. Wie Frauen das Coming-out ihres Partners bewältigen«, 2003; »Wenn der Wecker nicht mehr klingelt. Partner im Ruhestand«, 2006 (4. Auflage 2007).